长篇非虚构散文集

旧时月色慢
远去的观阵中学

陈远发 著

中国文联出版社

图书在版编目（CIP）数据

旧时月色慢：远去的观阵中学 / 陈远发著. -- 北京：中国文联出版社，2023.11
ISBN 978-7-5190-5334-5

Ⅰ.①旧… Ⅱ.①陈… Ⅲ.①中学教育－教育研究 Ⅳ.① G632.0

中国国家版本馆 CIP 数据核字 (2023) 第 227223 号

著　　者	陈远发
责任编辑	曹艺凡　张　甜
责任校对	秀点校对
装帧设计	贾闪闪

出版发行	中国文联出版社有限公司		
社　　址	北京市朝阳区农展馆南里 10 号	邮编	100125
电　　话	010-85923025（发行部）	010-85923091（总编室）	
经　　销	全国新华书店等		
印　　刷	三河市龙大印装有限公司		

开　　本	880 毫米 × 1230 毫米　1/32
印　　张	11
字　　数	291 千字
版　　次	2023 年 11 月第 1 版第 1 次印刷
定　　价	58.00 元

版权所有·侵权必究
如有印装质量问题，请与本社发行部联系调换

前　言

新中国成立70多年以来，全国发生了翻天覆地的变化。观阵中学不仅是乡村学校的微小缩影，更是一代又一代乡村教师艰辛奋斗历程的见证。

本书重点讲述了20世纪七八十年代，一群出身贫寒、学历不高的乡村教师，在艰难困苦的环境中，与学生共同成长，凭着满腔热情，为社会培育出无数栋梁之材的故事。莘莘学子学有所成后，不忘根、不忘本，以深情厚义反哺母校之恩，慷慨捐资助学，成立洪湖商会教育基金，给更多的贫困学子以资助，让观中精神得以延续，起到了激励后学、开创未来的作用。

全书以学校发展的时间为顺序，用无数细小的片段、一个个生动感人的故事，贯穿起乐于奉献、勇于吃苦、精诚团结、不懈奋进的观中精神，讴歌一群献身乡村教育的伟大人民教师，赞美从观阵中学万千学子中脱颖而出又回报家乡教育的佼佼者。随着教育的变革、乡村适龄儿童的减少，作者也就学校的现状与未来发展之路提出了更多的思考。

本书分"艰难兴学路漫漫""开门办学的日子""那年高考""精彩回放""师者尽风流""三千遍桃李""希望之路向何方"七个章节，展示了一所乡村学校的发展变迁史。

◎ 序一

观阵中学并未远去

高晓晖

缘分还真是一种很难言说的东西。要不是文坤斗先生推荐陈远发先生的书稿《远去的观阵中学》，我大概很难有机会与远发先生的这部新著发生关联。缘分之来，看上去是如此简单，可是，这缘分的背后，似乎总有一种说不清道不明的神秘力量在推动，使两个不关联终于变成了实实在在的关联，想来这真是一种荣幸。

在我的阅读中，记不起有哪一部著作，让我产生过如此强烈的代入感。我和远发先生是同龄人，又都有乡村学校就学的经历和体验。相同的时代背景下，乡村学校的风景和故事，竟是如此的相类相似，莫非真的"太阳底下无新事"？

逝者如斯。时间的流逝不以人的意志为转移。面对滔滔逝水，奋力打捞、抢救淹没或即将淹没于时间之河的故事或者风景，是作家的使命。为时代立传，其实就是用文字的力量去打捞、去抢救既往的历史，树立起时代的碑石，以此来抗拒时间的湮没。因此，作家是神圣的也是悲壮的，像滚石上山的西西弗斯。因为，时间的湮没是如此的迅猛，而作家的打捞与抢救却又是如此的力不从心。

在时间的长河中，洪湖观阵中学，一所创办于20世纪六七十年代的乡村简易中学，它是如此微不足道，就像一粒尘埃落入历史的烟波之中，几乎转瞬即逝。然而，在受教于这所学校的学子心中，它却是一座丰碑，精神的丰碑，它是如此崇高，如此让人难以忘怀。远发先生说："我与众多同学在这寒窗苦读，课余嬉乐。这里的艰苦生活磨砺了我们，同时也给了我们欢乐。在一砖一木的罅隙里，我能触摸到时光深处的印痕。它昔日的辉煌，还有那些勤学苦读的身影，一直浮现在脑海中。"（《我的母校》）"母校一直驻扎在内心深处，我对她的依恋，从来没有停止过。"（《情怀如山》）

基于对母校的感恩与依恋，也出于对岁月无情的悲凉之感，远发先生有一种挺身而出的豪迈。他说："任何人与事，终将抵不过岁月的流逝，是到了该留下些什么的时候了。既为怀念那些逝去的岁月，又为一份观阵情怀。"（《情怀如山》）

要为母校"留下些什么"，也就是说，他将以一己之力，打捞或者抢救一段流逝的岁月。这当然是十分艰难的，同时也需要勇气和底气。他的勇气应该来自对母校的感恩。是这份感恩之心致使他不能不义无反顾。而底气则来自他把握历史、辨识历史、书写历史的能力。远发先生师从马立臣等历史学名家，谙熟历史学研究的一般规律。同时他又十分地爱好文学写作，于是，他分别于1999年出版了《文化名人故里散记》，2002年出版《荆楚文化之谜》。

前者是 1995 年前后，远发先生外出考察的收获，他"每到一地，总是忘不了拜谒当地文化名人故居、墓地等遗址，时间一长，文章渐成气候，形成'文化名人故里'系列"（《文化名人故里散记》"后记"）。后者则是远发先生打探、研究荆楚文化现象的收获，他"抓住荆楚地区古往今来在历史、地理、人文、自然诸方面尚未解决的若干难题，介绍其内容，分析其性质，推测其解释，追溯其源流"（蒋昌忠《荆楚文化之谜》"序"）。显然，远发先生如一位虔诚的勘探者，对历史文化遗存有着持之以恒的搜寻、辨析的兴趣。清代史学家章学诚有"史家四长"（史德、史才、史学、史识）之说，史德，是对历史的态度，要持守"善善而恶恶，褒正而嫉邪"的信念。史识，是对历史的认知，明辨是非曲直，做出价值评判和取舍。史才、史学，是强调对历史知识的熟知程度和表述能力。"史家四长"，当然要以史德、史识为重，但史才、史学却又是史德、史识的基础和前提，所以，"史家四长"是相辅相成的，不可割裂。历史学科班出身的远发先生，当然是信奉"史家四长"的信条的。以"史家四长"为准绳，远发先生的史学修为，使他具备了担纲"校史"写作的底气。

关于观阵中学的"校史"写作，其实并非"史学"意义的校史，而是一个更为文学化的文本。书稿分为七章，大致可分为四个板块，第一至第四章为第一板块，是校园书写。第五章为第二板块，是教师风采。第六章为第三板块，是学子芳华。第七章为第四板块，是未来展望与思考。虽然远发先生对观阵中学创建、发展、改制几十年变迁有清晰的勾勒，但他关注的重心还是在写人。写个体，也写团队，为的是要提炼一种精神，即所谓"观中精神"。远发先生说：

"这种精神是乡村中学所独有的,在中国社会却又普遍存在。我要叙述的就是这样一种精神,乐于奉献,不怕苦累,团结奋进,不懈追求,感恩回报。"(《情怀如山》)从历史的记忆中搜寻,提炼,做精准的精神辨识,这是作家的初心。而其终极目的,则是对精神的传承、弘扬和发扬光大。尽管如此,远发先生并非以严谨的史学话语来叙说"观中精神",而是以一种"在场写作"的方式呈现历史的种种精彩。在作品中的言说,自始至终,远发先生都是"局中人",他总是把自己的亲历、亲见、亲闻呈现给读者,让读者在真诚、真切的情感流露中感受时代的气息,感受历史的真实,进而受到一种精神的陶冶或洗礼。

过去未去。在远发先生笔下,观阵中学,这样一所已经消失在时间逝水中的乡村中学,被较为完整清晰地打捞上岸,她的简陋与艰难,她的生机勃勃,她的辉煌与辉煌之后的谢幕,尤其是她不惧风雨、一往无前的精神气象,是如此生动地再现于读者面前。观阵中学并未远去!

未来已来。新时代,新征程,无疑将遭遇无数新的挑战。要迎接新时代新征程中的新挑战,观阵中学的故事、观阵中学几辈教师的故事、观阵中学走出的一届一届莘莘学子的故事,或多或少能给读者带来思想启发或者精神滋养,这大概正是远发先生的创作初衷吧!

是为序。

2023年7月3日

(作者系湖南临澧人,文艺评论家。历任《长江文艺》编辑、《今日名流》执行主编、湖北省作家协会副主席)

◎ 序二
温柔挽留的时光

彭定旺

　　《远去的观阵中学》由79篇短文组成,记述了一所乡村学校从初创到成长、从壮大到辉煌,最后逐步消失的演变过程,在她的前世今生里,我们窥见了国家乡村教育的历史背景。

　　文集浓墨重彩地为我们塑造出了一代代乡村教师聪慧勤奋的光辉形象,描绘出了贫瘠之中的乡村学子求学若渴的生动画面。曾经的过去,老师们学历不高却是乡村才子,既赋书卷气息又能耕种劳作,为了学校建设搬砖运瓦,抬泥填土,他们从无怨言;那些懵懂中怀着期待和憧憬的乡村少年们,他们自带课桌椅、自带饭菜,喝的是带着小蝌蚪的池塘水,农忙时节,生产队会到学校邀请学生们去抢收抢种;教室里,操场上,地头边,师生们挥洒青春,乐观融洽,克难奋进,他们共同努力,把握着改变命运的一次次机会。凡此种种,无不带给你真实而亲切的感受与回味。

随着社会的转型、城镇的扩张、科技的发展、经济的强盛，特别是农村建设按照新的标准对土地和居所进行了重新构建，原有的乡村学校有的逐步消失，有的合并转身，观阵中学在这样的变化中转身成为一所希望小学。在这本充满记忆与乡愁的集子里，我们不仅瞥见了一段乡村教育的过往尘烟，还能感受到作者饱蘸深情的情怀和责任，使我们在尘埃落定的释然里，充满着对未来的信心、展望和期待，或许这正是作者的初衷吧。

乍看《远去的观阵中学》书名，似乎是写学校历史的，然而它与以时间为主线，记载每届领导届期内的大事要事、成绩与辉煌的校史不同，它是从由小至大、自下而上的视角，把自己听到的、看到的、经历过的相关记忆，用短触的笔法、简洁生动的文字客观展现出来，把大事件落实到了细微的人物身上。即使是学校的"大人物"校长，也不去写他的决策英明、胆识过人之类，而是写为学校建设找熟人拉关系争取到电教站的实验设备，施展小伎俩赌酒赢得兄弟学校的绿化树苗，讨价还价从农民手中得到了操场征地的红头文件，等等。显然这种绘声绘色、生动有趣的写法有别于一般意义上的史和志。这些小人物、小事件隐藏在学校创立、成长、发展的草蛇灰线中，却又给人以宏大叙事的感觉，从整体上给人以"史"的呈现。除此之外，文集中也有很多细而实的记载，比如学校各个发展阶段的占地面积，师生在校人数，拆除关圣庙时建筑架构和卯榫结构，各种版本的民间传说，柴油机的各种型号，板砖烧制时土坯成形的流程和细节，等等，从而体现出史的翔实和严谨。这种虚实相间、严肃活泼、杂而不乱、草蛇灰线的特点正是《远去的观阵中学》给人耳目一新之处。

《远去的观阵中学》除了第七章"希望之路向何方"外,其他各章中的每个短章在记事的同时,都有真实有趣的细节和鲜活生动的人物形象。比如《大雪松》中,人物的出场是这样的:一个雨后的周末,天刚蒙蒙亮。唐忠智正在睡梦中,忽然,有人敲门。他一骨碌爬起来打开门。唐校长风一样地蹿进来,说:"快点起床,我们今天去曹市中学拉树!"唐忠智揉着睡意惺忪的眼睛问:"这么早去啊?"唐校长答:"去迟了怕李校长变卦。"……说完,又风一样地出去了。这样的写法有小说的味道,在倒叙里埋一丝悬念,寥寥几笔写出事件和人物,极富生活气息,人物的声口、动作跃然纸上,避免了平铺直叙带来的枯燥乏味。在这篇文章里,作者不渲染时代背景,不哀叹悲嗟,空发议论,而是用简洁生动、轻松幽默的文字,从侧面入手,写校长一行人坐手扶拖拉机拉树时,一路颠簸的情状来展现建校的艰难和克服困难的决心,以小博大,不言自明。请看下面的文字:"他与唐训友只能站在车厢后面,手紧紧地把住铁扶手。出了学校,随即是坑坑洼洼的路面,车把人一忽儿抛得老高,一忽儿又使劲摔在铁车厢里。人如同一只弹性球,永无休止地跳着,唐忠智被颠得五脏六腑都差点出来了。"

"手扶拖拉机如同一位病入膏肓的老人,几欲断气地发出喘息不止的声音,吭吭嚓嚓……吭……嚓,停了半晌,以为车坏了,不料,车又'复活'了,随即,又响起了吭吭……嚓嚓……吭……的声音,车轮也左扭右拐,不听司机的使唤……车终于在一声沉闷的'吭'之后,再无声息。司机手拿摇把使劲鼓捣一会儿后,车依然没有任何反应。他放下摇把，无奈地看着唐训友叔侄俩说：'你们两个下来推吧！推到南林村头就好了。'"

这段文字暗含着腹诽、自嘲，颇有黑色幽默的味道。在《开学第一天》中，有一组教师形象，三言两语抓住人物特征，生动准确，形神兼备，惟妙惟肖。这样的描写使记事的"史笔"从呆板和沉滞中活了起来，充满了烟火气息和生命亮色。往事是真实的，有些却并不是作者的亲身经历，比如这篇《大雪松》中的事件，作者笔下的展现却比在场者还要细腻真实，显然那些极为精确的描述和诸多生动的细节是虚构出来的，是一种文学技巧和表现方法。文集中很多篇章都是如此以人物和细节为支点，结合事件所处的时间、空间及周边的生活状态推及开去，把读者代入，约请到文本的时代场景之中，将逝去的历史和当时的社会现实、社会见识和生存状态紧密联系起来，使读者和作者形成共同体，从而使"往事"和"历史"产生共情。

从文体来看，集子中的短章显然有散文特点，却又不囿于情绪流动和意境升华的格套；有小说的手法，而又不限于靠情节来推动；在非虚构叙事里，加进了虚构元素，虽然写的是零零碎碎的小事件，却又不失却于整体与宏大。这种看似无视原则、出离于正统的创作方式，跳跃于各种文体之间，类似于古典蒙田式和现代微博式的写作方式，勾连出了对作者影响至深的所有往事——个体的，民间的，将断点的碎片组接成了完整的时间线索，在无意的深刻、模糊的具体中，使个体的回忆呈现出了集体意识，把对某一时代、某一"圈层"的发声，变成了恢复历史的真实意义——对过去的反思，更是对当下的回应。

尘封的往事在作者眼里不只有辛酸与苦痛，更多回望的是故土的养育之恩。作者用亲切而温柔的情感追忆着贫弱的乡亲们对兴教兴学的热情，朴素的乡村学子们对学习的向往和对生活的热爱。写到曾经的老师们时，作者满怀崇拜、敬仰和感激之情。《远去的观阵中学》的很多篇章中都有一位叫唐训滔的老师，他初中毕业，靠油印的小册子中矿石收音机的制作方法，勤奋钻研，矢志不渝，自制出了收音机，他从小学民办教师到初中教师再到高中教师，边教边学，自学成才，成为当地名师。还有在第五章"师者尽风流"中，有篇《一担箩筐》，写一名叫李灵芝的老师挑着箩筐，带着自己的两个小孩从别的学校调入观阵中学时的情景，以及她用心用情、温暖细致的教育方法，令人过目不忘。当作者写到恢复高考后，教育走上了正轨，学校也得到了发展，各科学习都取得了令人刮目相看的成绩时，当在第六章"三千遍桃李"中展现从这所乡村中学走出来的专家、教授、医生、教师、军人、党政要员、乡村创业者、致富带头人时，作者充满了骄傲和自豪。故乡之情、感恩之心，贯穿绵延文集全篇，其赤子之心，殷殷可鉴。

《远去的观阵中学》写的是一所乡村中学的兴衰际遇和历史印痕，弥漫着故乡情怀，是教育往事，也是乡愁和愿景。故乡是我们来到这个世界的最初记忆，教育是人生的叙事起点，学校是走向社会的出发地。文章在笔下，故乡在心间。无论你身处何处，你的柔情和疼痛都会在你的故乡，在你故乡的学校找到情感的根基。观阵中学虽然远去，但它种下的乡村教育的文化根脉还在，作为影响了一代乡村学子的历史还在。

  人在他途,故乡永存。日月易逝,静思可追。这本文集或许能成为一面镜子,为我们照亮乡村教育的前行之路,并为我们温柔地挽留住曾经的过往和时光。

2023 年 7 月 7 日

  (作者系中国作协会员,荆州市作协副主席,荆州市文艺评论家协会副主席)

◎ 序三

一所乡村学校的精彩回放或一口老井的见证

夏可君

记忆是历史留给人性的最好礼物，越是记忆深处的美好细节，越能观照人性的善良。一般来说，记忆没有贵贱之分，而细节却有高下之别。如今，改革开放40多年来的历史进入总结阶段，当年的一代学子日渐退休，当他们回首少年时代，谁都会别有一番滋味。我们都是凡人，但平凡的岁月仍然有着人性美好品质。那个贫困的年代，国家教育开启全新模式，老师与学生深耕基层学校形成的记忆，对于学习知识的执着与美好生活的向往，以及这种动力加持所塑造的一代人的前程，都应该而且必须有人来书写。

摩挲着陈远发先生《远去的观阵中学》书稿，我的思绪回到20世纪七八十年代的少年岁月，其情其景栩栩如生，其人其事历历在目。我是湖北洪湖人，"观阵中学"这所乡村中学的响亮名字深藏记忆一角。感谢他的信任，嘱我为他的著作提一些意见和建议，写一篇评论。我想，这信任也许来自我们曾经共同拥有的那片天空与大地。受人之托，不敢怠慢，诚惶诚恐中，这本书照亮我记忆中最为美好的一个角落。我要感谢远发先生，给我呈现的观阵中学的建校过程以及师生们的淳朴关系，让我回到自己曾经就学的戴家场中学，而观阵中学与之也有着密切的关系。我似乎回到了过去的教室，坐在同学们中间，重新倾听讲台上老师的讲述，重新回到学校的饭堂，闻到那粗茶淡饭的清香。

随着一节节阅读，远发先生笔下的观阵中学精彩联翩，我的记忆变得越发清晰起来，从学校校舍的初建到一次次的改造升级，晚自习时从煤油灯到日光灯的演变，从学农课到解剖课，从早期的高考冲刺到希望小学的变迁，尤其是老师们所付出的心血，甚至还有一些去世的老教师所带来的生命感念，都在他的神笔之下苏生过来。因此，我要感谢远发先生，他以惊人的记忆力，把那些逝去的日子，以准确又生动的细节，以朴素又真诚的叙述呈现出来。他所一一捡拾起来的岁月，好像就是日记，更像是纪录片的旁白，仿佛就在眼前，着实精彩至极。

如此准确的记忆，想必是远发先生在夜深人静之时，捧着生命深处虔诚的感恩之心，涌动起对过往生活的深情呼唤。记忆闸门一旦打开，纵笔酣畅淋漓，如同普鲁斯特写作《追忆似水年华》，未曾消失的记忆一一自动呈现。"为什么我的眼里常含泪水？因为我对这土地爱得深沉。"观阵那片热土，掩埋着他的高曾祖考，拥抱了他的衣胞罐子,他时刻感到观阵对他的召唤。也许每次回家,就会拜望恩师、会会旧友,那校舍,那马灯,那田垄,那池塘,一件件翻动着他的衷肠!记忆回赠给他如此之多的细节,善良总是在细节之中,伟大也总是在善良的细节之中,只要有人去讲述,那些细微的精彩就会熠熠生辉。

最后,我甚至想把远发先生的记忆与叙事方式,与读者诸君来一个精彩回放:在当今观阵希望小学校门口的荷花池中间,其实还藏有一口老井,它始建于1981年,这是当时观阵中学为了方便食堂师傅汲水做饭而打下的第一口水井。后来有了自来水,这口老井便被遗弃在岁月的角落,直到2006年人工修建荷花池,老井便矗立在了池中,而成为一道"永恒的风景"——你能触摸到他记忆的尊贵与深度,就如同这几乎被人遗忘的老井,我们所经历过的历史,我们所共同生活过的美好记忆,其实都悄然掩藏于此,尤其是在学校这个首善之区中所留下的记忆,既是知识的增加也是人性的塑造,离开了苦读与感恩,还有远发先生所总结的"磨"的精神,"所谓三十八年磨一剑",怎么可能?

如同远发先生书中写道的:"磨"促进知识能力的提升,"磨"实现意志品质的淬砺,"磨"铺平通向未来的前程——只有"磨",才能将人们推送到心灵和精神养育的高地!

我想,这"磨"的精神,也是远发先生自己所总结出的人生哲学吧!因为这"磨"的精神,既是知识的磨炼,老师教学与学生学习的苦读,也是对人性磨难的见证与性格磨炼的积淀,没有此磨难出来的坚韧人性,怎么可能有人性的善良光辉?我们的国家又怎么可能得到如此一日千里的繁荣富强？这口乡村老井悄然见证了中华大地上无数心灵的苦涩与磨炼，但把这些磨难转变为精神的财富，则是记忆与书写的必要性与重要性。这也是我要再次感谢远发先生的地方，因为一旦他把这些看似琐屑的细节一一回味出来，除了它曾经滋养过我们的生命，还因为只要我们从中汲取它，它就依然还在，人性美好的光辉就会再次从深井的记忆中绽放出来。

伴随观阵希望小学后来由热心的老师们发起建立的校史馆、实物馆与文字馆，还有基金会，以及各种历史记忆与未来延续的自觉，这口记忆的老井，还有待一个个如同远发先生这样的虔诚记录者和实践者，把那些中华大地上平凡的人们为了教育而付出的心血与汗水，重新汲取出来，让未来的一代人看到那些经过艰辛磨难而烙印下来的闪光足迹，如同书中这首诗写道的：

"当年韵事忆犹真，校择村垄结友邻；田间地头禾苗种，林里河中活物蹦；一颗红心天地炼，师生几度做农民。"

再次感谢远发先生，让一所乡村学校的精彩得以回放，让我的记忆得以复苏，也让人性中美好的品格得以闪耀！

2023 年端午日
（作者系中国人民大学文学院教授）

目 录

第一章 艰难兴学路漫漫

我的母校 /003

观阵岭与关圣庙 /007

庇荫与佑护 /011

拆庙兴学记 /014

忙碌的背影 /018

开学第一天 /021

发电机与柴油机 /024

实验室 /028

泥巴操场 /031

大雪松 /035

老井的守望 /039

第二章　开门办学的日子

学农课　/044

一堂兽医课　/048

文艺宣传队　/051

演样板戏　/055

拜访气象站　/059

板砖烧窑　/062

野猫洲　/065

插　秧　/069

砍塘麻　/073

第三章　那年高考

食堂记忆　/078

虱子与疥疮　/082

驱蚊神器　/086

一场没看完的电影　/089

这里的黑夜静悄悄　/093

一堂语文课　/096

宋文宏自述：我的1978高考　/100

高考 1979　/104

高考第一名　/108

第四章　精彩回放

高考总结会　/114

锦　旗　/117

韶峰牌电视机　/120

谢师宴　/123

曲线求学者　/126

考察团　/129

一次数学竞赛　/132

一场篮球赛　/135

两次运动会　/138

中考三次夺冠　/142

第五章　师者尽风流

首任校长徐国政　/146

程泽惠 | 学农基地的守望者　/150

王万谨的两个家　/154

唐训友 | 不倒的丰碑　/159

杨人标 | 夜深人静忆恩师　/163

唐训滔 | 由一本书开启人生　/167

李灵芝 | 一担箩筐　/171

雷志学的生日宴　/175

阳金成的幸福人生　/179

宋文鹏 | 一支粉笔进课堂　/185

彭家环 | 左手女儿，右手钢板　/189

第六章　三千遍桃李

1977 年的幸运儿顾永存　/194

五朵金花　/198

王万成 | 我是石油人　/202

陈帮华 | 鹦鹉洲头弄潮儿　/207

别大鹏 | 新时代大禹　/212

肖元良 | 三十八年磨一剑　/218

王向坤 | 星光下的赶路人　/223

胡柏儒 | 乡村脊梁　/228

别敦荣 | 破茧高校课堂　　/234

唐敦武 | 有书相伴的人生韵味长　　/238

唐良雄的逆袭之路　　/242

邹开银 | 难忘那身橄榄绿　　/248

吴绪斌 | 一位村干部的华丽转身　　/252

万寿池 | 民师转"公"坎坷路　　/256

田丹金 | 寸草春晖　　/260

叶朝阳 | 酉水河畔伉俪情　　/264

汪静玉的花季雨季　　/268

高祥文 | 水乡柳叶刀　　/272

别业才 | 闪光的足迹　　/276

谭先荣 |24 小时待命的医务科长　　/280

第七章　希望之路向何方

校史馆　　/286

爱心助学协会　　/291

实物馆　　/294

文字馆　　/298

感恩文化　　/302

洪商观阵教育基金会　　/305

未来发展规划　/310
大山靓女的梦想　/314
敢问路在何方　/318

后　记　情怀如山　/323

第一章
艰难兴学路漫漫

几十年的兴学路上荆棘丛生,铺满了跋涉者的足迹,开出了璀璨的花朵。一砖一瓦都刻满了创业者的信仰,一石一土都洒满了观阵办学人的汗水,一草一木都写满了兴学育人的故事。

图一　2021年9月13日,湖北省部分作家、文史专家、书画家齐聚原观阵中学采风

我的母校

从革命老区洪湖城区出发，西行 56 公里，几经迂回折转，来到戴家场镇所辖的河坝村。村东头有一所古朴、幽静的乡村学校，她就是我的母校——观阵中学。我在出生地榨台村读完五年小学与两年初中，于 20 世纪 70 年代末，来到这里度过了两年难以忘怀的高中学习时光。2003 年，学校几经改制，就成了现在的观阵希望小学。

走进学校，迎面一幢米黄色的综合楼兀立眼前，正中的方形门楼，上书一行烫金小楷"观阵希望小学"。小楷下方，标注一行红色字体"原观阵中学校址"。教学楼前，一方碧水荡漾的池塘，一眼废弃的水井半掩在池塘正中间的绿波里，令这古色古香的校园，增添了几分神秘感。昔日，我与众多同学在这寒窗苦读，课余嬉乐。这里的艰苦生活磨砺了我们，同时也给了我们欢乐。在一砖一木的罅隙里，我能触摸到时光深处的印痕。它昔日的辉煌，还有那些勤学苦读的身影，一直浮现在脑海中。

早期的观阵中学隶属洪湖县曹市区，是观阵公社 12 个大队唯一一所寄宿制中学，1975 年撤区并社，划归戴市公社管辖。原观阵公社一分为二，有4个大队，留在了曹市。学校先后经历了关圣庙小学、观阵中学初中、观阵中学戴帽高中、观阵中学初中、观阵希望小学五个阶段，校园面积由最初的7850平方米，到今天的3万平方米，建筑面积由最初的624平方米，到今天的5468平方米。历经20多任校长的辛勤付出，又多次整修、扩建教学楼、宿舍、操场，增加教学仪器与设备，才成为今天环境清幽、有着先进教学条件的一流小学。

1969年，为满足观阵片区新增初中生的入学需求，观阵公社党委决定，拆除关圣庙，包括里面的小学和两个初中班，专门建一所初级中学。1970年暑假开始拆庙，学校迁至河坝大队的观阵公社机关旧址旁，当年冬天，观阵中学建成。1971年春季，学生们全部搬进新建好的观阵中学。随后，经历了1972年到1976年的开门办学，所有师生，学工、学农与学军，做全面发展的新人。1975年，观阵中学办戴帽高中，1977年年末，中断了10年的全国普通高校招生考试在紧锣密鼓中进行。这一年全国共有570万人报考，高考录取比例29∶1。翌年春天，27万余"天之骄子"迈着豪迈的步伐跨入校门，尽情拥抱科学文化的春天。

1978年与1979年，观阵中学的学子们顺应历史的潮流参加高考，学校连续两年取得洪湖县高考第一名的好成绩。

1979年暑期后，由于教育体制的改革，学校高中部被撤并，从此只办初中。进入20世纪80年代，观阵中学的中考成绩，又在洪湖县遥遥领先，享誉整个江汉平原。

21世纪，办学体制再度发生变化。2003年，为集中师资力量，改善办学条件，农村初中全部划归集镇初中，观阵中学便光荣地退出了它的历史舞台。

历经35载，数以千计的栋梁之材，自观阵中学源源不断输出。观阵中学的辉煌昨天，成为今天无数观阵学子心中永恒的骄傲。

记得我在这里上学时，校园呈撮箕形，由南入校门，赫然在眼前的是一方泥土堆垒成的舞台，高1米许，面积近80平方米，可同时容纳20人登台表演，也是大型活动的主席台。平时，校长或其他老师站在这里，朝台下的学生们声嘶力竭地喊话。后来，有了小喇叭，台上人的声音穿透校园，四面环绕。

校园建成初期无围墙，四周空荡荡，辽阔空远。放眼望去，荒草摇曳。远处，有一望无际的稻田。直至1983年9月，唐训友老师任校长后，筹集了经费，才砌成近两米高的围墙。操场东西两侧，各四间教室，坐东朝西或坐西朝东，纵向铺陈。墙上，"好好学习、天天向上"几个字鲜艳夺目。西面教室北端，为独立食堂。炊事员是白鱼大队人，同学胡广进的父亲。食堂无桌椅，也无专门的操作间，只有一间土灶，烧棉梗或稻壳。

20间教职工宿舍坐北朝南，处于撮箕形底部。中间略高处的正方形房子，为老师办公室兼会议室，一条公共走廊将办公室与左右各10间宿舍隔断。平时，老师们开会就在办公室。教师宿舍除了外墙为青砖，其余室与室之间，均由一堵未砌到顶的土坯墙隔开。凹凸不平的墙面，老师们糊上了报纸。在几乎没有什么文化娱乐活动的乡村，读报纸旧新闻，不失为打发闲暇时光的一种乐趣。宿舍条件简陋，一桌一床，再无他物。老师吃住、批改作业，均在这里。宿舍外面墙上，刷有毛主席语录"以学为主，兼学别样"。

宿舍前有两个花坛。四季无花，草儿倒极茂盛，夏日里挤挤挨挨、绿油油的一片。食堂后方100多米外，有一方水塘，食堂做饭与学生们的饮用水，均源自那里。上晚自习中途，吃多了豌豆酱的学生，口渴得实在不行，拿起把缸子，冲向水塘，大口喝水。咕咚、咕咚，甚是畅快。忽然，一个滑溜的东西，抵达喉尖，跃动两下，就顺着喉咙下去了。一股腥味自喉腔逸出，那位喝水的同学意识到是一只活蹦乱跳的蝌蚪，今天又成了肠胃的不速之客。那时候，同学们喝水喝进小生物，是司空见惯的事。好在那时的水，没有农药污染。

一对篮球架耸立于黄泥巴操场。体育课，几个单薄的身影，活跃于球架下。教室门前，一排青翠的柳树，常有鸟雀在枝头喳喳叫闹。教职工宿舍前，一排冬青树，不辨岁月更替，四季常青，成为学生们写作文抒情的最好素材。两棵喜树，夹杂其间，夏日郁郁葱葱，高大挺拔，是课间歇阴乘凉的绝好去处。青砖、红瓦与木门，构成校园清新与简朴的格调。立在远处看，砖与砖之间黏合的黄泥巴，赫然在目。粉刷了白石灰的教室内壁，薄薄一层，时间一久，犹如不会匀施粉黛的村妇，墙面露出黑白斑驳的印痕。每一张课桌，被同学们摸得溜光。桌面密密麻麻的划痕，有数字，也有符号，如特工密电，让人一头雾水。

水泥做的黑板，刷了油漆，依然凹凸不平，有些地方反光，甚至看不到。上课，老师在黑板上写字，同学们伸长脖子，远近高低各窥视一番。塑料薄膜窗户，被捅了几个窟窿，每到冬天，寒风呼呼往里灌。同学们不怕冷，一边用嘴往冻僵的手上哈热气，一边写字。

油墨蜡纸印的资料与考卷，手一抹，传至脸上，一片乌黑，同学们你看看我，我看看你，会心一笑。

泥巴操场、简陋的教室、光溜的课桌、煤油灯、水泥黑板、油墨蜡纸，艰苦的学习生活环境，没能成为学子们奋勇拼搏的绊脚石，反而更激发了他们不畏艰难的斗志。再加一群不怕苦累、无怨无悔、无私奉献的乡村教师，便书写了观阵中学的精彩。

世事沧桑去，岁月轮回来。离别母校40多载。那些闻鸡起舞、夜战马超的日子，早已模糊，唯有心中的母校情结始终萦绕在心头，挥之不去，抹之不掉，思念之情，历久弥深。

观阵岭与关圣庙

观阵中学的得名,源于观阵岭。观阵岭包括原观阵公社辖区的大部分土地,榨台大队、观阵大队、河坝大队,南林大队是观阵岭的中心。

观阵岭的得名,有一个传说。元朝末年,戴家场古镇水獭埠以东8—9里,都是大面积湖泊,岸上为无名土岭,自北向南蜿蜒。土岭地势高,修有一座庙叫广福寺(后更名关圣庙),站在庙附近,可俯瞰全湖。

陈友谅起兵反元,以广福寺为行营,在周边湖岸驻扎水军,屡次打败前来镇压的元军。为鼓舞士气,提升战斗力,陈友谅亲自坐阵指挥。他来回巡察,在无名岭高地,看水军操练情形,找部下探讨战术。

后来,陈友谅虽兵败,但人们将他巡察水军操演的无名土岭,命名为观阵岭,并一直沿用至今。

新中国成立后,观阵公社、观阵管理区、观阵大队、观阵中学之"观阵"称谓的根据,都源于"观阵岭"地名。

广福寺始建于元朝中期。其庙供奉关公一众神像,前身为谢家庄谢氏家庙。"右坝左台门向西，严湾跑马背东依。北中南既环佛境，官港河塘兴白鳍。"这句顺口溜准确概括了广福寺的地理位置，寓意它乃佛天福地。

传说，陈友谅与朱元璋两军交战，兵溃后的陈友谅逃到了广福寺，躲藏于关公像后。也许有神仙相助，庙前浓烟滚滚，火光冲天，追兵竟停止不前。他们料定，陈已被烈火吞噬。待追兵离去，乡亲进庙灭火，但见庙火早已熄灭，陈友谅躲在关公像后酣然大睡。有人叫醒他，陈方忆起被官军追杀一事。他告诉乡亲们，睡梦中，有一条青龙腾空跃出，挡于烈焰之前，火熄了，他得救了。

陈友谅历经生死劫难，便认为，青龙一定为关公所变。为报答救命之恩，他派自己的五弟在观阵广福寺花重金重塑关公像，将广福寺建成五进大殿和围屋数间的大庙，建筑面积达650平方米，又修全殿内神像。庙宇落成，更名为"关圣庙"。

也有传说，陈友谅与朱元璋交战，陈败北，其手下一悍将藏匿沔北，残害百姓，无恶不作。朱派大将到沔北缉拿，谁料，陈之悍将闻讯，早已逃得不见踪影。朱之大将追至广福寺，抽签问卦。签文言，向南直追。话说陈的悍将骑马逃至京坻垸，天忽大雾，不辨方向，马又深陷淤泥，动弹不得，大将追到后，将悍将射死。大将得胜返回广福寺，再次烧香拜佛，占卜求签，询问是哪位神仙帮了自己。忽然，云端现一手执大刀的美髯大将。这不是关圣大帝吗？原来是他帮了自己。大将将此神奇的一幕，回禀朱元璋。朱元璋闻之，御批修建大庙。就这样，近千平方米的关圣庙落成，上下两层，甚是庄严、宏伟。为报答关公，朱元璋又将广福寺，更名为关圣庙。

两种传说，不知哪种更真实。唯知道，关圣庙的修建，与陈友谅、朱元璋之间的交战紧密相关。

清乾隆年间,"白莲教"创始人茅子元的两名徒弟王聪儿与姚之富,在襄阳兴"白莲教"反清活动。发展到荆州地区,一股教徒在沔阳南区关圣庙内进行传教活动。为防其脱逃,清政府派兵重重包围关圣庙,纵火焚烧,那股教徒被活活烧死,庙宇神像几乎毁于一旦;嘉庆年间,重建庙宇,只建了一进房,又修部分神像;道光年间,以西堤人肖宏孝为首,第三次建前面一进房和厢房两间,后殿重修,殿内神像基本恢复原样,前殿还挂有"志在春秋"大匾额,以警醒世人。

　　1930年,军阀混战,社会动荡,庙内设施荡然无存。1934年,杨祖泽、杨文章、朱同仁等人发起第四次重修,恢复了原来式样。1942年,国民党一二八师欲拆关圣庙做防御工事,为保此庙,革命志士杨祖泽拆自己房屋作抵押。那场特殊运动期间,为建观阵中学,关圣庙最终难逃被拆之厄运。尽管此校为祖国培养了无数栋梁之材,但拆掉一所有着几百年历史,有着悠久文化传承的庙宇,不能不说这是洪湖古建筑史上的一大憾事。

　　1994年,人们的物质生活提高了,思想意识也变了,乡人越来越意识到保护古文化遗产的重要性。不少热心公益事业的仁人志士提出重修关圣庙,后又经关圣庙辐射区内10多个村的群众商讨,推举十余人为理事,同学胡柏儒的父亲胡明坦先生任理事长,负责规划与筹资。建庙工程于第二年动工,群众心情振奋,不要报酬地热情助工。就这样,历经8个月关圣庙竣工。庙宇占地180平方米,建成高8米的明三间房与暗五间房,殿内还修有十余尊神像,看起来威严神圣。

　　关圣庙落成,高搭彩台,隆重举行庆典仪式,邀请不少戏班,演唱天沔花鼓戏10多场,香客络绎不绝。

　　2021年9月,我与湖北文史专家刘作忠先生,走进新关圣庙。

进低矮前门，昔日的南三殿早已不见踪影，一尊关公神像手拿大刀，委屈挺立在狭小的神龛，但不失威严。一方小小四合院，清静幽雅。院中铁鼎，有香蜡火纸灰烬，几炷香，青烟缭绕，慢慢升腾。拾西侧台阶而上，近千年铜钟，少了香客，喑哑到再难发出清越悠远的声音。东西两侧偏殿堆放着香纸、桌椅等杂物。后三殿，只剩较阔大的中殿，加两间面积不足十平方米的东西偏殿。中殿廊前，两条金龙绕柱而上。殿内墙面，关公神像傲然端坐，而左右两侧却是张飞、赵云与黄盖等一字排开的神像图片。从中殿东西两侧进去，因面积小，十余尊神像或坐或站，屈身挤在里面。关圣庙道长胡新介很热情地为我们作介绍：此庙在第一次国内革命时期，曾躲藏过一名共产党员胡世珍。戴家场打响鄂中秋收武装暴动第一枪的刘绍南英勇牺牲后，其妻子改嫁给榨台大队人胡明树，胡明树的伯父正是胡世珍。胡世珍得救后，常来关圣庙，给关羽上香。我想，这真是一座神庙啊！

庇荫与佑护

兵荒马乱、生活困苦的年代，无路可走的乡民，即使没人见过真菩萨，但他们仍坚信，世间有灵，凡尘有仙，折射的是黎民百姓对生活的一种良好愿景。

清顺治元年（1644），一顾姓大户人家迁至距关圣庙不到2公里路的河坝。这个河坝的地名是怎么得来的呢？原来，顾姓人家有三个儿子，人人皆说聪明可爱。老爷子又请了村里的私塾先生，教授儿子们读书识字。

顾老爷信奉神灵。每给祖先祭祀，必先到关圣庙，给关公烧几炷香，既祈求来年风调雨顺，又祈求三个儿子都高中状元，给顾家祖宗增光。没想到，第二个儿子果真考上了状元，还当上了巡抚。

巡抚大人是一名勤政为民的好官，因公务繁忙，几年不曾回家探亲。有一天因公出差路过家乡，欲回去看看。官船顺水行至河坝时，家乡变化太大，巡抚大人一时找不到自己的家，致使官船偏离家10多里。后来，为方便巡抚大人回家，族人在河的中间修了一条大坝，于是，河坝由此而得名，村民顾姓居多，俗称"顾河坝"。

又因地势低洼，年年水患，百姓房屋矮塌，又被人戏称"顾塌子"。

顾老爷拜神替子求学的故事，在方圆几里传播开去。而巡抚大人勤政为民、乡村因他更名的故事，让河坝人引以为傲，同时也作为教育子女学习之典范。

顾老爷替子求学遂心愿的故事，重在表现读书之重要，而下面这则逸事与传闻，则更有几分神秘色彩。

民国时期，陆军中将唐克明领军数十年，依然两袖清风，为政清廉。唐克明于光绪二十五年（1899）应募参军。因机敏好学，出类拔萃，为张公保所器重，受极力举荐，又受湖北巡抚端方赏识，并被派遣到日本陆军士官学校留学。毕业后，朝廷赏赐三品蓝翎。可他不慕荣华，追随孙中山先生举义反清，因功勋卓著，于1912年被任命为靖国第一军总司令，在家乡河坝村建兆威将军府，声名远震全国。

有好事者传言，唐克明应募参军前一晚，曾去关圣庙，拜关公神像。神像前，他点燃香纸，双手合十，虔诚磕头："关公爷，我有国难未报，爹娘之恩未孝，求您保我平安建功立业，回家说房媳妇，好好孝敬我父母！"

话音刚落，一直高昂着头、一脸威严的关公竟露出微微笑意，点头。

此后，果不其然，他在战场上英勇杀敌无数，不仅毫发未损，还用谋略与胆识，赢得累累战功，后又追随孙中山先生闹革命，用两袖清风的英名与清誉，让荆楚军民肃然起敬。

唐克明参军前拜关公的小道消息不胫而走。更多的人将关公神像当作心灵的寄托，纷纷效仿。在关圣庙求神拜佛的人，有为年迈的父母求得健康长寿的，有为自己求得财运亨通的，更多的是为子女求得前途似锦的。进出关圣庙的人络绎不绝，庙内香火旺盛。

第一章　艰难兴学路漫漫

关圣庙道长胡新介说:"我在这所庙内已经工作了多年,形形色色的香客见得不少。一位结婚几年不孕的女子,来到关圣庙,烧香拜佛,只为求得子嗣。有一婆婆,其孙子病了几日,她买了香纸,到关圣庙,祭拜关公神像两次,孙子的病居然奇迹般好了。有一孩子顽皮成性,虽然聪明绝顶,但读书学习成绩不好,他母亲急啊,撵着孩子,提着香纸就来到庙里。她烧了香,强押着孩子跪在关公神像前磕头,也不知孩子的母亲对着关公像念叨些什么。再回去,孩子像变了个人似的,听话懂事,勤奋努力,学习成绩也很快提高,最后,终于考上了大学。孩子母亲那个高兴劲儿别提了,又提着香蜡火纸到庙里给关公道谢……"

胡新介讲述的关于关公显灵的故事也就这么一说,但我心里清楚,面对世事难题,束手无策的人们,对神灵的敬仰实为一种无法言状的精神依托。女子怀孕、孙子病愈也许只是一种机缘巧合,而顽童的变化,也许是被母亲的殷切期望感动,此后,便懂得发奋努力。

在河坝、关圣庙与榨台一带,人们都意识到,唯有读书才是改变孩子命运与整个家庭的唯一渠道。为方便孩子们就近求学,从民国时期开始,就有乡贤在关圣庙内办私塾学堂,收交得起学费的学生。

1954年春,洪湖县农村扫盲运动拉开序幕,孩子们进入学堂,不再收学费。关圣庙私塾为洪湖县第一批办小学的学堂之一。随着学生人数的增多,关圣庙私塾又改为国立小学,实为早期的关圣庙小学,大大方便了附近村庄的孩子们入学。

拆庙兴学记

　　解放前的关圣庙，建筑面积近千平方米，坐北朝南，砖木结构，呈四合院形。据关圣庙附近出生的杨文东老师回忆，全庙以中间约50平方米的天井为中心，分南北两大主体，每个主体由四列高大的列柱（俗称列子）支撑。列柱的侧面支撑墙壁，顶端搁置檩子，柱距一米左右。居中的立柱有十来米高，与左右高度递减的立柱形成山尖。东西两列紧靠外墙，起着支撑墙体的作用；中间两列将主体空间等分为三殿，形成南三殿、北三殿，列柱的柱与柱之间镶有厚实光滑的木板（俗称鼓皮），使三殿各自成为独立的空间。每个柱子的底部垫有石礅，防水防潮。镶嵌在列柱上部的梁子及固定在顶部的檩子、椽子，与列柱一起构成坚实的房屋骨架。外围厚实的青砖墙体以及覆盖在椽子上难以计数的弧形青瓦，为整个庙宇遮风挡雨。

　　天井东西两侧的厢房，将南北两个主体连接起来，形成四合院。每个厢房的空间约有殿堂的二分之一，山尖部分用楼板隔开，形成阁楼。两厢房北端有一条一米多宽的通道，连接着东西外墙处的两扇侧门，由这两扇侧门可出入庙堂，加上南大门，整个庙宇共三个门。这座宏大的庙宇，历经三百多年的风雨阳光，依然墙体端正，屋面平整，砖瓦及木料不朽，显示出了古代家乡劳动人民在建筑方面的智慧。

1968年，观阵公社需要接收部分孩子上初中，因无校舍，只能将初中集中到宽大的关圣庙内开班。当时，关圣庙内同时容纳了6个小学班与2个初中班。

关圣庙南三殿的中殿既是由南大门入内的通道，又是师生开会的会堂，学校的室内会议一般在这里召开。东西两殿是教室，每个教室正面墙壁上悬挂一块3平方米左右的长方形木质黑板，外墙上有两扇窗，室内没有其他照明设施，遇阴雨天光线较差。学生的课桌凳都是自带的，长短高低，参差不齐；凳子有圆的、方的、高的、矮的，形态各异。

北三殿的中殿是老师的办公室，东西两殿和南面的一样，用作教室。两个厢房也充当过教室，后来改作老师寝室。东侧门外是操场，操场的北边有一排简易平房，是老师的生活区。教室不够用，又在庙的东边搭建了三间草房作教室，一遇大雨天，盆桶齐上阵四处接漏，"大珠小珠落玉盘"的天籁之音，慌乱了师生们的手脚。第二天，太阳升起时，师生们上房翻屋面，晒书本与书包，又是一番忙碌。

1969年，原关圣庙内的几间教室已无法满足整个观阵片区学生的入学需求，加上当时基建物资极度贫乏，负责观阵片区教育工作的顾本尧考虑到这些，向公社党委书记向世清建议，拆关圣庙建观阵中学。地址就选在河坝大队与南林大队交界处。他的理由是关圣庙从观阵公社行政区划上地理位置较偏，而河坝与南林交界处为大片农田，地皮足，又正好处于观阵片区的中心，此处建观阵中学再合适不过了。

顾本尧的建议立即得到了向世清的肯定与大力支持。说干就干，当天，向世清召开会议，现场向与会者宣布了拆庙建校一事。没想到，此话一出，反对声一片，人们无不遗憾地说："这是得不偿失的行为，是否有两全其美的方法，既能修建学校，又可以保住关圣庙呢？"也有人私底下大骂顾本尧与向世清："亏他们想得出这馊主意。"尽管向世清也觉得拆除关圣庙可惜，但他什么也没说，脸上青一阵白一阵，转身离开了。

此事又过了半月之久，向世清茶饭不思，心里焦急。办校没有经费，去哪里弄来建校的物资呢？只有利用拆庙所得木料、檩条、橡皮与砖瓦新修一所中学，才能满足全观阵公社农民子女读书的需求。于是，他再次召开党委会统一意见，公社发布强制行政执行命令，并选派干部到各村做贫下中农们的思想工作。谁敢反对拆庙建校，就抓到公社办学习班，学习毛主席语录。

1970年暑假，拆庙建校正式启动。河坝与观阵两个大队从贫下中农中各派出20多名精壮男劳力，与观阵中学全体师生一起，参与到拆庙建校一事中。

在没有起重设备与交通工具的情况下，全靠人力爬上房顶揭瓦拆檩卸砖。贫下中农在上面拆，下面的师生则肩扛、手抬。大家齐心协力，仅用了三天时间就将三进三出的关圣庙殿拆下来了。

在材料的运转方面困难较大，路途较远，材料多而杂，没有任何运转工具，只能靠肩扛手提。

为争取时间，保全材料不受损失，河坝大队与观阵大队的干部群众、男女老幼加上观阵中学全体师生，组成了上千人的运送大军，全部肩挑背扛，一字长龙，浩浩荡荡，仅用两个早上就转运完毕。

有的师生肩膀磨破了皮，紧挨着衣服钻心地疼，但他们换了个肩膀挑；王学乐老师手指磨出了泡，自己用烧红的针挑了水泡继续搬砖；学生刘祖德脚跟磨出了泡，走路一瘸一拐，但他唯恐落后，依然快步前行。

谈到拆庙转运时的壮观景象，时任校长徐国政感慨道："当时时间紧，任务重，没有任何报酬，父老乡亲们没有任何怨言，埋头苦干，不怕流血流汗，只为方便后代读书而拼命。要是在今天，别说是没钱，就是钱少了也别想办成事。"徐国政一语道尽了世间人情冷暖。相比之下，河坝与观阵村民们的无私奉献精神更弥足珍贵了。

砖不够，老师们撑船到沙口镇的砖瓦厂去买。去时还算顺畅，一路顺风顺水，摇桨架橹几个小时就到了。回来时，船上满载砖瓦，沉得很。经洪善庙闸，过京城垸，行至南戴河浅滩河段，船搁浅了，桨划不动，竹篙压根受不上力。无奈之下，黄忠钊、孟宪达老师跳下水，使出浑身力气将船拼命往前推。船身每前进一点，都是如此艰难，他们推了好几里路，才将船推至河坝大队。上得岸来，浑身上下湿漉漉一片，分不清是河水还是汗水。

那时，我在榨台大队小学就读，离新建的观阵中学有8里多路。我父母听闻建校的消息很是高兴。要知道，自那场特殊运动开始后，全国高考停止，本地大多数孩子念至大队小学毕业已算是最高学历了。如今，孩子们终于有中学可上了，对十分重视子女教育的父母而言，不能不说是一件高兴事。那段时间，母亲经常鼓励我，要好好学习，将来好走进新学校，于是，我对这所建设中的观阵中学日日向往之。

忙碌的背影

1971年春寒料峭的二月,观阵中学新学期开始了,同学们背着米袋子来到了校园。此时,万物蕴藏着生机,沉寂了一冬的田野也泛出了绿色。望着光秃秃的校园与雨后泥泞不堪的操场,新上任的叶忠珊校长愁坏了。他想绿化校园,却不知从哪儿弄树苗。

徐国政建议说:"去找曹市区委想办法吧。"就这样,叶忠珊跑到区里去要,区委很快就答应了,并派了水工组的工作人员同去东荆河挖容易栽活的杨桐树。几百棵杨桐,往返近80里,徐国政与几十名师生,用一夜的时间从白庙大队运回来。回到学校时,每位师生的手与脚均打满了水泡,有些水泡已经破裂,遇水钻心地疼痛。几天后,有的水泡感染化了脓,师生走路一瘸一拐。

后来,学校又发动学生从家里带树苗,个子小的学生扛不动,父母就帮他扛到学校,树苗长短粗细不一,都被堆放在操场一角。没有文化课的时候,师生们要栽树。先挖坑,再放树苗,压实泥土,浇水,每栽一棵树苗都要经过几道烦琐的工序。星期天,王学乐老师没有回家,他担心树苗存放久了难栽活。从吃了早饭开始，他一口气栽了 80 棵树苗，直至夜幕降临才收工，师生们都叫他"机器人"。

学校教职工宿舍在建成之初，因无钱购买瓦条，故一直没盖瓦，唯几面光秃秃的墙体仰望天空。每下大雨，豆大的雨点急促地往里灌，致使室内严重积水，天晴数日，里面成了稀泥涌。叶忠珊校长看了，皱起了眉头。在教师会上，他动员大家说："你们也知道，没有瓦条，宿舍盖不上瓦。为早日住进去，你们每人想办法到生产队联系点去要一些木材。"弄来木材，就有新宿舍住，老师们的积极性很高，大家各显神通，在短暂的半月内，就拖来了一些木头，又找来钢锯，锯成一根根适合灰瓦大小的瓦条。老师们再爬梯上房顶，铺瓦条，钉瓦条；学生们依次站成一排，捧着青灰大瓦，一级一级地传递上去。就这样，以老师为建筑工、学生为搬运工的建筑队伍，仅用几天时间，就盖好了屋面上的瓦，教职工们乐呵呵地搬进了自己的宿舍。

那年，春雨并非贵如油，而是淅淅沥沥，下个没完没了。通往教室、饭堂与厕所的走道，均被踩踏得泥泞不堪，鞋子深陷里面，进退不得。雨终于住了，没等老师们一声令下，学生干部带头，大家齐心协力，早已从校园的四面八方拾了不少半头砖块，铺在走道，解决了行路难的问题。

随后，便是操场的平整与教室回填。师生们到学校四周取土。大家用铁锹挖，用筲箕挑。沉重的担子吱吱呀呀一路叫唤，大家你追我赶，唯恐落后。红肿的肩膀，打了水泡的手指与脚跟，也丝毫没有停下他们奔忙的脚步。湿软的泥土，被一点点地平填在教室里，再由同学们用脚踩结实，那场景甚是热闹。

为了鼓励学生们上进，老师们用了各种激励机制。班级与班级比，评红旗；学生与学生比，树标兵。流动红旗每月评一次，得到的先进班级，必定有一帮同学高举着红旗，敲锣打鼓地送过去，那场景异常壮观。获得先进的班级，如凯旋的战士，即使是班上最调皮的学生，也会被其他班级另眼相看，从而敬他几分。

学习成绩评判分为：优秀、良好、合格与不合格。每位学生都是想得到一个"优秀"的，"不合格"于他们来说，是无形的耻辱。回家不仅会被父母骂，自己也无地自容。期中考试后，学校通常会表彰一批学习标兵、先进学生，再从中发展一批团员。若是初中两年时间都没能当上团员，学生们便认为这是一件非常耻辱的事。有老师提到，某位女同学没有被评上团员，回家后，急得两天没吃饭，还是父母好言相劝，才让她下定决心，好好学习，明年再获得入团机会。

学校大多是民办教师，每月只有6元的工资，算下来，一天工钱相当于两角。当时教导主任王万谨也是民办老师，他回忆，买包大公鸡烟要一角五分。为了满足烟瘾，他一周只买一包烟，尽管省了又省，钱依然不够花。好在学校有每人两分地的菜园，老师们轮番勤耕细作，当年就收获了不少白菜萝卜，稍微能补贴一下生活。学校那片操场，一到暑假就闲置下来了，有勤劳的老师从家里牵来牛，把大操场用犁翻过来，随后，种上绿豆。绿豆生长周期短，9月开学前，已是荚黑籽满，丰收在望。他们一荚荚摘下来，用木棒碾压出来。开学后，食堂师傅加点大米，做成绿莹莹白花花的绿豆稀饭，既美味又营养，让不少师生至今都回味无穷。

开学第一天

1977年9月的第一天，我肩扛着沉甸甸的米袋子，手拎着装有书本的布袋，由榨台大队快步走往观阵中学。没有风，额上的汗如断线的珠子，啪嗒啪嗒直往下掉。我腾出一只手，擦了把汗，再把肩上沉甸甸的米袋稳住，随后，继续拎着布袋，快步往前走。我穿过迂回曲折的田间阡陌，踏过令人心惊胆寒的南戴河独木桥，终于浑身是汗地来到了观阵中学。

我的两年高中生涯正式开始了。

怀里揣着6元报名费，记不清自己是如何报名的，又是怎样将米交到学校饭堂的。只记得那天的学生很多，到处都是陌生的面孔，还有一双双对什么都感到新奇的眼睛。他们出现在每个角落，到处探头探脑地打量。

我与大队的胡柏儒、王旭远等同学分到了一个班。因为有了熟识的同学，我觉得不那么孤独，对陌生环境也没有不适感。

第一堂课是张辉银老师的语文课。张老师常年患有哮喘病。课堂上，他每讲一句话，必先停顿一下，张着嘴喘口气，再接着讲。他的课虽讲得很好，但我们听着并不轻松。貌似一个精彩的故事，被人不断在中途打断，那份怅然若失令人苦恼。

数学课是阳金成老师教的。阳老师讲课慢条斯理，一个问题不紧不慢地讲，反复地讲，又变换形式翻来覆去地讲。貌似用细砂石打磨一件工艺品，那种精雕细琢的功夫，实在令人佩服。

物理老师为唐训滔。他讲课时，因情绪激昂，常常讲得唾沫横飞。他的每堂课都令学生们热情饱满。我因为个儿矮，坐在最前排，瞅着他嘴角流出的唾沫，会忍不住地帮他咽口水。至今，我也弄不懂这是一种什么心理行为在作怪。

班主任是化学老师唐训友。他的化学课生动有趣。那些偶尔开点小差的同学可得当心了，稍不留意，友老师的粉笔会"啪"的一声打在你的前额。他飞掷粉笔的姿势潇洒漂亮，掷出的粉笔在空中划过一道优美的弧线，快准狠地击中目标。

下课后，同学们就到泥巴操场上活动。有同学搬了两张课桌拼到一起，中间放几块砖，再用一根竹竿在中间拦一把，便成了简易的乒乓球台。正手攻，反手拨，腾挪自如，快如闪电，气势绝不输一场国际锦标赛。

中午吃饭时，一架热气腾腾的土钵子饭，被人抬到了教室。同学们凭票取饭后，各自拿出从自己家里带的咸菜或酱菜，坐在教室一隅，狼吞虎咽起来。我清楚地记得谭先荣一口气吃了3钵饭，他摸着鼓胀的肚皮，瞅着余下的几钵饭，意犹未尽地咂了咂嘴。

那时，学校校舍紧张，暂时还不能给我们提供宿舍，同学们放学后都要背上书包走回家。大家来自观阵片区8个大队，最远的大队是杨柳，上学放学要往返近20里，没有交通工具，全靠步行。三个一群，五个一伙，嬉戏打闹，好不热闹。

大队与大队之间都有一段无人居住的寡堤，有连片的坟墓或杂乱无序的灌木丛。我经过观阵大队与榨台大队之间的那段寡堤时，天已经黑了。我在坟茔之间穿梭着，摇曳的茅草或灌木丛发出的沙沙声如幽灵的脚步追赶着，魔幻的鬼影在头脑中一遍遍回放，背后凉飕飕的。担心有同学看到会嘲笑，我不敢撒腿飞奔，而是大喊几嗓子，以驱散心中的恐惧。

到家时，从生产队出工回来的母亲正生火做饭。看见母亲温暖的笑容，背后那股凉飕飕、阴惨惨的风总算没了，而浑身早已冷汗淋漓。

发电机与柴油机

1977年冬天，全国恢复了中断11年的高考制度，全国人民欢欣鼓舞，尤其是贫苦人家的孩子，终于有了翻身改变命运的机会。不少人在田间地头，重新捧起了书本，只为年底的高考奋力一搏。

学校从那时起规定，所有高中生必须上晚自习。每到夜幕降临，同学们的汽灯、马灯、煤油灯，还有用墨水瓶、罐头瓶自制的煤油灯、柴油灯齐上场。圆的、方的、高的、矮的，不一而足，那真是灯火的盛会。煤油灯烟雾小，缕缕青烟升腾，一会儿就没了踪影；而柴油灯的烟雾，足可以用浓烟滚滚来形容，没过多久，就会把灯罩涂上一层黑灰。在那时，煤油与柴油都要凭票供应，而煤油价格高，相反，柴油就便宜多了。因此，很多同学都是点的柴油灯。走进教室，那股令人窒息的烟味儿，直往鼻孔钻，人也晕晕乎乎，恍如到了另一个世界。

每上一次晚自习，师生们都不满地发泄一次，这怎么受得了？两个鼻孔与嘴巴都变得黑乎乎的，用手抠鼻孔，抠了一手黑。

还有老师无奈地调侃,估计所有人都变成黑心黑肺了!

在这样的境况下,王万谨校长仔细盘算了一下学校的经费,皱起了眉头。想要买一台发电装置,这点钱远远不够。学校早在开门办学时就买了一台8马力的198型柴油机,用于排涝抗旱,虽然陈旧、马力小,但还是勉强可用的,可如何解决发电机的问题呢?王万谨找到后勤组李祖新老师,提出找生产队借发电机的想法。李祖新说:"没问题,这事就包在我身上,咱们先找榨台大队借来用一用。"

李祖新为何能打包票呢?原来,他弟弟是榨台大队四小队的队长。虽说是芝麻大点小官,管个针尖大小的事,但还是有权的。这不,李祖新回家与弟弟一说,弟弟立即同意了,毕竟兄弟情深嘛,别说是借发电机这样的小事,借半条命,他弟弟也会答应的。于是,便有了王万谨与李祖新上榨台大队抬发电机回校一事。

榨台大队离观阵中学8里多地,都是一路坑洼难行的泥巴路。两人抬着发电机一路走,一路汗水直往外淌。抬至一开阔处,王万谨实在抬不动了,放下担子说:"歇一会儿吧!"李祖新刚放下担子,王万谨便眼前发黑,一头栽倒在地,不省人事。李祖新吓坏了,俯下身子连声呼唤着王万谨的名字,边唤边抬眼打量,可周围连个医务室也没有,更找不到人可求助,紧急情况下,他掐着王万谨的人中,王万谨才慢慢醒了过来。李祖新将他搀扶起来,关切地问他怎么样?是否要紧?王万谨晃动了一下头,除了头有点痛,貌似还清醒,又甩动胳膊与腿脚,均无大碍。于是,两人休息一会儿后,又抬着发电机,继续往前赶路。将发电机抬到学校,王万谨才去了离学校不远的观阵公社卫生院看病。医生说,平时的营养不良,再加上劳累过度,导致血压偏低,才出现晕倒的情况。事后回忆,王万谨仍然心有余悸。倘若泥路旁是水渠或池塘,也没有李祖新老师在场，自己也许就成为屈死的"水鬼"了。王万谨的调侃虽轻松幽默，却写满了乡村学校的艰难与辛酸。为了给学生们创造良好的学习条件，老师们竭尽所能地付出，哪曾想过自己的身体？

从榨台大队借来的那台发电机，用了一段时间，也不好意思再借用，毕竟榨台生产队也要用。于是，王万谨与李祖新不得不抬着发电机完璧归赵。

同学们的学习是大事，上晚自习不能没有电，学校没钱，借钱也要买发电机，王万谨四处寻找卖发电机的地方。1978年秋，王万谨向一位从广州回来的销售员打听到府场公社有发电机卖。他高兴极了，将唐训滔与唐训友老师一同邀去府场公社帮忙参考，终于购得一台5000瓦的发电机。至于购成用了多少钱，已无人记得。大家只记得买回来的新发电机，由唐训滔安装在机房。上晚自习有了电，教室里亮如白昼，同学们欢欣鼓舞，学习也更认真了。

然而没过多久，学校那台198型柴油机，如同一个年迈体弱的病人，时不时就要换个零部件，经常不打招呼就"罢工"，导致学校晚自习经常突然停电。

在这种情况下，学校不得不搭用河坝大队发的电。但学校距离大队发电的地方较远，设备也差，致使学校电压经常不足，日光灯不停闪烁。

这一闪一闪，一忽儿如电石火光的碰撞，一忽儿又陷入无边的黑暗。认真学习的同学不耐烦了，扔下笔，埋怨道，要不就熄火算了！你让它熄火，它还偏不，一秒钟又亮起来了。正当同学心里有点小庆幸时，忽然间，它又熄灭了，就如此循环往复着，如霓虹闪烁。让老师同学们急得抓耳挠腮，却又一点办法也没有。

唐训滔如天兵神将，突然到来。他发挥物理专长，人爬到课桌上站好，如手擎世界的巨人，伸出双手，拔下日光灯的启辉器，用导线短接接线柱，再将启辉器重新插进去，灯管接通了，直至两端发红，才扭下启辉器，这些动作，唐老师一气呵成，娴熟至极。灯管启动了，教室里又变得亮堂起来，同学们发出一阵欢呼声，这真是一位光明的使者！不少同学将准备好的煤油灯，又轻轻吹熄了。

这种情况持续到1979年高考，直至唐训滔被调到洪湖二中。

1979年秋，没有唐训滔老师爬高下低启动灯管的日子，确实难熬，同学们只能眼巴巴地看着灯管或明或灭，教室里也跟放幻灯片似的，不断交替光明与黑暗的背景。

后来，学校不得不购置一台195型柴油机。195是高速柴油机，12马力，轻便，马力大，启动也容易，水冷散热。

狭小的机房成为195型柴油机与5000瓦发电机的容身之处。专门操控195型柴油机与发电机的机务员为周丕模师傅。机房也是他的工作阵地。周师傅技术过硬，把这两台机器摆弄得服服帖帖。每到上晚自习的时间，在周师傅的一番操作下，柴油机发出震耳欲聋的吼声，似乎在向全校师生宣告它的工作开始了，在柴油机的带动下，发电机也开始工作了。教室里的灯瞬间亮了，暗黑的教室，一下子亮如白昼。195型柴油机工作了一阵子后，如同一位在台上滔滔不绝地作工作报告的领导，需有服务人员不断地给他续上茶水，才不会口干舌燥。这台柴油机也要经常给他加水，防止里面的水因温度过高而汽化，这样，很容易烧毁柴油机。周师傅便一刻不停地守着它，不断为它续上冷水，这种情况一直持续到20世纪80年代末。

从借发电机、搭电到买发电机，从198型柴油机到195型柴油机，学校照明条件的完善同学校的发展一样，也走过了一段不平凡的岁月。

实验室

20世纪80年代初，主持学校全面工作的唐训友校长时常愁闷着脸。贫穷偏僻的乡村中学，连个简陋的实验室都没有，实验器材也少得可怜，这严重影响到学生们的物理与化学成绩。这两科老师天天向他诉苦："没有实验器材，这课怎么上？"这确实是个大问题，一定要想办法解决，唐训友暗暗发誓。

唐训友找来物理老师唐训洲、李红星，还有化学老师熊帮金，一脸焦虑地问："你们想想，有没有什么办法弄到实验器材？"三人抓耳挠腮，支支吾吾地回复："这……这有点难办啊。"

思考一会儿，唐训洲老师说："找教育局仪供站看是否可行？"

第二天，天还没亮，唐训友就去了教育局仪供站。他打听到的消息是，仪供站的教学资源并不多，各学校都等着要实验器材。怎样才能多拿到一点实验器材呢？在人情社会，拉关系求人是很平常的事情。唐训友到处找熟人托关系，请求支援，转了几圈，一个能说上话的熟人都找不到。忽然，他想到了戴市教育组的樊友金组长，樊组长曾是观阵中学的老领导，请他出面，准能奏效。

于是，他奔向戴市教育组，请求樊组长，两人一起到达仪供站。有樊组长出面，事好办，当天仪供站就特意给观阵中学多批了些实验器材。

第三天，唐训友与另一老师起了个大早，他们没吃早餐就轮番拖着大板车，奔向100里外的教育局仪供站。夜深了，当两人浑身湿淋淋地拉回来一板车实验器材时，唐训友露出了舒心的笑容。

为让这些新到的宝贝，有个宽敞舒适的"家"，他安排学校老师腾出两间大教室，分别作为物理与化学实验室。有老师抱怨道："这么多老师挤在一个办公室，根本无法办公，如今却把大教室腾出来作为实验室，怎么不考虑老师们的需求呢？"唐校长没有说话，他不是不了解老师们的苦衷，有几位老师一直屈身在自己狭小的宿舍内批改作业。而眼下最要紧的事是学生实验室的建成，至于老师办公室，以后再慢慢想办法。

就这样，在不出一个月的时间里，各种实验器材全部筹集齐了，共添置物理和化学实验桌48张，实验凳50个，实验柜12组，总价值18000多元。

所有器材搬进空教室后，一个崭新、标准化的实验室建成。每次上物理或化学课，看着学生们兴高采烈地走进来，听从老师的谆谆教导，认真地操作实验，唐校长心里满意极了。

实验室建成后，市教育局来验收，观阵中学的实验室还被评为"洪湖市一类实验室"。这小小的荣耀，让全校老师们高兴了很多天。

学生们通过动手操作，实验能力增强了，对一些物理与化学性质有了新的认识，再也不觉得这两门课高深难懂了，老师授课也轻松多了。

那些有怨言的老师也读懂了唐校长，孩子们的前途是观阵中学的前途,更是老师们的美好前景。还有什么比学子前途更重要的事情呢?

后来,实验室在发展中,如日益成熟的少妇,变得丰韵饱满,内容也增加了不少。

1994年9月,宋仁甫任观阵中学校长,耗资10万元添置实验器材,添置实验桌100套,实验柜20组;1995年9月,李功勋任校长,耗资5万多元添置教学设备,装备实验室。经过两年的发展,实验室变得更完善,内容更丰富。

直至2003年,拆除原观阵中学旧校舍,清理场地,筹备建设观阵希望小学综合楼,原观阵中学实验室才淹没在时间的洪流里。

泥巴操场

今天的观阵希望小学,进校门右侧,有一方近 10 亩的塑胶操场。红绿相间的环形跑道,掩映在枝繁叶茂的绿树间,使校园环境更为幽雅。

这平淡无奇的操场,总能勾起观阵学子们久远的思绪。

观阵中学停办高中之后,被定位为农村初级中学。1989 年,正值梅雨季。细雨轻风连续数日后,阳光朗照。在教室里禁锢了一周的同学们,在体育老师谢帮杰的带领下,雀跃着,如泄闸的洪流,向教室外奔去。

简陋的大办公室,校长唐训友正低头认真批改学生作业。他一忽儿皱起眉头,一忽儿展开舒心的笑容,无人知道他想些什么。

忽然,办公室门"哐啷"一声开了。谢帮杰气鼓鼓地闯了进来,径直站在唐校长面前,大声抱怨:"唐校长,学生的课余活动和体育课还上不上?"谢帮杰平素较少生气,这次也许真是恼了。唐训友停笔,抬起头,微笑着打量他:"怎么?谁得罪你了?"谢帮杰朝唐训友抬了一下脚,继续抱怨:"看看我的鞋,都晴两天了,操场上依然全是稀泥巴，学生们怎么上体育课？"唐训友低头，发现谢帮杰那双新做的布鞋，全部糊上了湿漉漉的黄泥巴，在办公室地面留下一行印痕。

谢帮杰离开了，唐训友的思绪久久不能平静。此后，无论晨昏，他总会一个人站在操场上发呆。早晨，有时天刚露出鱼肚白，他便第一个站在校门口，放眼打量着远处广袤的田野。他皱着眉头，思绪繁杂。

现在的学校教职工宿舍后面，下一个一米多高的坡地，就是原观阵中学的操场。所谓操场，却是一片平整的黄泥土地。下雨一泡糟，极泥泞难走。由于地势低洼，操场很少干松过。两个篮板破了好几个洞的陈旧篮球架，投个球进去，都如醉汉般摇摇欲坠；一个铁质单杠与双杠，锈迹斑驳，弱不禁风地驻在泥里，学生们都不敢将手攀附上去。这给学生们上体育课与课外活动课带来了极大的不便。

唐训友的心情异常沉重，没有操场可使用，学生们去哪里活动？而且，他们正长身体呢，不运动怎么行？

想到此事，唐训友每日寝食难安。很快，他打起了一个小算盘。观阵管理区任书记的罗功福不正是自己的同学吗？这哥们儿自小就耳根子软，听不得几句好话，我天天去找他磨，就算他不念及同学情，也得被我磨得失了方寸。

主意打定，暑期开学后的第一个星期，唐训友便推着自行车出发了。第一轮唐训友便败下阵来，罗功福一副公事公办的模样，语重心长地对他说："老同学呀，你的困难不是我不帮，你要的那块地是南林大队的，我能给你，也一定能给张三、李四与王麻子。到时，大家都找我要地，我该怎么办呢？"随后，罗功福说了自己工作上的种种困难。

眼见天色欲晚，唐训友只好推着自行车垂头丧气地回了学校。第二天，他又到学校四周转了一圈，看学生们课余时间只能坐于操场边闲聊或玩耍，他心里异常难过。不服输的个性，让他下定决心，一定要啃下这块骨头。

第三天一大早，他又推着自行车，来到了罗功福家。罗功福正准备出门，见老同学又来了，知道还是为中学征地的事，便急着要离开。唐训友堵在门口说："我今天不是代表一个人，而是代表全校几百名学生，还有整个观阵管理区的未来与希望来求你，没有健康的体魄，学生们将来如何为人民服务？无论如何，你得帮助他们！"此言一出，罗功福无可奈何地坐了下来，看来逃是逃不了了。"没有场地上体育课，中考体育成绩又怎能达标？学生们的体质又怎能增强呢？可是，南林大队怎么可能将10亩地拱手送人呢？我面子大，也还没大到一手遮天的程度吧？"罗功福面露难色，但还是与唐训友坐下来，坦诚地探讨这个问题。最后的结论是，由罗功福去给南林大队做思想工作。20世纪80年代，学校与观阵公社管理区都没有电话。就这样，为打探消息，唐训友只能推着自行车天天往观阵管理区跑。

拿到观阵管理区红头文件的那天，唐训友高兴极了，为了庆祝，他甚至还喝了半斤酒。

那是一块与学校毗邻、杂草丛生的荒地，面积大约有10亩。地处高坡上，沙性土壤，雨后即干，极适合作操场。

望着那一片高低不平、茅草摇曳的荒地，唐校长又犯了难。如何将荒地变成光滑平坦的操场呢？学校经费困难，要做成水泥操场是极不现实的事。他思来想去，想到了自己的老父亲身上。

老父亲是种田的老把式，门前禾场被他用石磙碾压得光滑如镜。"要不，这块地也让父亲用石磙碾压吧，毕竟，家里还有一头牛，拉出来遛遛，也不用耗费太多体力。"

为节省开支，唐校长从河坝大队借来各种整田的工具，又叫体育老师谢帮杰画一张简单实用的操场分布规划图。对照着图纸，唐校长带着父亲和全校师生日夜不停地干起来了。

在唐校长的带领下，仅用了不到一个星期的时间，就整出了一个平坦光滑的大操场。

几天后，他推着自行车又去找了县城里教体育的老同学。没费多少周折就弄来了两副全新的木质篮板和铁质球框，又请人把旧操场上的两个篮球架移过来，很快，一对崭新的篮球架就做成了。

此后，每天的早锻炼、体育课、课余活动、学期运动会、师生篮球友谊赛……全都如火如荼地在操场上举办起来了，校园里呈现出生机勃勃的景象。

大雪松

在观阵希望小学一角，屹立着一棵大雪松，树冠高大，枝叶繁茂，20世纪80年代，为唐训友校长所栽。

"大雪压青松，青松挺且直。要知松高洁，待到雪化时。"唐校长栽大雪松，也许是受陈毅这首诗的启发，想让学生们在艰难困苦的环境里，拥有坚韧不拔的高尚品格。

曾在观阵中学短暂任教的唐忠智老师回忆："在条件简陋艰苦的校园，叔父（唐训友）总想建一个植物园，既美化校园环境，又能对学生们有所启迪。但学校穷，有时连老师的工资都不能按时发，想建设植物园，是一件非常不易的事。"唐忠智撰文向我讲述了学校大雪松的来历。

一个雨后的周末，天刚蒙蒙亮。唐忠智正在睡梦中，忽然，有人敲门。他一骨碌爬起来打开门，唐校长风一样地蹿进来，说："快点起床，我们今天去曹市中学拉树！"

唐忠智揉着睡意惺忪的眼睛问："这么早去啊？"唐校长答："去迟了怕李校长变卦。"临出门时，唐校长扔下一句话："我们在外面等你!"说完,又风一样地出去了。

唐忠智迅速洗漱完毕,关上门,走了出去。只见操场上停着两辆手扶拖拉机,后勤主任殷先华老师与唐训友早已等候在一旁了。唐校长指着面前的车说:"快点上去吧!"随后,殷老师跳上前面那辆车,唐校长与他上了后一辆车。

这是唐忠智第一次乘坐手扶拖拉机,他与唐训友只能站在车厢后面,手紧紧地把住铁扶手。出了学校,随即是坑坑洼洼的路面,车把人一忽儿抛得老高,一忽儿又使劲摔在铁车厢里。人如同一只弹性球,永无休止地跳着,唐忠智被颠得五脏六腑都差点出来了。

观阵中学校门后的那段稀泥巴路更是难走,路面大坑小洼,行走时,手扶拖拉机如同一位病入膏肓的老人,几欲断气地发出喘息不止的声音,吭吭嚓嚓……吭……嚓,停了半晌,以为车坏了,不料,车又"复活"了,随即,又响起了吭吭……嚓嚓……吭……的声音,车轮也左扭右拐,不听司机的使唤。而前面那位司机神情高度紧张,双手使劲握住方向盘,脑门已沁出细密的汗珠。车终于在一声沉闷的"吭"之后,再无声息。司机手拿摇把使劲鼓捣一会儿后,车依然没有任何反应。他放下摇把,无奈地看着唐训友叔侄俩说:"你们两个下来推吧!推到南林村村头就好了。"

唐忠智看了一眼道路尽头的南林村村头,面露难色地嘀咕道:"这段路大约有500米,一半的路都没走上。"唐训友朝他递了个眼色说:"还不下来?"

唐忠智反应过来,和叔父几乎同时跳下车,加上司机,三人在车屁股后使出吃奶的力气推着。车如蜗牛般,在泥泞的路面,缓慢滑行。几近中午的时间,他们好不容易推到了南林村。唐忠智一边抬起衣袖擦汗,一边兴奋地想着,眼前就是4里多的砖头路面了，可以不用再推了。他急冲冲地爬上手扶拖拉机，唐校长也跳了上来。

车刚行走，唐忠智就发现，这滋味远不如想象中舒服，甚至比之前更难受。从南林村到曹市镇，大约有8里多的石头路面。路面石头大小不一，不时就有几块坚硬的大石头横陈在路中间，车行至上面，颠簸得简直要把人送天入地。一口气还没缓过劲来，再颠一次、两次……感觉呼吸都有些困难了。不知道自己是怎么活着熬到曹市镇的，唐校长倒像没事似的，一路上与司机说说笑笑，颠簸的路面经常打断他们的谈话，但不影响他们愉悦的心情。

回来的路上，一辆手扶拖拉机装着一棵大雪松，由唐训友亲自压阵；另一辆手扶拖拉机拉的是100多棵小松柏，由唐忠智与殷老师压阵，再来一次石头路天堂与地狱般的挣扎、500米泥泞路的身心之劳。抵达观阵中学校门口，两人已是精疲力竭。

唐校长来不及休息片刻，下车就急急地找人搬运。不一会儿，来了一大帮教职工，还有正在上体育课的几十名男生。大家齐心协力，推、拉、搬、抬，很快把所有树都弄进了校园。不几日，又在全校师生的共同努力下，小松柏们如守护校园的卫士，全部立在了前面教室与后面宿舍的中间主干道上，而大雪松则矗立在一个大花坛里。

提到这棵大雪松的由来，故事说起来有些话长。10多里外的曹市职业中学，是唐校长的母校。自唐训友当上了观阵中学校长后，好像更迷恋母校了。时常，他会骑着旧自行车，绕到母校去看看。时任李校长是他的中学同学，他对李校长说，母校是他魂牵梦绕的地方，他经常会梦到母校的大雪松，并询问李校长："这梦寓意何如？"李校长不明其意，笑着说："好梦，梦到树，这是吉祥的象征啊！"直至唐校长挑明想要一棵大雪松时，李校长才恍然大悟:"敢情你魂牵梦绕的是我学校里的树呀!"

不过,李校长还是爽快地应承了:"要大雪松没问题,不过,你今天必须陪我喝几杯。"

唐训友扫了一眼校园里不少的小松柏树苗,一计再上心头。

他说:"光喝酒没意思,我们还得下点赌注。"李校长乐呵呵地答:"好,这主意好,赌什么呢?"唐训友慢悠悠道:"比谁喝得多。我若输了,我天天请你吃饭喝酒;我若赢了,你不仅送我大雪松,还要送我100多棵松柏树苗。"

李校长犹豫一下,答应了,心想:"以自己每餐半斤白酒的量,还能怕他不成?"

这不,在李校长家里,他爱人做了几个菜,两位校长端上酒杯就干上了。也不知喝了多少杯酒,只知那天,是由同去的唐忠智、后勤主任殷先华,还有政教主任陈友法等人将唐校长搀回来的。回来的路上,唐校长兴奋地拍着唐忠智的肩膀说:"我们明天去拉树。想干过我?门都没有!为了要到这些树,我都策划好几天了。"估计那晚,唐训友梦中都在笑着。

树栽上后,到了夏天,满校青绿,浓荫满地,小鸟啁啾。同学们在树下读书或嬉戏,环境祥和清幽。

老井的守望

2002年,为了提高师资力量,改善办学条件,洪湖市政府决定,一次性撤销乡镇下属办事处中学,逐年撤销村级小学。所有初中全部划归集镇初中,村级小学逐年并入原办事处中学。

2003年,同全国所有办事处中学一样,观阵中学也结束了开办初中的历史使命,摇身一变,改制为观阵希望小学,辖关圣庙、榨台、河坝、南林与沈庙等八个村庄的小学教育。观阵中学的学生并入戴家场镇中学。

中学撤并的那天,不少师生流下了伤心的泪水。时任校长曾凡福摸着光溜的课桌,难分难舍。也有同学小声啜泣,他们走遍校园的每一个角落,在乒乓球台与篮球架下驻足流连,似乎唯有这样,才能把整个观阵中学装在心中,带向未知的角落。同学们不明白上面为什么要如此安排,有人随手拾起一枚瓦片,将满腔的怨恼,掷向池塘。池塘的涟漪一圈圈荡向远方,他们的怨恼也随之走远。

撤并后的观阵中学成了小学。由于城镇化进程的加快,越来越多的村民走出了乡村，奔向大中小城市谋求发展，子女也随之进城读书。再加上学校校貌太旧，教学条件差，学生生源逐年减少。

在严峻形势的考验下，洪湖市政府和市教育局决定将观阵中学拆除后，建设成为全市示范性小学，既优化了教学资源，又提高了办学条件。

在市政府与教育局的倾情运作下，武汉东湖高新技术开发区领衔筹措资金，投资300万元，规划三期建成新校。由于学校建设资金绝大部分由社会力量筹措，故学校命名为"观阵希望小学"，首任校长为杨文善。

当时，所有学生都被临时安排在旧教室上课，起重设备的轰鸣声吵得学生们无法安心学习，但想到不久就能进入新教室，所有人心里都是美滋滋的。

2004年，四层综合楼建成，肖会恕新任观阵希望小学校长，他组织和主持了综合楼的庆典活动。学生们离开阴暗陈旧的教室，搬进宽敞明亮的综合楼。他们开心极了，蹦着、跳着。在他们眼中，除了大城市，在乡间，较少有如此高大的建筑，可与蓝天白云试比高。

随后，在各任校长的努力下，观阵希望小学发生着日新月异的变化。

2005年，陈怀兵校长筹资3万余元添置和维修学生课桌凳，并耗资1万余元添置教学设备。

2006年，曹光辉校长兴建教师宿舍10间，建筑面积350平方米，耗资30万元；又投资28万元，绿化校园；兴建教师周转房16间，建筑面积480平方米，耗资54万元；修建学校运动场，建设塑胶跑道，总投资124万余元；修建荷花池，投资16万元。

2012年，唐敦文校长投资3万余元，加强学校绿化建设；又投资50多万元，兴建学校教学辅助用房。

2016年,陈安鹤校长投资100多万元维修校舍、厨房、厕所,添置教育教学用品;同年,投资80余万元,兴建观阵小学附属幼儿园,建筑面积840平方米;又于2017年兴建校史馆。

2022年5月,唐敦文在电话中告诉我:"观阵希望小学在操场的北面,新修了三层教学楼,估计过几天,学生们就能搬进去了。"

年年岁岁花相似,岁岁年年校不同。在逐年的建设中,观阵希望小学脱胎换骨,终于变成了现在崭新的模样。

学校综合楼内,设有校史馆,它里面存放着有关原观阵中学的一切记忆。

北面正对综合楼的是上下两层共16间的教职工宿舍,西边相邻的为学校食堂。午餐时间,饭菜诱人的清香从这里溢出,飘在校园的每个角落。

东边操场上的塑胶跑道红绿相间,很是美观。操场正北面的新教学楼,琅琅书声发自此处,在校园上空环绕,经久不息。

整所校园,环境优美。当春天来临时,百鸟啁啾,与春风相唱和;夏日又是浓荫满地,洒落顽童一地的欢笑;秋风正起时,却是聒蝉嘶嘶,鸣落一地的秋叶;而冬天到来时,却是白雪飘飞,风中傲然挺立的树,早已承受不住顽童的欢闹,簌簌落下一身的银妆。

校门口,荷花池中间的那口老井,建于1981年。当时,学校为了方便食堂师傅汲水做饭,才打了这口井。后来有了自来水,这口老井便被遗弃在岁月的角落。2006年人工修建荷花池,老井便矗立池中,成为一道永恒的风景。

40多年过去,多少世事变迁,一切都变了模样。唯有这口老井依然默默驻守在这里,守望着一批又一批学子们的春天。

第二章
开门办学的日子

当年韵事忆犹真，校择村垄结友邻；田间地头禾苗种，林里河中活物蹦；一颗红心天地炼，师生几度做农民。在中国基础教育的办学史上，有一段独特而珍贵的记忆，那就是开门办学。

学农课

1974年9月,国务院教科组、财政部下发了《关于开门办学的通知》,明确规定了学生的任务,除了学习文化知识,还要学工、学农、学军,去工厂、农村参加一系列的生产劳动。

学校没有学工与学军的条件,只有广袤的土地,同学们又全都是土生土长的农村人,对插秧、扯草、摘棉花、锄草都不陌生,去各生产大队学农,动作麻利,又能吃苦,不断有大队干部来请。于是,学农课更多时候便成了支农课。

此时,观阵大队(关圣庙村前身)二小队队长肖贤忠作为贫下中农代表进驻并管理观阵中学,他和新上任的校长周守荣商量,将全校师生编成了农技班、农机班、文艺班与学医班,将课堂学习与生产劳动结合,让同学们既学到文化知识,又提高劳动基本技能。

农技班由老师李灵芝负责,课堂上不仅学习气象知识、农业知识,课后还带领同学们去田间劳动;农机班由老师唐训滔负责教授发电机、收割机等农业机械原理,由于学校没有这类机械,也缺乏专业讲师,使这门课如同虚设;文艺班的学生则由热爱文艺的宋文鹏老师负责，班上的漂亮女生成为受关注的对象，分在文艺班的同学很令人羡慕，常常去田间地头表演，如众星捧月一般受人欢迎；学医班由张辉银老师负责，他们除了少量学习常见疾病的预防与治疗，大多时候却在学兽医知识与解剖原理，由于张老师本人也不太懂，每次需将兽医站的人请来，兽医平时又比较忙碌，不久，这门课就没了下文。农技班与农机班统称为学农班，田间地头少不了他们忙碌的身影。

1975年春耕开始了，周守荣校长将学农班学生"拉出去"，驻扎在观阵大队的4个小队，与贫下中农同吃、同住、同劳动。田头课堂上农技员老师问同学们，今天是什么天气。同学们踊跃发言，一个同学说，今天是晴天到多云。老师再问，那是什么风呢？这同学望了望在风中飘零的树叶，又望了望老师，手指扯了扯衣角，红着脸说，是东南风，2—3级。老师没有吭声。从老师一脸严肃的表情看，显然不满意。这时，又有一名同学举手示意，老师点他回答。这位同学大胆站起来，望着被风吹弯来回摇摆的树枝，大声说，今天是东北风，2—3级。老师满意地微笑着点头，同时表扬他善于观察、勤于思考。

5月中旬，王学乐老师带领田丹金等几名同学一起来到了施港公社向红大队，准备向植棉能手夏志安学习棉花种植技术。没料，夏志安却将他们带到了一片麦地，又每人分发一把镰刀，教他们如何收割小麦，小麦收割完，又安排去空地拔草。这样忙碌一天下来，除了收获腰酸背痛，植棉技能丁点也没学到。到了晚上，王学乐与田丹金住在一位姓张的技术员家里，浑身疼得竟翻身不得。

河坝大队与南林大队离学校近，是同学们学农时经常到访的地方。学校东边有一块水稻田，属于南林大队，约10亩地。秋天到了，水稻的长势良好，绿油油的阔叶秧苗，苑大茎粗，有一些比秧苗长得高的稗草夹杂其间，稗草的生长掠夺了秧苗的肥料，必须将它清除掉。同学们在老师的号召下，在田里站成了一横排，踩着足底下的泥水泡泡，一步步往前走，没多久，每个人手里都拿着一大把拔除的稗草。由于人多，任务很快就完成了，大家洗脚上岸，回到教室。

在近处的河坝、南林两个生产大队劳动，大队是不管师生中午伙食的，只有到沈庙、榨台等远一些的生产队，才有午餐招待。有一次，同学们到榨台五队学农。学生涂扬军的父亲到塘里捞起了一条近20斤重的种青鱼，一半粉蒸、一半水煮慰劳了他们这支"打工"队伍。当时的学农任务是"扒田"，那是件很辛苦的活儿，同学们弯下腰，两只小手在秧田里不停地翻扒。田缺肥很瘦，牛毛毡像被褥一样密实。若是严格按操作流程及质量要求，要不了俩小时，十个指头都要扒破出血。老师心疼他们，站在田的正中，一边给同学们讲故事，一边提醒大家用脚去犁。有时直接不负责任地要求大家快点，只要把水搅浑就行了。

在"开门办学"的日子里，学校也有自己的学农田。先是野猫湖的一块荒滩，不久，又争取到学校后面的一块坟地，学校计划在这里挖鱼塘、栽梨树。

那是1976年春的开学季，学校安排每名学生在坟地上挖3个树坑，然后每人交来3担猪粪，按一个树坑一担粪的标准浇灌，栽上树苗。随后，大家又挖了一口两亩左右的鱼塘。南林三队的郭际兵同学，家住学校附近。一个清晨，他独自一人打着赤脚，踩着初春寒冷的冰碴儿，在鱼塘里独自挑挖，战斗了近两小时其他同学才来。这种勇于吃苦的精神受到了老师的大力表彰。

鱼塘挖好后，转眼就到了夏季。学校在鱼塘边盖起一幢低矮的猪圈，买来七八头小猪喂养，旁边搭有一间守猪圈的小房子，并安排同学们每两人一班，每星期轮流喂猪守猪圈。白天，两名同学到学校食堂挑剩菜剩饭及淘米水，加些梨树下栽种的苕藤来喂猪，再把猪粪清理出来喂鱼。

最难熬的是晚上守猪圈。两位同学既怕鬼，又怕蛇。一般坟茔地是盛产蛇的地方，特别是"土聋子"令人倒吸凉气，这种蛇除了巨毒外，它常常发出一种呜呜呜的长叫声，像传说中的鬼哭一样，让他们吓破胆！所以，每个晚上都是一种漫长的煎熬。想睡，又怕睡；怕睡，又想睡。没办法，值班的同学只好每晚点着马灯到天亮。不知是哪位同学家境好有台收音机，两人如获至宝，让收音机播放一整夜以壮胆，轮流值守一周后，这收音机也"被迫"传给下一轮值班的同学。

1977年下半年，全国恢复高考后，学农田与果园均退还给了河坝大队，学农的日子便成了同学们心中久远的记忆。

一堂兽医课

学医班的基础课主要是人体医学、生理知识、简单的农村疾病临床表现和对症下药，张辉银老师照本宣科讲了一遍，同学们也似懂非懂，至于去给人看病，那是万万不行的。另外，大家也学习兽医知识，为此，学校还特意请了兽医站的危世玉同志来讲课。

秋日的一个上午，正值下课时间，同学们聚集在学校教室侧边已经收割完的稻田旁，议论着什么。那时，田地已经干裂，谷苑也干黄如树桩遍布田野。田地的旁边是观阵兽医站，讲授兽医知识的危世玉就在这里工作。

学医班同学王万成好奇地走过去，只见，田地里用木桩拴着一头个子不大的牛，牛尾巴不停地甩来甩去，驱赶着身上的苍蝇，旁边有几位身强力壮的男人无聊地等待着什么。几位同学在旁边议论纷纷。王万成挤过去，身边的同学带着无限的怜悯与同情对他说，一会要将这头牛杀掉。王万成心里一惊，再看牛，它依然在用牛尾巴驱赶着苍蝇，眼神镇定，貌似即将到来的危险与它没有丝毫关系。他一打听，才知道这头牛已有好多年了，一直不长个儿,光要喂它,又不能干活,学校花了一百元买来做解剖教学。他不免同情起牛来。

过了一会,从兽医站里一左一右走出来两个人,他们下了坡,又走到田地里。左边的人为兽医危世玉,右边是班主任张辉银,只见,他手里拿着一根绳子,与兽医一起,朝着牛匆匆走了过来。到了牛近旁时,两人分站牛身两侧,张辉银抛出绳子的一端,兽医接过来往牛脚上一套,然后又绕过牛的身子,用手轻轻一拉绳子,牛瞬间倒地,四蹄在田里乱蹬。几名壮汉冲过来,强按着牛的四条腿,让其无法动弹。兽医再上去用膝盖顶着牛的脖子,右手拿出一柄尖刀,对准牛的喉管狠狠地捅了下去,顿时,鲜血喷涌,牛的喉管里发出"噗噗噗"的不甘抗议声,可一切无济于事,刚才还在挣扎的牛,身子一下子瘫软了下来,"噗噗噗"的声音渐渐消失,四周变得异常安静。

当牛如一堆泥沙一动不动时,几名大汉忙碌起来。他们七手八脚将仍在滴着血的牛抬进了教室。班上的大个子同学在黑板旁边钉了一枚大钉子,一人用绳子套在牛脖子上,几人合力使出吃奶的力气,将牛挂了上去。

上课了,解剖开始。只见,兽医用刀熟练地将牛从肚子上剖开,被好奇心充斥的同学们再也无法平静地坐在自己的座位上,如被一股巨浪推着,全部涌到了前排。张辉银坐在最前排的座位上,目不转睛地看着兽医解剖。

突然,一股难闻的腥臭味弥漫了整个教室,这是牛肚子里内脏器官的味道。这气味与场景对于这群农家孩子来说并不陌生,似生产队里过年杀年猪,有着迎年的喜感与热闹,但今天不同,有一种悲壮之感。几名女生已被这气味熏得捂住鼻子,你看我,我看你,不知所措。两名男生上去帮忙,他们用事先准备好的棍子将牛的肚子撑开，牛那鲜红的内脏就露了出来，有同学吓得倒退两步。这时，危世玉满带疲惫的脸上却露出一丝兴奋。他伸出带着鲜血的手指，指点着牛的内脏，一一讲解各个器官所在的部位以及作用。那面带笑容的表情呈现出一脸自豪，貌似一位统领三军的主帅正在指点着他的阵地版图。

牛很快被分割成一块块，放在一担箩筐里，随后，进来几个男人，将它们抬走了。

那堂课让王万成记忆深刻，在了解了动物的身体内脏结构时，他一直忘不了牛在临死前的挣扎，那双恐惧失神的双眼，还有血淋淋的场景，从此，他对生命有了更进一步的敬畏之心。

宰杀活牛这种习俗在中国流传了千年，但随着美丽乡村建设和城镇一体化进程的推进，这种残忍的杀牛方式不复存在。

文艺宣传队

1974年秋，根据当时形势的需要，观阵中学将13名文艺班学生和几名爱好文艺的教师一起组成文艺宣传队，为学农服务。他们排练各种文艺节目，宣传毛泽东思想，宣传新生事物，表扬好人好事。

师生们的排练场地，有时在操场，有时在教室，有时也在办公室。

教师中，雷志学有一张国字脸，中分式头发，皮肤白皙，嗓音好，会乐器，看起来凛然正气，排练时只见他端坐办公室一角，两只手里握着两根筷子长短的棍子，像蝴蝶一样在扬琴琴盘上飞来飞去，头发不时地掉下来又被他仰头甩了上去，他的手飞快地在琴上运动，琴弦发出优美的声音，有时，他也会提着一盏红灯，出演京剧《红灯记》里的李玉和；宋文鹏模样清瘦，一表人才，擅长二胡、京胡与板胡，他拉京胡的样子，十分专注，那穿云裂帛的声音，可以让人忘却世间一切烦忧，他也常演京剧《杜鹃山》里的温其久，同时也担任"编导"，将一百多分钟的歌、舞、小品编排下来，让说唱演舞穿插其中，节目变得精彩纷呈；唐训友将鸠山的阴险毒辣演得活灵活现；司鼓、敲锣无须太多文艺细胞，常由阳金成、杨德坤与杨人标等人担任；为了演好柯湘这个角色，彭家环将一头乌黑油亮的长辫子剪成了短发。

学生们由王万谨老师领队，杨仁元、郭啟英是当时的文艺骨干，说唱跳演样样在行，还有买得起8角钱竹笛的罗运池，以及胡明胜、罗运玉等同学，都是宣传队的中坚力量。杨文英个子高挑，人漂亮，常当报幕员，由于普通话不标准，在一次报幕时，把"郭㓁大队"念成了"郭六大队"，惹来同学们一阵爆笑，她不好意思地红了脸；胡明胜个子小，面容清秀，常男扮女装，舞蹈跳得婀娜多姿，有时还故意扭动着臀部，让人笑得肚子疼。如今，这些同学都成了爷爷奶奶辈，孙子都到了"打酱油"的年龄，过去的一幕幕却宛如昨天。

师生们利用课间休息或中午的时间进行排练，只为晚上能给乡民们带来一场丰富多彩的文化盛宴。排练分为两拨，一拨人在教室练嗓子，还有一拨人在操场上练空翻、踢腿与下腰，为了让表演更专业，学校请了下放到郭邨大队的武汉知青刘丽平教曲艺课，同时，也请了下放到榨台大队的武汉知青李丽教舞蹈课。大家学得非常认真，每一个面部表情与动作都严格按照老师的要求训练。

黄昏，文艺宣传队的队员们就要到约定的大队演出了。那天，杨柳大队禾场上的幕布早已经挂好了，还搭了一个简易舞台，台柱上绑着两盏汽灯。天还没黑，村民早已搬了椅子等候在禾场上。

师生们躲在幕布后，由雷志学和李丽老师给大家化妆。女生们化完妆，一个个美得跟仙女似的，她们兴奋地在镜子前打量着自己，言谈间满是欣喜；男生们化完妆换上演出服，一个个都神采奕奕，笑着相互打量着对方。

节目一开始，台上的唐训友、雷志学、阳金成与宋文鹏四位老师就来了段三句半，幽默的话语与完美的配合，把台下观众逗得呵呵直笑。节目讲述的是一名妇女克服重重困难，上大型水利工地开河挑堤的故事，台下的妇女们都听得泪流满面，因为那是她们的亲身经历啊！

老师们刚退场，在一阵紧密的锣鼓声中，学生们身着统一的服装与贴花小围裙，走上了简陋的舞台。这服装、围裙与围裙上的花都是学校扯来布料，由宋文鹏缝制而成的，颜色鲜艳亮丽，让女生们喜欢。学生们表演的节目是湖北小曲。他们用汉调演出，博得了观众的阵阵掌声。

随后便是宋文鹏与唐训友表演的对口句，两人一问一答，如同说相声，话语幽默，节奏快，如铁锅爆豆子，一句接着一句不容人喘息，台下却是爆笑如雷。

中途，学生们上台先背上一段毛主席语录，然后，又用顺口溜以抑扬顿挫的声调歌颂一名种棉能手。

还有快板、小品、单口相声、样板戏、舞蹈与群口相声等节目，内容异彩纷呈。

演出结束，师生们回到学校，已是凌晨，但他们从不叫苦叫累，每天都跟打了鸡血似的，格外兴奋，回到宿舍，还要唱上几句，才觉得过瘾。

他们在全公社各大队间轮流演出，大受欢迎，根本忙不过来。有一个大年三十夜，白鱼大队家家户户不是待在家里守岁，而是坐在寒风凛凛的禾场看师生们演出。施友银同学的妈妈听说女儿在演出，特意从家里赶过来观看节目。从正月初一开始，师生们每天都有大队请去表演节目。

为了让本大队村民提前观看到节目，各大队书记会竞相来接宣传队，哪个大队书记先接，哪个大队就先演。演出结束后，大队还安排队员们吃夜宵，桌上有平常人家一年四季都难吃到的鱼和肉。

舞台一般是各大队的开阔地，有时也在小学操场的土台上。师生们使用的乐器有锣鼓镲钹、扬琴、二胡、板胡、京胡、马头琴、笛等，有一个扩音器（学校的喇叭）挂在树上，将声音传得很远。

每一场演出，其热烈的气氛不逊于今天的央视春晚。有一个晚上，应乡亲们一遍遍的邀请，师生们把《红灯记》连演了三场，尽管是同样的演员，同样的内容，可乡亲们百看不厌。这个节目连同一支舞蹈《园丁之歌》，曾获得了戴市公社文艺调演一等奖。

不仅是观阵中学有文艺宣传队，各个大队也有。1976年，为了活跃农村文化生活，顾永存担任河坝大队文艺宣传队队长，带领30多位土生土长的宣传队员，自编自导自演了《一斗谷》《决算之后》等舞台剧，还有歌舞等乡土文艺节目，在各个小队巡回演出。

如今，社会发展进步了，手机、电脑与网络电视丰富着现代人的精神生活。在乡村广场里，就连送戏下乡的银幕下也是寥寥几个人，还会有多少人记得那样一支活跃在乡村里的文艺宣传队呢？

演样板戏

20世纪70年代中期，文艺生活极度贫乏，连电影都很难看上一次，因此，以样板戏为主的二十几个舞台艺术作品，如《智取威虎山》《红灯记》《沙家浜》等备受推崇，在全国红极一时。那时，样板戏也是观阵中学文艺宣传队的重点节目之一。

时隔多年，宋文鹏在回忆录《不老的记忆》里写下老师们观看样板戏、出演样板戏的过程。

1975年夏日黄昏，校园里锣鼓喧天。学校操场的土台上，洪湖京剧团的演员们已经上场了，激越的锣鼓声，越过校园上空，传到了很远的地方。台下观众人头攒动，有的已经坐好了，有的还在来的路上，背着椅子，携老扶幼，有的还在吵闹、喊叫。观众是附近方圆十几里的村民，有耄耋老人，有裤腿裹着泥刚从田里回来的中年人和青年男女，还有四处跑着的孩子。大人看戏，孩童看的则是热闹与新奇。台上演员念、唱、做、打，当戏曲情节被推向高潮时，锣鼓镲钹齐鸣，声音密集如骤雨，各种乐器也一齐响起来，有万马奔腾之感，台下观众响起了热烈的掌声与叫好声。台上演的是样板戏《杜鹃山》，同样的剧目，京剧团的演员们已经在这个土台上连续演了好几个夜晚，可每晚观看的人数有增无减。有些家离得远的村民，为了观看方便，前两天就在学校附近的亲戚家住了下来。

不仅乡亲们爱看样板戏，学校师生们也十分痴迷，每场必到。雷刚与柯湘的浩然正气，毒蛇胆的阴险狡诈，杜妈妈的如泣如诉，各种角色的性格特点被演绎得淋漓尽致，又浑然天成，毫无矫饰之意。师生们看得如痴如醉。

那些天，师生们走路在唱，端着饭碗也在唱，对样板戏的痴迷已经入了魔。

一天，唐训友、雷志学与阳金成三人，来到宋文鹏宿舍，想劝说他一起演样板戏。

初听这想法，宋文鹏吓了一跳："什么？排一个《杜鹃山》？"

"对，有什么问题吗？"唐训友满怀信心地笑着问。

"简直开玩笑！"宋文鹏沉下脸，当即否定，"那工程有多大？灯光布景，音响设备，服装道具，这方方面面我们都是零，从何弄起？"

唐训友解释："我不是说排全场，是搞个选段。"

宋文鹏继续"浇凉水"："就算弄个选段也难呀！样板戏都是通过多少专家锤炼升华出来的，一腔一板、一招一式都不可随意更改，若排出来的选段太走样，那些观众还不把牙笑掉？"

唐训友一副志在必得的表情，用眼神暗示身旁两位老师，激将道："难道你们几个重复看了几场一点都没学到？"

"这不是门缝里瞧人吗？"雷、阳两位老师还没说话，宋文鹏倒红着脸分辩起来，"谁说一点都没学到？"

见目的已到，唐训友喜笑颜开地补充："剧团今天在官港河还有最后一场演出，事不宜迟，我们马上赶过去找他们导演取点经。"

宋文鹏再也不好推却了。他们借了两辆旧自行车，两人一辆，一人蹬一人坐，风风火火地直奔官港河。

到达目的地，相熟的剧团总导演胡幼早接待了他们。知道老师们的来意后，胡导演喊了一男一女两名演员过来，叮嘱他俩对老师们做些点拨。雷志学和唐训友自告奋勇各唱了一小段京剧，两名演员一脸惊讶地说："恁郎们的唱功好确呀！字正腔圆，声情并茂……"演员们的褒奖之词，给了老师们极大的信心。

在四位老师的强烈要求下，胡幼早导演又细心地跟他们说了这个戏的编排要领，演员的位置转换以及每一个动作的要求，还有动作与眼神是怎样刻画人物内心世界的等常识，老师们如小学生般听得十分认真，还做好了笔记。

回到学校后，他们便严格按照要求摸索着编排了，一遍又一遍，不厌其烦。没有人手，把从没上过舞台的孟宪达老师生拉硬拽了进来，缺群众甲与群众乙，把厨房的胡师傅与黄师傅"软硬兼施"地"押"了进来。尽管几个角色都是"拉壮丁"进来的，但一旦开始排演了，大家都认真起来，并很快进入了角色。为了饰演一名老人，孟宪达用黑胶布贴了门牙，将一顶麻线制作的白头套戴在头上，再佝偻着腰身走几步，那模样可真是活灵活现。

演出出人意料地成功，掌声如巨大的潮涌般经久不息。几名河坝大队村民看完后，对老师们说："好看，跟县京剧团演的差不多！"老师们都相信，村民们是发自内心地赞美。在那个文化生活贫瘠的年代，任何形式的文化活动，都如奇珍异宝一样，有着无比诱惑人的力量。

师生们不仅演《杜鹃山》，也演《红灯记》《沙家浜》《智取威虎山》。

1975年深秋，在河坝大队大禾场演出时，李玉和（雷志学扮演）被一群宪兵（学生们扮演）押上了台，他愤怒地挣脱押着他的宪兵们，指着对面的鸠山（唐训友扮演）骂道："狼心狗肺贼鸠山！"鸠山面露凶相，指着他大喝："密电码你交出来！"随即，李玉和字正腔圆地唱："任你毒刑来摧残，真金哪怕烈火炼，要我低头难上难……"这时，台下的掌声与叫好声同时响起。

有时，唐训友也客串《沙家浜》中阴险狡猾、诡计多端的"刁德一"。有一次，他对着沙奶奶（彭家环扮演）唱道："只要你说出她的名和姓，刁德一我保你不缺米和柴。"台下有一位老者愤愤不平地站起来道："好你个刁德一……"随即捋起袖子，欲冲上台。有人一把拽住老者，老者才回过神来，顿时哑然失笑。

样板戏是特殊时期精神生活贫乏的代名词，在今天，无论怎么看，它给一代人带来的乐趣依然值得回忆。

拜访气象站

正当各地学校学工、学农与学军活动开展得如火如荼时，观阵中学也不例外，各种校外学习活动开展得有声有色。

各班老师带领同学们到田地里学种庄稼、剐塘麻、养鱼、喂猪、板砖烧窑，宋文鹏认为，这样的粗活，让"兼学别样"只停滞在一个初始水平上，没技术含量，无知识价值。如何在"兼学别样"上有新的突破？宋文鹏苦思冥想，忽然，他想到了与农业相关的气象问题。对，就是学气象，他为这个别出心裁的创意高兴了两天，在考虑到切实可行后，主动向学校领导申请到县气象站联系同学们的学习场所。

一大早，他精神抖擞地出发了，走半个多小时到郭剐道班，再等客车，临近中午，才走进了县气象站的大门。他一脸诚恳地向气象站站长说明来意，也表露了为社会主义建设培养接班人的坚定决心。他振奋人心的说明却没能打动站长，站长看了他一眼，用铁石般冷峻的面孔拒绝道："我们没有接到有关方面的通知，再则也没有这样的义务和责任。"这话令宋文鹏泄气与沮丧，所有的热情如一只突然破裂的气球，接下来让他不知所措。难道就这样灰溜溜地打道回府,再跟校长诉苦?这不是自己的风格。宋文鹏不甘心,掉头回去,抱着最后一丝希望,把好话对站长说了一箩筐,站长就是不答应。他气得恨不能抽自己两巴掌,心想:"人生本无事,何事惹尘埃。都怪自己逞能,这下傻眼了吧!"

无颜回去的宋文鹏左思右想好为难,他一边寻思着如何向学校领导交代,一边往外走。出了大门,抬头间,看见食堂门口有一位婆婆正在吃力地锯柴火。柴火棒比老人的胳膊还要粗,老人手有点抖,拿锯时,呼哧呼哧直喘气,那粗重的柴火如顽劣的孩子般与她对抗着,让她怎么也把控不住,锯子还没伸过去,木材就从上面掉下来,好几次都差点砸到了她的脚。热心助人的宋文鹏未加思索就走了过去,接过老人手中的锯子开始忙活起来。粗木材,他用锯子锯,细树枝,用篾刀剁。小半天工夫,柴火棒堆成一座小山。当他几乎忙完时,站长走出来,恰好看到这一幕,便对宋文鹏连声道谢。老人好半天才明白过来,对站长说:"我还以为是您请来剁柴火的小工呢!这个人做事好快呀,不然,这些柴火我要剁两三天。"站长听了,无比感动,他对正欲离开的宋文鹏说:"这位老师,明天你带学生来吧。"

宋文鹏心里的乐呀,犹如踩着春天里的鼓点,他正打算说些感谢的话。站长忽然想起了什么,附加一句:"只限两人。男生,还要书写工整的。"宋文鹏暗自思忖,这个要求不难。站长向前走,刚迈出一步,又回头道:"要小伙子长得精神的!"

此刻的宋文鹏是丈二和尚摸不着头脑了,他看了站里那些上班的男男女女,颜值也就一般,为什么要求学生长得精神呢?

一路上,宋文鹏把班级里那些男生从心里筛选了一遍,最后确定了两个人选,高大英俊的唐良阶与长相白白净净的黄孝中,两人都是品学兼优的班干部,十分符合要求。

回到学校，宋文鹏将这次去气象站的经过以及选定的两名"精品"男生告知老师们时，老师们笑得前仰后合。雷志学笑完，凑近宋文鹏耳边诡秘地说："你是以'色'在征服站长。"宋文鹏哈哈大笑着回应："不就是劳动人民本色嘛！"宋文鹏猜测，那位站长特别喜欢颜值高的男生，大抵是他有个女儿的缘故吧。

连续40多天，宋文鹏带着符合站长要求的两名男生在气象站工作。白天，他们跟着职工们一起上班、做记录、整理资料；晚上，还要在宋文鹏的督促下自学功课。没有周末与任何假期，可怜的两位男生来了这么久，竟然连街道都没逛过一次。

学"成"归来的两人，大有留洋归国的风光与意气，在讲台上当起了气象课的专业讲师。他们极力讲解得生动详细，同学们似懂非懂地直点头。这也不怪同学们，一些专业知识术语，堪比"天书"般深奥难懂。

不久，观阵中学就在学农田旁边建起了自己的气象哨，范围不大，木制白色栅栏，湘杉做的百叶箱，箱内悬挂两支干湿温度计，外面竖起了风向标，摆放好雨量筒等。远看如乡村旅游景点，很是气派，同学们轮流值班，天天认真记录资料，观云识天气，搞得像模像样，在"兼学别样"的活动中丰富了同学们的课外知识。

同学们通过学习，掌握了一些气象知识与气象谚语。

"今天大雨不住点，明天太阳晒破脸。"

"晚上有霞，等水烧茶。"

"久晴必有雨，久雨必久晴。"

"有雨四方亮，无雨顶上光。"

这些气象谚语与当时的农事相结合，收到了一定的成效。去学农田里劳动时，学过气象的同学们都要先观看天上的云，再决定要不要带上遮风挡雨的斗笠与蓑衣，这也算学有所获吧！

板砖烧窑

建校初期，观阵中学门前横亘着一道土堤，堤的两端分别通向河坝大队与南林大队。一口椭圆形的砖窑，就在土堤靠近校园一侧的小河边。

砖窑由一位河南师傅用土坯砌成，下宽上窄，形同一口倒立着的大缸。师生们烧窑，就是在这里。

1976年秋季开学后，随着学生人数的增加，学校决定自己制砖烧窑，增加两间教室与学生宿舍，既节约经费，又让同学们学到劳动技能。

烧窑前要先板好土坯砖，王万谨早就看好了学校河对岸的那片空地，不远处，有一片隆起的高坡，坡上全是黏性黄土，那是板砖的上好材料。

在一个晴好的日子，唐训友带领师生们很早就下了地。各自分工后便开始劳动了。大家挖的挖，挑的挑，比赛看谁挑得多，跑得快，那热火朝天的场景如同赴一场盛会。不一会儿，几个黄泥堆就挑成了。大家从里面挑出杂质，在河里挑来水，一瓢瓢把泥土泼湿后，再用脚踩泥。踩泥的工作很辛苦，却是同学们的最爱。那叽溜叽溜的声音，像一首快乐的歌，将一切劳累与疲倦都踩走了。踩至十分黏稠，再将泥一锹一锹往砖盒里填。

砖盒呈长方形，木质，规格大约是两寸厚、五寸宽、八寸长（俗称二五八砖），中间用隔板分开，一次可板两块砖。将和好的泥填进砖盒前，先往砖盒里撒上一层细沙，这样砖盒就不会粘泥巴。板进砖盒里的泥，四角填实后，要用一根带着竹弓的细钢丝，将多余的泥刮去，再选择一块平整的空地，撒上细沙后，将砖盒倒过来，砖坯顺利地从砖盒滑出，有棱有角地平躺在场地上，看起来既整齐又壮观。板砖是超强度的体力活，板上几块就累得直不起腰。当时，每名老师都有板三百块砖的任务，同学们尚小，老师们心疼他们，舍不得分任务。同学们忙活一会儿后，老师们都要让他们休息，自己却系上围裙，拿起砖盒周而复始地制土坯。

板好的土坯，经过两天晾晒后，要挑到操场码好上架，以方便雨天盖稻草。上架时，砖与砖之间留有空隙，这样才更容易晾干。为了保证土坯不被雨水浸湿，无论白天还是黑夜，一听见雷声，师生们便跑到操场上，盖上厚厚的稻草。有时，一阵急雨，老师率领同学们全数出动，一阵手忙脚乱，总算将土坯盖严实了，刚回到教室，太阳却跟捉迷藏似的，破云而出，师生们不得不再从教室里冲出来，撤下稻草，可没多久，又赶上一阵急雨，就这样反反复复，师生们谁也没有抱怨过苦与累。

土坯干后，随后的工序便是烧窑了。装窑时，一排排土坯码在土窑内，要留出火道和烟道，否则，烟道不通，影响火苗的循环流通，火就烧不上来。装窑需要技术，由那位河南师傅完成，师生们只需给他递土坯就行了。烧的是稻草或谷壳，火不能太旺，也不能太弱，用中火慢条斯理地烧，烧出来的砖才细腻，当然，更不能熄火，否则砖坯全部作废，前功尽弃，要日夜不停地连着烧三四天。烧窑的工作通常由老师两人一组轮流值班。白天还好，到了凌晨三四点犯困时，盹都不敢打一下，李世英一边硬撑着直打架的上下眼皮，一边迷迷糊糊地往窑里塞稻草。李祖新精神好，不时地从远处抱过来一捆稻草。三天三夜的火烧到一定程度后要请那位河南师傅来"瞄青"，那是技术含量很高的手艺活，全校只有唐训滔才略懂一二。

烧好了的砖要闭窑，否则空气进来，影响到砖的质量。这时，两位值班老师的精神大好，轮流到河里挑水给烧过的砖坯浸水，防止砖坯凝结在一起。待砖窑完全冷却后就可以出窑了。上等的青砖，外观端正、颜色一致，拿在手里可敲得"铛铛"响，而那些黄黑相间的砖，则是次品。

烧好的成砖，要再次挑到学校操场上码好。唐训滔、唐训友与杨德坤身材高大，没有多久就完工了，但阳金成与杨人标个儿小，力气也小，还要赶十多趟才能完成。施祖鹏、杨文东等几位高个子同学见阳与杨两位老师落后了，心里着急，执意要给他们帮忙。对于这些反施恻隐的同学，两位老师既羞愧又感动。

洗手回学校吃饭了，高强度的劳动让这群师生们既累又饿。雷志学板砖时溅在额头上的小泥点还没有完全洗干净，就匆匆去饭堂。看着昔日英俊潇洒又分外注意形象的雷老师，在此刻也变得不修边幅起来，几位女同学笑弯了腰。

烧好的砖，很快变成了两间加盖的教室和一个猪圈。后来国家取缔开门办学政策，社会上出现了技术含量高的砖瓦厂，这口砖窑没了用武之地，于是被夷为平地，此后便湮没在历史的尘烟里。

野猫洲

野猫湖位于河坝大队和南林大队以东、榨台大队以北区域。1974年年初，第一个贫下中农驻校干部颜永发向观阵公社申请了学农基地，地点就在湖中一块荒洲上，俗称"洲上"，面积20多亩，离学校七八里路。该地没有正式地名，退休后居住在此的唐训滔老师结合传统地名，在高德、百度、腾讯等地图上为"洲上"申报了"野猫洲"新地名，在地图上只要搜索"野猫洲"就可以导航到这块宝地。

解放前，野猫湖是一片低湖荒滩，中间略高，四面均是水，以野猫出没而得名；解放后，河坝大队在野猫湖开沟挖渠，排灌野猫湖的水，改荒滩成了良田。湖中高地成了野猫洲的白田，低洼处成为野猫洲的水田，经过师生们一番辛勤耕种，当年就收获稻谷两万多斤，还有黄豆、塘麻与芝麻等农作物，基本满足了全校师生自给自足的生活。

耕整田地是一门技术含量高、劳动强度大的工作，在野猫洲，一般都由老师操作，间或请河坝大队的人帮忙。那时，学校没有任何劳动生产工具，大到整田用的机耕船，小到犁耙秒磙等农具与耕牛。很多时候，学校不得不依靠紧邻的河坝大队与南林大队提供帮助。其中，又以河坝大队居多。

1975年春耕，学校向河坝大队借来了全大队唯一的一台机耕船，准备翻整野猫洲的学农田。那台机耕船锈迹斑斑，看起来很破旧。更重要的是舵坏了，机器发动后，机耕船没有方向感，老师们无法操作。大家只好把绳子系在机耕船中间的铁扶手上，杨德坤、唐训友等几位年轻力壮的老师轮换着拉，让机耕船在田里作圆周运动。当绳子短时，机耕船翻整的面积小，放长绳子时，翻整的面积就大。

由于野猫湖的淤泥过深，再加长时间的运转，机耕船已不堪重负，冒出了一缕缕黑烟，如一头躁怒的狮子，发出不同于往常的嘶吼声。大家虽担心，但也着急完成任务，毕竟，借得一次机耕船不容易，好几个生产小队排队等着要用呢！这时，从田埂边走过来一个人，那人是河坝大队一个生产队的队长，姓邵，从小患有兔唇，脾气很大，生气爱骂人，大家都不怎么待见他，于是，村里有人给他取了个绰号"豁子"。他听到机耕船的噪音，想过来看看是怎么回事，顺便把机耕船要回去，好翻整他们小队的田地。

唐训友老师与另一位老师在田里拉着绳子操纵着机耕船，还有几位老师与学生正将机器没有打平的边角抹平，谁都没有注意到邵队长的到来。唐老师忽然抬头看见了，心中已明白几分，为了多争取一点时间翻整完，仗着机器巨大的轰鸣声，他朝着老师们大声喊道："伙计们，豁子来了，你们只说船还可以打！"也不知走到跟前的邵队长听到没有，只知所有的老师们都清晰地听到了"豁子"这个不雅的称号。他们抬头看了看邵队长那张毫无表情的脸，一时间，全都低下了头。这事成了老师们茶余饭后的笑谈，流传了许多年。

经过一春的忙碌，师生们总算将秧苗插进了田地里，又在各生产队收集了一些猪粪、鸡粪与牛粪施进去。不几日，枯黄的禾苗魔幻般恢复了青绿，在风中一浪又一浪，重重叠叠地追赶着。

　　秋天到了，野猫洲里的稻谷长势喜人，稻穗低垂，金黄灿烂的一片。可是那年发秋汛，野猫洲一片汪洋。9月上学，学校通知每四名学生一组，由家长出面向各自所在的生产队借木船收谷。78级毕业生陈友发与另三名同学借得一条船，沿学校前面的小河往榨台村窑场的方向，用纤绳拉着，悠悠地驶向野猫洲。初秋的野猫洲里仍有近一尺深的水，风起时，碧波荡漾，树影幢幢。成熟的稻谷，低垂着头，倒映水中，谷水相接，分不清哪是谷，哪是水；水深处，谷穗又全部没入水中。想要把它们收割上来，如水中捞月，又如盲人摸象，颇有些难度。更重要的是水深，割好的谷难以成捆，再加同学们大多不会捆，便直接往船上抱。一人稳船，一人割，两人抱，脸上混合着汗水与谷穗淌下的湖水，湿热难耐。

　　割谷难，运回去更难。载满稻谷的船在河里晃悠悠向学校方向驶去。"行船跑马三分险"的江湖术语，也同样适用于这条无名小河。河不宽，两名同学分站两岸拉纤，一名同学站船头撑篙掌握方向，另一同学站船尾撑篙助力。船载重后惯性很大，虽无险滩，但中途有一道闸和几座桥。闸口仅一船宽，船想要不偏不倚地穿过，对这群第一次行船的"水手"们来说如穿针引线，四名同学须小心翼翼地紧密配合，才能通过。一只木船因操作不慎，倒翻在了闸口前。船上的两名同学不慎落水，所幸，水窝子里长大的孩子都会玩水，在呛了几口水后，从船底下钻出来，面色苍白，嘴唇乌紫发颤。众人合力将船翻过来，将船舱里的水舀干，再把漂到河面上的稻子捞到船里，做完这一切，水淋淋的四人继续按原方式前行。船摇摇晃晃地到达学校前面的南戴河里，他们再把谷子一捆捆地抱到学校操场上晾晒。打完谷后，谷子堆放在一间教室里。有时，师生们会将它们搬运到河坝大队的大禾场上，借用集体的"东方红"拖拉机拉动石磙碾压出来。

在野猫洲的白田里，种了些黄豆、芝麻与高粱等。到9月底，老师带着同学们来收割黄豆。原以为割黄豆比割稻谷要轻松些，但眼前的景象却令人生畏。黄豆叶上面的豆虫像家养的桑蚕一样，硕大肥胖。它们舒展着酒足饭饱后慵懒的身子趴在叶子上或弓身蜿蜒在黄豆秆上，吓得胆小的同学长时间不敢下手，大家只能先用几根黄豆秆当扫帚，在上面来一次大扫荡，让豆虫滚落在地后，再胆战心惊地慢慢割。运输仍然使用船，老师们掌舵，同学们拉纤。没装完的分发给同学们肩挑背扛，大家三步一歇，五步一坐，弄到学校已是腰酸背痛。

如今，野猫洲住着河坝村七组的村民，学农基地已属于村集体所有，承包给村民养虾。退休后的唐训滔老师在这里建了一栋私房，过着恬静舒适的田园生活。

七月的野猫洲，龙虾早已潜入深水沟躲避高温。虾田中，焕发着另一种绿意盎然的生机，成片的中稻在流火的微风中荡起沙沙的笑语，似乎在诉说着那些远去的故事以及被汗水浸润过的苦乐年华。

插　秧

"手把青秧插满田,低头便见水中天。"数十人的队伍,一溜儿排开,在田里插秧的盛况,在农业机械普及的今天,很难再寻到了。但观阵中学学子们常常想起 20 世纪 70 年代在野猫湖里插秧的热闹场景。

1976 年的端午还没到,老师们已经把野猫湖的田地整得似镜子般平整了。端午过后,插秧的工作已准备就绪,农技班班主任李灵芝因事不能到田里,便由农机班班主任唐训滔老师带队,其他科任老师参加,带领两个班的同学们到田里插秧。

几十名师生一路浩浩荡荡朝着野猫湖进发,那场景真是热闹,似赶集,三五一群,疾步前行,不时传来快乐的嘻哈声。扬起的尘土,在低空飞舞一阵,落在路旁的灌木丛里。

到了野猫湖的田里,才知道几乎全校的师生都来了,湖田里、田埂上、沟渠边,到处都是人影。唐训滔找到两个班所分的区域,便开始分工协作。他和两名男老师带领一部分力大的男同学扯秧、挑秧,女同学及力气小的男生则由彭家环老师带领着插秧。

扯秧不仅是门技术活，也更考验体力。扯时不仅要剔出里面的稗草与杂草，还要洗干净。并不是力大就能洗得干净，而是要一只手拎着，四面转动均匀地洗。一会儿的工夫，就腰酸背痛，身子直立不起来。更巧的是扎草绳，唐老师从腰间抽出一根稻草，放在洗净的秧把上，不知如何绕了一下，转瞬就扎紧了。那手法娴熟得像玩魔术，让人眼花缭乱。唐老师一边扯秧，一边给身旁的同学们做着示范。农家的孩子都挺聪明，动作虽然有点慢，但在很短的时间，就扯好了一大堆。

挑秧工具是用竹片做的架子，一次可装几十把秧苗。同学之间谁也不甘落后，一个比一个码得更高，那份"力拔山兮气盖世"的豪壮感还没来得及好好嘚瑟一下。只听"扑通"一声，连人带架子，全部滚下秧田。一头水来一身泥，同学们放肆的笑声四面而起，从田里爬起来的那位同学一时间好不尴尬。

秧田里已经准备就绪，彭家环给每名学生分好了厢（一厢一米左右宽），还插上几窝秧做上记号，每厢田也打满了秧把。一声令下，同学们便如群鸭戏水，手执一把秧，弓着身子，边插边后退，只听水声淙淙响叮咚，热闹异常。这场景很容易让人联想到一场马拉松长跑赛，相同的起跑线，谁最先到达终点为胜。大家你追我赶地插，插得快的只管奋力抢先，插得慢的心里着了急。如果他所插的那厢正好在中间，他就会被四周插好的秧苗关在里面。这个"关"好比放学时，背不到书的同学，被老师强留在教室一样，是一件很羞耻的事情。于是，不管秧插得紧密疏松，也不管是不是插到脚板洞里漂浮起来了，只要布满田就可以了。

那时，唐老师每挑一担秧过来，都要拿着一把秧下到田里，边插边指导同学们："插秧要做到'胸中有丘壑'，窝距行距都有数，左三棵，右三棵，分苑均匀，秧苗直立，排列整齐，横竖都在一条线上，不能出现秧苗栽得太稀或没有秧苗的地方。"就像上课，同学们都听得很仔细。

他还指导那些插得慢的同学："左手分秧右手插。插秧时眼睛不看手，只看水面，插好一行退半步，一步步顺次把秧插进水田……"他的话还没说完，又听见"扑通"一声，一位同学在退步时，因退得太快，竟然一下子跌坐在田里，当他面红耳赤地爬起来时，整个臀部还在哗哗流淌着稀泥，全班同学再次哈哈大笑，那位同学的脸红得更厉害了。

天晴时插秧，火热的太阳要把人焖熟，汗水顺着脸颊流下来，怎么也擦拭不完。

有时，早晨艳阳高照，午后却变得阴云密布，不多时，风起云涌，豆大的雨点噼里啪啦下起来。没带蓑衣和斗笠的师生们只好弓着背继续埋头苦干，让雨水顺头顺脸流下来，连揩的时间都没有。

连续插了几天，当师生们看到青苗点缀的水田平整如镜，倒映出人影、树影和天上缓缓游动的白云时，那份成就感油然而生。

女生别业忠后来回忆说，几十名学生，排成一排，个个弯腰低头。她觉得插秧如排兵布阵，要插得整齐有序，又如国庆阅兵大典时的矩形方阵，从哪个方向看都呈一条直线，至少从挽着裤脚下田的那刻开始，她是如此严格要求自己的。随着时间的延长与头顶焦阳的炙烤，那份耐心早已不在。此时，尽管竭力保持心不乱，而手脚早已乱了方寸，插出的秧自是如蛇行般弯折扭曲，更是远远落在了同学们后面，于是如鸭踏水，奋起直追，总算在快要到达终点时，才赶上了大家。她回忆完那段经历时，长舒了一口气，貌似才插完一厢秧，脸上洋溢着自信的笑容。

她以为我不懂，微笑着向我解释："由于插秧是退步走的，当有人说某同学插秧在前时，别以为这是一句赞美的话，而是嘲讽他插秧慢。"

师生们傍晚回校时，有村民叹息道："这些娃哪知道种田会有收成？"老师杨德坤笑着回答："收不了稻谷收稻草，收不了稻草收精神。"

当时，她不理解这句话的意思，及至成年，她才懂得，少年时所吃过的苦与这些劳动经历，会成为自己终身的财富。

砍塘麻

"蓬生麻中，不扶而直"，每当我读到这个句子时，眼前总会浮现出野猫洲学农田里的那一片塘麻地。那是一片如森林般密不透风的绿植，它汇聚了"秋老虎"的炎热，还有那些直起身子，只管向上生长的杂草，让人记忆格外深刻。

塘麻，学名苘麻，在观阵一带俗称黄麻，是春播秋收的高秆作物。清明节一过，以王万谨校长为首的老师们就找河坝大队借来耕牛，开始犁地，并撒播下塘麻种子。塘麻生长快，一个多月后，便如雨后春笋遍地泛滥，又如芝麻开花节节高，一个劲儿地往上蹿。

夏天，塘麻长得如茂林修竹，叶子青翠欲滴，青秆坚硬挺拔，黄白色的花朵在叶间似蝴蝶翩翩起舞，非常好看。到了秋天，花谢了，叶黄了，一片片飞舞到沟垄里，只剩下又直又粗的青秆。黄麻的叶上有小刺，青秆上也长满了毛刺。当黄麻老了时，也到了收割期，秆子上的毛刺硬如针尖。手碰上去，火辣辣地疼。杨人标老师带领学生们砍塘麻时，不时有同学被刺得"哟哟哟"地倒抽凉气，也有同学被扎进手里的小刺疼得叫出声来。

大家砍塘麻时，都要全副武装，长衣、长裤，还有鞋袜。除了塘麻上的毛刺易伤到肌肤，还有被砍完后利箭般伸出地面的塘麻桩也极易刺伤脚板，更令人恐惧的是塘麻叶片上静静趴着的"毛辣子"，它们蛰伏在叶片的反面，又与叶片颜色相近，很容易被人忽视，几乎每一位同学都尝过与其肌肤相亲的滋味。如果不幸被它蛰到，肌肤火辣辣的既疼又痒，还要红肿上几天。砍麻的季节正是蛇类进入冬眠前的最后活动期，正砍着塘麻时，忽然一条"土聋子"蹿了出来，飞一般地钻进了塘麻地的更深处，吓得近处的一位同学惊叫一声，扔下镰刀，跳出老远，好半天仍然眼睛发直，神情恍惚。杨老师与同学们走过来关切地问候，所幸没有被咬到，只是受了惊吓而已。同样受到惊吓的，还有那条远去的蛇。

砍塘麻特别累人，是个消耗体力的活儿。砍下的青秆子塘麻，要靠师生们背到野猫洲近旁的水沟里，压上泥，泡上一个月，称为"沤麻"。

一捆捆的塘麻至少有几十斤，师生们拼尽全力拖至河沟边，如何将塘麻一捆捆井然有序地泡在河沟里？同学们站在岸边，看着流淌着的河水，不知如何是好。忽然间，一名脱得只剩内裤的男子走下河沟，几名女生一看是唐训滔老师，惊叫一声，羞得捂住眼睛逃走了。岸边只剩一些男生，他们给站在深水中的唐老师一捆捆传递塘麻。水深齐唐老师的脖子，一捆捆的塘麻一层层在水下被码放整齐，随后，唐老师又一个猛子扎进水中，从河底挖出一些泥覆盖在最上面，避免塘麻被流水冲走。也不知唐老师在水里泡了多久，只知，所有的塘麻均被泡好后，才从河沟里爬出来一个从头顶到脚均糊满了黑泥的人。这时，连岸边的男生们都忍不住笑了。

第二章　开门办学的日子

一个月过去了,塘麻从阳光热辣的9月泡到秋风瑟瑟的深秋,河沟里流动的水,早已成了一汪发黑发臭的死水。沟里的鱼虾浮上水面,尸横遍野,腐烂发臭,历经数天,又沉到水底,腐化为泥后,便到了剐塘麻的时节。

塘麻在水里泡了一个月后,麻皮与麻秆极易分离。师生们从麻秆上剥下麻皮后,在水里洗干净,晾晒在学校操场的绳子上。那白净的麻,随风飘舞着,远远望去,如无数轻歌曼舞的女子,分外妖娆。

"开门办学"早已退出历史舞台,河坝大队收回学农后,同学们便远离了那片塘麻地。

现如今,塘麻已被誉为"黄金纤维",成为世界上最具经济价值和多种用途的纤维之一。

每当我在市面上看见麻做成的织物时,心中总会一热,仿佛旧友重逢般,那些砍塘麻的往事情不自禁浮上来,在那一片青绿的塘麻地里,艰辛的学农日子,如观一场老电影,在时间的光影里鲜活起来。

第三章
那年高考

虱子，疥疮，柴油灯，这些早已成为古董级的词汇，但它们代表着一个难以忘却的年代。一群求知若渴的孩子克服种种困难，扑在知识的清泉上，吮吸着泽润心灵的养料。

食堂记忆

贫穷的年代，饥饿如影随行。在观阵中学住校的日子里，每到开饭时间，食堂里米饭的清香，会一阵阵飘散到教室里，饥肠辘辘的肚肠便掀起一场又一场的革命，我不得不靠吞咽唾液来强行"镇压"这不适感。在记忆里，那时的食堂是最亲近、最诱人的。

观阵中学初建成时，食堂只有低矮的两间房，青砖结构，面积有20多平方米。其中一间为伙房，另一间为储藏室。伙房有一口土灶，两个黑洞洞的方形灶门，如并列着的两个城门，向外敞开着它们炙热的怀抱。谷壳、棉梗或树枝等，悉数塞入里面，最大限度地发挥着它们的热能。直直伸向屋顶的烟囱，每到做饭的时间炊烟袅袅，灰白色的烟雾，一缕缕自屋顶四处飘散开去。灶台上有两口黑黝黝的锅，一口蒸饭，一口炒菜，热气蒸腾，互不相扰地散发出它们的清香。储藏室堆放着学生们交来的大米，还有从河坝大队弄来的谷壳、棉梗等燃料。这里成了鼠辈快乐的天堂，鼠子鼠孙们牵成一条线，大摇大摆地走过。同时，也是老师们吃饭的简易餐厅，没有桌子与凳子，老师们端着一碗饭或蹲或站；也有老师打了饭菜,端到自己宿舍去吃。

食堂的师傅换了几茬,先是河坝大队的唐大爹任炊事员,因为穷,唐大爹50多岁了仍未娶妻,学校为了照顾他,请他到食堂做饭,不知是什么原因,唐大爹只做了两年;第二任食堂师傅为河坝大队的万大爹,做了一段时间,也离开了;第三任食堂师傅为胡大爹,白鱼大队人,是同学胡广进的父亲,1979年,我参加高考,正是他做饭。我不明白,当年的他是如何把现在嚼之无味的米饭,做得如此清香可口的。

在1972年以前,食堂只做老师们的饭菜,同学们是不在学校吃的。那时,学校没有早晚自习,上课时间为上午9点半。因此,同学们都可以在家吃过早饭了来上学,到放学时间,又走回家去吃晚饭。老师们没有回去,食堂每天为他们提供两餐饭菜。上午9点多吃一顿饭,到下午5点多再吃一顿。

1973年后,随着建校规模的扩大。食堂开始为同学们提供午饭,但不提供菜。米饭用土钵子放进蒸笼屉里蒸煮,木架上有伸出来可供两人抬的把手。抬饭的人,通常为班长与生活委员,唯有他们不怕劳累,不计较个人得失。

那是1979年的初夏,连续下了一个星期的雨后,食堂到教室的那段泥巴路,已变得泥泞不堪。班长谭先荣与生活委员李诗凤两人小心翼翼地抬着一架饭去教室。那一架饭是全班同学的午餐,不能出现丝毫闪失,否则就会有同学饿肚子。李诗凤走在前面,谭先荣在后。一不小心,李诗凤脚下一滑,摔倒在地,膝盖磕到砖头上,流出了血。李诗凤佝偻着腰,痛苦呻吟。后面的谭先荣紧张而关切地问:"怎么样?要紧吗?"李诗凤指着后面的土钵问:"不要管我,快看看饭钵子破了没有?"谭先荣仔细查看一遍,确认饭钵子没问题,李诗凤才缓缓地站起来,一瘸一拐地抬着饭钵子回到教室，这件事让谭先荣记忆犹新。多年后，同学们聚在一起，每次谈起这件事，无不生出许多感慨。

菜是同学们从家里自带的。带的菜五花八门，有豌豆酱、辣椒酱、鲊胡椒、咸菜、腌萝卜等等，不一而足。倘若豌豆酱里洒有几滴麻油，无人能拒绝那香美的诱惑，全把视线聚焦过来。于是，那顿饭自然是吃出了山珍海味的畅快与满足感。

随着高考的临近，学习抓得越来越紧。同学们只能周六晚上回家一次，周日早晨带些米与菜，再到学校上课。菜，依然是那些种类的酱菜与咸菜。春夏气温高，咸菜放几天，上面长了一层白霉，有同学依然舍不得倒掉，把外面的一层白霉用勺子刮掉，只吃里面的。鲊胡椒放置几天，会变得硬梆梆的，形同嚼米，很是硌牙。好在穷人家的孩子都有一副好肠胃，很少见同学吃了出现拉肚子或腹痛等症状。简陋的饭菜，也被同学们吃出了饕餮大餐的滋味，风卷残云，意犹未尽。

由于常年很少吃蔬菜，也没有水果可吃，体内维生素严重缺乏，许多同学嘴角与眼角均出现溃烂的现象。回到家中，家庭条件略微好一点的同学，母亲会做一个鸭蛋汤蒸熏眼睛；条件差的，就让孩子这么烂着，后来疼得睁不开眼睛，张不开嘴巴。我家属于贫困户，平时连饭都吃不饱，哪有鸭蛋可吃？因此，常年烂眼烂嘴。上课时，我不敢睁大眼睛看黑板或张大嘴巴读书，成天眯缝着眼。说话时，因不敢张大嘴，常"朱唇轻启"，诸多羞怯与不自在，至今刻骨铭心。

据王万谨校长讲述，1979年暑假，观阵中学向地方集资3万余元，第一次大规模扩建校舍，同时也新建了食堂与餐厅。他每天顶着毒辣的太阳，在工地监工，检查质量。历经三个月，终于建成了一个三间的大厨房。相较以前，食堂变得宽敞、明亮多了。

1981年，潜江苏港中学的周汝平校长带了一支40人的教师团队来校参观，午餐时间，就坐在这间餐厅就餐，并没觉得有拥挤之感。

如今，40多年过去了，观阵中学的食堂，成了记忆深处一幅亘久的图片，被同学们永远珍藏在心中。

虱子与疥疮

对于现在的孩子来说,虱子与疥疮是陌生的名词,如外星人一般的存在,却没有谁真正见识过。因此,很有必要给现在的孩子们科普一下。同时,也了解一下那个年代,我们的读书生活是多么艰苦。

有科学家研究表明,虱子的祖先进化成形,在120万年以前。古人类开始的时间在距今500万—700万年。由此可见,虱子相较于人类,也有着漫长的历史,而今天,能让其消失不见,不能不说是人类生活水平的极大提高。

寄生在人体的虱子叫体虱,它为一种灰色无翅的小昆虫。关于体虱有个谜语:"头小尾大脚三双,枕着棉袄睡安康;走在摸州得了病,死在宁州的靠家庄。"这谜语详细说明了虱子从出生到死亡的全过程。体虱最初寄生在衣缝中,然后至皮肤毛囊,靠吸食血液为生,还可传染回归热和斑疹伤寒。在卫生条件不好的20世纪,很多人都有被虱子咬的经历。作家张爱玲曾说过:"婚姻就像是一袭华美的袍,上面爬满了虱子。"由此可见,虱子不仅是华丽外表下不可见光的产物，就连最体面的人生，也曾有虱子兴风作浪过。

疥疮是由人型疥螨寄生于人体皮肤表层内引起的慢性传染性皮肤病。该病传染性强，主要通过密切接触传染，也可经衣物间接传染。感染者皮肤剧烈刺痒，夜间尤甚，因为疥虫在晚间活动力极强。

1978年下半年，我们高二班开始集中住校，清一色的"和尚"班。宿舍是操场西边那排教室中的一间空教室。学校在里面用几块木板钉制成一张大床，这张床足够大，有20多平方米，俗称为通铺。我们有20多位同学挤睡在一张通铺上。大家的床单被褥都是"无缝对接"，你挨我、我挤你地睡在一起，没有任何隐私可言，就连谁睡觉磨牙，谁放了个屁，全宿舍人皆知。夏天，天气热，同学们洗澡频繁，虱子与疥虫难藏身。到了冬天，受当时无热水洗澡等条件限制，同学们的个人卫生状况极差，这就给虱子与疥虫提供了肆意横行的机会。

到了晚上，虱子从被角、棉衣、棉裤、床板下等各个旮旯里钻了出来，一路疾行着爬到你的肌肤上，隐藏在毛发里，啃噬你的皮，吮吸你的血。待你伸出手去抓挠，它们早已遁得无影无踪，只剩下红红的伤口，奇痒无比。你拼命去抓，越抓越痒，直至流出了殷红的血，那种既痛又痒的感觉，会折腾得你生无可恋。

我清楚地记得刘承虎同学与我谈着话时，忽然停住了。他伸出右手，在胳肢窝里摸了一会儿，竟然摸出了一只喝得饱胀而通体发着黑光的虱子。他将虱子按在大拇指的指甲盖上，再用另一手的指甲盖去挤压，只听"嘎嘣"一声，一个黑不溜秋的家伙就被消灭了，鲜血溅出老远。我看得浑身麻嗖嗖，他却若无其事般继续和我聊天。

虱子靠一个个捉，是很难捉干净的，必须勤洗澡，勤换衣。

周末，刘承虎回到家，他那既当爹又当娘的父亲将有虫卵的衣物与被子，放在滚水里煮。其时，通常会看见水面浮起一片干尸，至少有上百只，那场面很是壮观，让我与他心悸许多天，那是一辈子也难以磨灭的记忆。每次想起，无论是他，抑或是我，浑身都会泛起鸡皮疙瘩，甚至会有一种瘙痒感，会忍不住去抓挠。

至于疥疮，同宿舍的每个男生都患过。同学之间睡觉如此亲密接触，当然无人能幸免。那简直是奇痒无比，痒得钻心，痒得要命，越挠越痒，越痒越想挠。那种痒症，随时随地都会发作，也不管你是在写作业，还是在与同学聊天，或者在众目睽睽之下回答老师的提问。而且，它常挑你的私密部位下手，痒起来让你生不如死。有同学顾及不了大庭广众之下的面子，背过身子就开始挠。同学们大多不笑，毕竟，大家都有过这种经历，也正受着这非人的折磨。而且，挠过的地方，破了皮，化脓又结痂，既疼又痒。

有同学到诊所打了针，服了药，涂了"氟轻松软膏"，就是不见好；也有家长教孩子用饱和盐水洗，用艾草熏蒸。使用了各种土方法，依然效果不佳。

班主任唐训滔老师比谁都着急，他从化学实验室取来高锰酸钾，用水稀释后浸泡同学们的毛巾。所有毛巾都被高锰酸钾溶液染成了猪肝色，还硬化了，痒的症状有所缓解，这代价也算有所值。但高锰酸钾不是根治疥疮病最有效的良方，24小时不到，痒症又返回到了从前。

同学们的疥疮病已受到全校老师的关注。这不，所有老师都在想办法，谋偏方。功夫不负有心人，有老师终于在西干渠武家场孟记药铺谋到了灵丹妙药，这真是"一抹灵"。同学们只需将药膏在患处轻轻一抹，瘙痒就立即止住了。这立竿见影的效果，正如一匹扬鞭奋蹄朝前快速奔跑的马，主人唤一声"吁"，马就会立即收住四蹄，立得稳稳当当。可见，好药不一定有多么名贵，对症即可药到病除。

没多久，同学们的疥疮全好了，身上不痒了，被挠的伤口也结了痂。这时，同学们才会互相打趣揭昨天的短，那一张张笑脸明媚了以后的所有日子。

驱蚊神器

在紧张的学习生活中，我们很快迎来了1979年的夏天。晚自习，白天炽热的阳光虽没了踪影，但空气似乎经过了蒸煮一般，滚烫得很。待在教室里认真学习的所有同学都被热空气包裹着，汗湿的衣服，紧贴着瘦弱的身躯，头上身上也散发出一股难闻的汗馊味。

同学们讨厌的味道，也许正是蚊子喜欢的。白天蛰伏在四面八方的蚊子出来了。它们嘤嘤嗡嗡，忽高忽低，在每位同学身前身后如敌机般盘旋，只为找准着陆点，再在同学们裸露的肌肤上吮一口，那甘甜、诱人的血，让蚊子大快朵颐。这帮吸血虫，太可恶了！有同学伸出巴掌，一掌拍过去。顿时，鲜血崩溅，让人好不痛快。

而蚊子却是杀不尽、灭不绝的。那些胆大的蚊子，都有烈士般英勇就义的精神，杀了一只蚊子，还有千千万，你能奈我何？确实也是如此，同学们拍死了一只蚊子，又怎么能抵挡得住蚊子家族成百上千的轮番围攻呢？

就在我认真演算数学题时，一只蚊子在我的颈部轻吻了一下；

另一只给我那略显娇嫩的胳膊上打了一针；还有一只攻击我的脚背。我上下其手，左右开弓，抬腿跌脚，被叮咬的部位，还是隆起了一个个大红包，奇痒难耐。

我觉得蚊子都是善于利用各种战术的军事家。有些蚊子藏在隐蔽处，只待同学们坐定，便闷声不响地飞过来，在某位同学的左颊上以极快的速度探触一下，再快速飞离，待同学反应过来，伸手拍打时，它早已飞至右侧颈部，重重地叮了一口。这种声东击西法，常把被叮咬的同学耍得晕头转向，往往是一巴掌下去，蚊子没打到，却拍痛了自己。而有些蚊子叮上一口后，快速离开，在某个幽暗的角落蛰伏上好一会儿后，寻机又来叮上一口。这种游击战法，让同学们极为气恼，他们寻不到肇事者，只能恨得牙痒痒。还有一种蚊子是死缠烂打，你搬到哪儿坐，蚊子就跟到哪儿，这种穷追不舍法，让同学们很生气。那个时代没有各种各样的驱蚊药、电蚊拍等，即便是有，身无分文的同学们也用不起。大家只能一边努力学习，一边与蚊子斗智斗勇。

这不，原本极怕热的几位男生，全都不怕热了。晚自习，他们一改白天短袖、短裤的装束，均穿上了厚长袖衫与厚长裤，冬天的厚棉袜，也被翻找出来套在了脚上，大部分的蚊子只能望洋兴叹。不过，也有极狡猾的蚊子，它会顺着裤管飞进去，再肆意叮咬。这时，同学们将裤管用绳子扎起来，蚊子便无所适从地转圈。

蚊子实在太猖狂时，班主任唐训滔老师出面了。他不知从哪里找来打棉铃虫的农药，兑水稀释后，背上手压式喷雾器，在教室前后，包括青草地里，一阵猛喷。说实话，蚊子遭受这一轮重创，确实好多了。但仅持续了几天而已，不到一周的时间，蚊子又如空中麻雀，铺天盖地乱飞了。

高考前的最后几天，同学们也是拼了。下了晚自习，依然在宿舍点油灯加班加点学习的同学较多。蚊子都有趋光性，灯光下蚊虫在上下飞舞，在打架。别以为它们只嬉戏玩闹自己的，有这么好的美食就在眼前，怎能不动心？于是，每盏油灯下，都有几十只，甚至是一百多只蚊子在围攻着努力学习的同学。

有同学不堪其扰，索性连油灯和人一起都关进大布蚊帐，任蚊子在帐外如千军万马般嘶喊，咆哮，我心巍然不动，坚守阵地，压实蚊帐门，不留丁点缝隙，以免给蚊子留下可乘之机。

也有同学将厚棉袄套在身上，竖起衣领，保护好脖子，下身捂上厚裤子，而光着的脚却成了众矢之的。在平均气温高达36摄氏度的夏天，这滋味确实难受。上身汗水涔涔，脚下蚊虫齐进攻。这也难不倒聪明的同学，打来一盆冷水，将脚泡在水中，既能降温，又让蚊子无从下口。手捧书本，任蚊虫上下翻飞，心纹丝不乱的那份怡然自得，有点似诸葛亮稳坐中军帐，布下八卦阵，面对魏军千军万马的不慌不乱。就这样，同学们在蚊虫的围攻下专心学习，持续到高考。

艰苦求学时光里的各种驱蚊物，如棉袄、大布蚊帐与盆装冷水等，均被同学们戏谑地称为"驱蚊神器"。

一场没看完的电影

1979年立夏,正值黄昏,火红的斜阳如红绸般铺满天边。河坝大队小学操场上,早已挂好了白色的幕布。河坝小学放电影的消息,如同风中的种子,快速吹到了离小学直线距离不足100米的观阵中学,并在同学们中迅速传播开来。那时,同学们正在教室内紧张地复习,以冲刺即将到来的高考。

当天边的红绸渐渐消散,露出暗色的天幕时,住在附近的大人孩子们搬着长条凳与椅子,从各个方向走了过来。人群的喧闹声,还有放映场高音喇叭里流淌出来的音乐,早已搅得同学们心儿痒痒,魂不守舍。

"河坝大队难得放一场电影,同学们自开学以来,除了学习就是学习,压根儿就没有放松过一次。今晚,电影与我们如此接近,又是如此诱惑人心,还怎能坐得住?老师,您宽容一下,放我们一晚怎么样?我们不是学习机器呀!"全班同学在心里不停地呐喊着。

恰逢课间休息的时间到了,科任老师也回了办公室。机不可失,时不再来。有几个胆大的同学向大家一努嘴:"你们走不走?"瞬间有几个同学扔下书本站了起来,回应道:"走!"临走时,他们仍不忘回头煽动那些仍在犹豫不决的同学:"现在不走,还等何时?"于是,"唰"的一声,所有同学都走了。

当科任老师来到教室时,空无一人。他立即明白一定是电影惹的祸。他将此事告诉了班主任唐训滔。唐训滔气得一句话也没说,立即赶往放映场。

当时,电影才播放了不到十分钟。片名为《侦察兵》,内容为解放战争时期,侦察兵机智勇敢与敌人周旋,取得敌人火力配备图,上报给指挥部,立了大功的故事。同学们看得津津有味。

唐训滔到场后,跟放映员打了声招呼,随即拿起话筒,一字一板地重播了两遍:"通知,通知,观阵中学毕业班的同学,迅速赶回教室!"

同学们都深知班主任唐训滔生气的严重性,尽管极不情愿,但还是恋恋不舍地离开了放映场。

当同学们回到学校时,唐训滔老师早已铁青着脸,手拿竹尺,守在教室门口。

几位先到的同学来到跟前,唐老师扬起竹尺,逐个指点着命令道:"你,你,你,还有你,进去靠教室墙站好!"讲话时,他脖子上的青筋暴出,脸也憋得通红。

以班长谭先荣为首的几位同学,靠着教室墙,低垂着头,一溜儿站好。随后进来的同学,看这阵势,大抵明白了是怎么回事,也贴着墙根乖乖站好。

唐训滔拿着竹尺的手直哆嗦,他用竹尺指点着每位同学,大声喝问:"说,这是谁的主意?""谁指挥的?"大家一副视死如归的神情,无人回应。

"都不想说是吧?"他拿着竹尺,再从头到尾点了一遍,把相同的话又问了一遍,依然没有人吭声。

他把所有人逐个审视了一番,随后,将视线落在班长谭先荣身上。"谭先荣,你是我最信得过的学生,平时听话又努力,你说说是谁带头去的?"

"不能出卖同学,"谭先荣心想,他压制住内心的慌乱,佯装镇定地回答,"不清楚,他们走了我才走的。"

"他们是谁?"唐训滔追问。谭先荣低下头,不敢再回答。

唐训滔又把视线扫向所有人,提高音量,再问一遍:"他们是谁?谁最先走的?"巨大的声响在教室内回荡,绕梁三匝而去,所有人都保持沉默。

如同一位世界顶级拳击手,找不到可以和他对擂的人。一时间,唐训滔似泄了气的皮球,缓下劲来,变得语调沉缓起来:"你们这些不懂事的伢们啊,都不晓得现在是么时候了?"随后,他顿了一下,陡然提高音量:"是跟划龙船一样,到了快进龙门的时候了,再苦再累也只几十桡子的努力了,你们怕以后没电影看?啊?到大学后,够你们看的。今天享受了,你们以后就只有种田的命了。今天不吃学习的苦,将来就吃生活的苦,这样浅显的道理你们不懂?难道是一群猪脑壳?"同学们一个个被训得蔫头耷脑,连大气都不敢出。

恨铁不成钢的唐训滔把同学们臭骂一顿后,便让任课老师接着上课,自己回寝室刻钢板去了。

正是那天上午,唐训滔去其他学校,谋到了几份黄冈地区精选的物理试题。在当时,黄冈地区的高考指南与试卷名气很大,也很紧俏,难弄到,但有了这些试题,同学们的成绩肯定能提高。刻完蜡纸,正打算喊宋文鹏老师帮他油印。没料,同学们竟同他闹了这样一出戏，他能不伤心、生气吗？

第二天，有几位同学的家长到了学校，来向唐训滔老师道歉。毫无疑问，是唐老师捎了口信。家长们的话语憨厚、诚恳，令人动容。

家长们说："唐老师，别说您狠狠地批评了他们，罚了站，您就是骂了，打了，我们做家长的也从心里万分感激您，您是为他们好，真打了的话，我们还要用新搪瓷盆子打水让您洗手，打得好，不打不成人，打了成高人。"后来，宋文鹏老师回忆这件事时说，如同发生在昨天一样。

从那以后，同学们一心一意努力学习，再也没受外界的新鲜事物干扰过。

这件趣事如今已成为同学们聚会时的谈资，忆起那段备战高考的日子，饶有风味。

这里的黑夜静悄悄

高考前几天，学习的气氛浓厚得似抹不开的雾。在操场上、厨房里、教室里，或一片阴凉的树下，随处可见同学们捧着书本的身影。

谈到同学们的勤奋，宋文鹏老师说："学生们经常点着油灯学习到深夜。倘若，没老师值班管他们，他们就趴在课桌上熟睡了。清早醒来，又继续学。那简直是玩儿命般地学呀！"说到这帮拼命读书的学生，宋老师的眼里闪烁着光，他无法用更多的言语去描述，发自内心的爱与喜欢。这是一帮为了脱离穷苦农村而不要命的孩子，听话，又懂事。

班主任唐训滔也感叹道："那时，最难的事就是督促同学们睡觉，他们跟捉迷藏似的，和你斗智斗勇。"

下晚自习后，为了校园安全，从晚上十点半开始，校长王万谨与班主任唐训滔老师就开始在校园各个角落巡查了。

毕业班教室内灯光昏暗，几名全神贯注的同学，坐在烟雾缭绕的煤油灯下，依然在写作业。灯光将每个人的脸映得红红的。

由于太认真，对于班主任唐老师的到来，大家全然不觉。

唐训滔不无关切地说："关灯睡觉了！"大家发现是班主任老师，于是，有人一边收书，一边回答："老师，您不用等，我们马上就去睡了！"想到还有其他地方要巡查，唐老师迅速离开了。

他将校园内的各个角落巡查了一遍，随后来到教室旁边的宿舍。此时，已是熄灯铃响过三遍后的深夜 11 点，唐老师发现，宿舍内依然有灯光。

全班 20 多名住宿生，挤睡在一起。有同学已经熟睡，发出了细微的鼾声；有的还在床上辗转反侧。唐老师轻轻走了进来，发现灯光亮处，正是刚才在教室里的那几位同学。他们每两人共用一盏煤油灯，或坐或躺在床上专心致志地看书。对于唐老师的到来，他们丝毫不觉。唐老师用手指轻轻敲了一下床沿，小声提醒："睡觉了，注意熄灯！"同学们很自觉，纷纷吹熄灯盏，合书，躺下。

一切万籁俱寂。唐老师又在整个校园里巡视了两圈，才迈着满意的步伐，打算回自己的宿舍睡觉。

还未进宿舍门，一抬头，居然发现教室里又有了微弱的灯火。"不是都去睡觉了吗？"唐老师心里直犯嘀咕。他再次走进教室，才发现有两名同学在宿舍睡不着，索性摸回教室看书。

这一次，他有点生气，毫不客气地责备了他们："这样学习有效果吗？"在山一般高大的黑影前，两位同学吓得连忙吹熄油灯，快速离开教室，又在唐老师的严厉注视下，关好了教室门。

两名同学很快消失在夜色之中。唐老师又将厕所、饭堂，还有操场的各个角落都巡视了一遍，确保安全无异常后，本想回宿舍休息，又担心有同学睡觉不踏实蹬被子，还担心刚才那两位同学不睡觉，他再次摸黑向学生宿舍走去。远远地，他看见宿舍里有一线微弱的灯光。他轻手轻脚地走了过去，站立在宿舍窗前。估计宿舍里的同学已经看到了他,一阵手忙脚乱后,灯悄无声息地熄灭了。唐老师犹豫了一下,还是决定先走开。他想杀个"回马枪",给夜半燃灯的同学以安全警告。

唐老师并没走很远,而是立在窗外的隐蔽处静静地观察。他能透过窗子,清楚地看见宿舍里的一举一动,而宿舍里的同学却看不到他。

大约过了三分钟,宿舍里的灯又亮起来了。唐老师蹑手蹑脚地走到宿舍门前,推开门,径直冲了进去,夺了那位同学的书。那位同学急得紧紧抓住书小声求道:"老师,您先睡好了!有道题我没弄懂,睡不着呀!"唐老师给他言明了深夜亮灯恐着火的利害,这位同学才极不情愿地吹灯睡觉。

当整个校园万籁俱寂后,唐老师才迈着疲惫的步伐走向自己的宿舍。此时,桌面上的闹钟,正嘀嘀嗒嗒地指向午夜12点。他脱下外套,躺在床上,疲乏地睡去。

夜很静,明天又是新的一天,迎战高考的日子,每天都是紧张而忙碌的。

一堂语文课

离高考只差几天了,紧张的学习氛围,在整个校园里弥漫。各科复习内容加码,各种模拟考试也多起来。即便是下课,同学们也没有休息,他们一边安静看书,一边等待着下一节课的铃声响起。

下一节是语文课。杨人标老师踩着铃声的尾音,怀里抱着一大摞作文本,大踏步走进了教室。他显得有点兴冲冲,又有些迫不及待,没等前脚迈上讲台就开口道:"昨天,我们的模拟命题作文考得相当好,我很满意。"

随后,他把眼光投向讲台下的几位同学,大声道:"有几位同学的作文,思路清晰,层次分明,感情丰富,一气呵成。"他念了几位同学的名字,然后,又将赞许的目光投向我:"陈远发同学插叙和倒叙的写作手法运用自如。"我内心甜滋滋的,却不好意思地低下了头。随后,杨老师又将我们几个表扬了一番,从那一摞作文本中,找出几本,轻轻翻开,当着全班的面读了几个片段。受到表扬,我的心如同万里晴空,清澈透明。

正当大家沉浸在杨老师春风化雨般的赞美声中时,他又拿出另外一个作文本，话锋忽然来了一个大转折："但是，个别同学不当回事，敷衍塞责，交差了事，今天我仍然不点名，希望大家引起重视。"

杨老师设置的悬念虽然保护了那位同学的隐私与尊严，但坐在前排的同学依然看清楚了那个作文本的封面名字，脱口而出道："是陈帮华的！"既然公开了，杨老师索性拿这事说一说，给全班以警示。

"对，是陈帮华！"杨老师将严厉的视线投向陈帮华。

他一边一页页慢慢翻看，一边嘀咕："草字不规格，神仙不认得。"

"到时候高考阅卷的老师肯定不会给分的。"

"字迹潦草，书面不整洁，只能作零分处理。"

"我就连看都没看一眼。"

杨老师翻完，随即有点生气地将作文本掷在讲台上。这不是妄加评议？急性子的陈帮华气得腾地站起来道："老师，我的作文您都没看一眼，是不是有点草菅……"

胆子还不小，杨老师还从没见过敢在课堂上公然顶嘴的学生，脸色阴沉下来，厉声问道："草菅什么？""草菅什么？"杨老师气得脸色涨红地连续追问两次，陈帮华一时也意识到自己的不对，马上用一种非常软和的语气说："我是说您对我的作文连看都没有看一眼，岂不是要将它扼杀在摇篮里了？"

杨老师已是气得一句话都说不出。陈帮华依旧在说："虽然字迹有点潦草，但我认为，只要有内容就行了。而且，您还要求我们，在规定时间达到多少字，我哪有时间一笔一画写工整呢？"

深有同感的同学们对陈帮华的大胆露出了欣赏的眼神。杨老师也觉得陈帮华的话有一定道理，当时整张试卷就给了一节课的时间，想要完成基础题与高质量的作文，对他们来说确实有点难度。

当着全班同学的面，杨老师也不好说什么，于是，没等下课就气呼呼地走了。

杨老师走后，全班同学都为陈帮华捏了一把汗。倘若让班主任唐训滔老师知道，倒霉的不仅是陈帮华，没准全班又将面临一场暴风骤雨。

有几位同学与陈帮华关系非常要好，他们深知陈帮华的作文功底好，文笔优美，叙事流畅，何不写一封检讨，向杨老师道个歉，再罚一篇作文，以作为弥补，同时，也更能体现他的才华？

他们没同陈帮华商量，就赶在唐老师进教室之前，去了他的寝室，把事情的前因后果说了一遍。末了，又说了自己的观点与建议。譬如，高考没几天了，师生之间弄得不开心，于考试不利，倒不如让他写检讨、重写作文等之类的话。

几位同学的话，让唐老师心里一怔："看来，同学们都成熟了，如果不是他们提醒，我下节课非得到教室去大发雷霆不可。这样，既破坏了师生关系，又不一定起到很好的教育效果。"

来到教室，唐老师直接找陈帮华谈心，随后，又听从同学们的建议，让他写检讨书一封，并补写作文。

陈帮华没有反抗。因为，他已经深深地意识到了自己的错误，只是不知该用怎样的方式，去向杨老师表达自己的忏悔。

而唐老师不仅给了他认错的机会，还让他重写作文展示自己。陈帮华的内心是感激的。

于是，陈帮华利用下课时间很快完成了任务。陈帮华带着那封发自内心的检讨书，还有一篇作文，在几位好友的陪伴下，勇敢地向杨老师道了歉。

陈帮华不愧是一位有着丰富思想与真挚情感的语言组织能手，一篇检讨书，被他写得深情感人，态度真诚。不仅主题鲜明，逻辑性强，内容环环相扣，文风清新，甚至还要优于课堂上念的那些优秀作文。当杨老师拿到陈帮华的检讨书时，眼前一亮，这就是一篇优秀习作嘛！杨老师不再生气了，不仅从心里原谅了陈帮华，还对陈帮华刮目相看："原来，这小子肚子里是真有货的，不然，不会同我公然叫板了，只是我嫌他字迹太潦草，而忽视了内容。"此后，师生尽释前嫌，快乐奔向高考。

宋文宏自述：
我的 1978 高考

生活是一把刻刀，雕刻出一脸沧桑；无情的岁月，苍老了我的容颜，却改变不了我对青春的回忆和向往。转眼，我参加高考已过去 40 多年，但高考时的经历，宛如昨天。

1974 年，我进入观阵中学读书。校园几间砖制的平房，低矮简陋，比我出生地杨柳大队小学强不了多少。虽进入初中，但我的思想仍未脱离天真烂漫的童年，除了上课时认真听听外，整天变着法子玩。

想来我这辈子是行大运的人，兄妹 7 人，家大口阔，连年超支户，父母却从未动过让我辍学的念头；恰好在我高中快毕业时，国家恢复了高考，让我成为一个远离牛尾巴的人。

两年初中一年半高中稍纵即逝，一眨眼就到了 1978 年春。那时候，我的身高才 161 厘米，体重 42 公斤，模样似个孩子。正月初十还没过，我们就提前返校。当时学校师资短缺，校领导决定在高二两个班中抽出部分成绩好的同学，成立一个快班，集中优质师资帮助同学备考。返校第一天，学校召开动员会。校长亲自作动员报告，讲的很多，却都记不得了，但班主任唐训友几句话现在仍然记忆犹新："同学们，现在到了高考拼刺刀的时候了，大家一定要鼓足劲，加把油，这是关系到将来你们是穿布鞋还是穿皮鞋、光手臂还是戴手表、吃红苕萝卜稀饭还是吃白米干饭、能否娶城里老婆的大问题。"讲到这里，下面一阵哄笑。

我的心开始如老禅入定，一心一意扑在学习上。自习时间，我可以看两三个小时的书，坐不离凳，成绩如开挂般直线上升。学校的学习氛围也好，老师辅导耐心，从来没有不耐烦或厉声斥责过，他们看到学生的进步，脸上写满了喜悦。

如同赛场最后的冲刺阶段，大家都在默默地比、赶、超，我也不例外，常常学习到忘我的地步。夏至后的一天，刚刚下了一夜雨，我清早起床穿件衬衣，感觉有些凉意，便加了一件夹袄，在教室里一学习就是一上午。中午，我热得脑门出汗，一边做作业，一边拿书扇。同桌毛承强笑着对我说："散热的三种方式难道你只学了对流一种？还会不会用其他方式散热？"有几名同学一齐起哄："学迂了！""学苕了！""学迷了！"霎时，我才发现他们都是单衣。我满脸通红地跑到宿舍脱下了那件令我蒙羞的夹袄。谁料想这件事竟然得到了表扬。在大会上，王万谨校长把这种忘我学习的精神，命名为"夹袄精神"，与施祖国同学晚上学习把双腿放在水桶里防蚊虫的"水桶精神"齐名，一时成为美谈。

1978年7月20日，16岁的我终于走进了戴市高考考场。第一场考政治，有一位监考老师是年轻小伙子，他百无聊赖地看着我们，时而看看窗外，忽然一只小鸟闯了进来，年轻人的双眼紧盯着小鸟，心与脚步均随着鸟儿的翅膀，飞出了教室。过一会儿，他小心翼翼地捧着那只小鸟进了教室，刚刚坐稳，小鸟挣脱出来，满教室乱飞。教室里一下子乱了套,有人放下试卷帮忙抓。在忙乱中,我写好的一张试卷被一阵风刮得没了踪影,我举手请老师帮忙找。过了几分钟,老师才在最后一排座位找到。

第二天上午考数学,拿到试卷,我先浏览了一遍,觉得不太难。做起来得心应手,埋头完成后,检查一下没问题,一时兴奋,就提前交了卷。考完大家议论时,我才傻了眼。最后一页还有一道12分的应用题,我居然没有看到,真是"马虎失街亭,大意失荆州"啊!瞬间,我的眼泪流了下来。后来,欧阳老师安慰我,要我放下"包袱"。数学考试的失误,给了我警醒,后面的几场考试我都非常仔细。物理是我的强项,考试时,我从最后一题答起,然后顺过来检查。后来才知道,我的物理单科成绩,竟然是全县第5名。

等待高考成绩的日子里,我表面风平浪静,内心其实波涛汹涌,不管是谁问起,我一律摇着头说:"我哪能考上呢?"我极力保持低调与内心的平静,和父母一道去田里干活儿,忙着喂猪放牛,就这样,到了8月中旬的一天,我的堂兄,也是观阵中学的教师宋文鹏,急匆匆地带回来好消息,我考了326.5分,是沙口、戴市、曹市等西片乡镇第一名。听到消息,一颗悬着的心终于落了地。

接下来的日子,我去峰口医院体检,回校填报志愿时,在我堂兄宋文鹏的指导下,最终报了武汉工学院农机专业。

9月3日,艳阳高照。我正在房前的禾场上打谷,突然传来一个声音:"谁是宋文宏?他的武汉工学院通知书来了!"我愣了一下,迅速扔掉手中的扬叉,又把头上的草帽抛向空中,奔向这名绿衣使者。

好消息像长了翅膀,很快就传遍了杨柳大队。那天晚上吃饭时,家里围了不少乡邻。大家祝贺我,同时也祝福我的父母。当得知 3 天后我去武汉上学的车费仍无着落时,乡邻们你一元,他两元,凑了十来元钱,让我早点去,别误了开学。这种困难时你帮我凑的浓浓乡情,成为我一生努力前行的动力。

报到的那一天,父亲把我送到了学校。大学同寝室的同学共有 7 人,年龄差别很大,有 16 岁,20 来岁,也有胡子拉碴 32 岁的。我觉得自己是幸运的,高考时,无须像那位胡子同学等待 10 多年,才迎来人生的重要改变。

今天,我已年过花甲。将积存在脑海里多年的心路历程,用文字表述出来,是我几十年的夙愿。在此吟诗一首,表达我 44 年的追梦情怀:改革浪潮前奏新,高招才俊入黉门;崇师悟道当明理,重教学成该感恩。学海共怜蜡炬夜,书山同惜少年春;重温大考征程苦,心悦青葱追梦人。

高考 1979

1979年7月6日下午，我们全班33人，每人夹着蚊帐或竹席，在班主任唐训滔老师的带领下，浩浩荡荡地走向10多里路外的戴市第一小学。那是我们的高考考点。随同我们去的有毕业班各科任老师，还有厨房做饭的胡师傅。

一路上，各科任老师边走边和同学们交谈，高考中需要注意的事项。同学们一边回应着，一边踢踢踏踏地走着。平生第一次集体出行，让我们对沿途一切司空见惯的风景也充满了新奇感。

晚餐，我们吃的饭菜，由自己学校的胡师傅做。为了改善我们的生活，学校另外收取我们每人3角钱，让胡大爹帮我们做了一碗肉丝汤，那味道鲜美得至今仍让不少同学咂舌不止。

夜深人静时，我和同学们一样，挤在戴市文教组一间大房子的地铺上，久久不能入睡。明天就要考试了，能否考上，对于体质差、力气小的我来说，意义重大。去年暑期在家务农的一幕，对我刺激很大。有本村同学挑着140斤牛粪，在路上疾步如飞，而我仅挑120斤，却双腿颤抖，迈不开步。从那以后，我就暗下决心，一定要跳出"农门"。

7日早晨8时15分，所有同学都已进入了考场教室。同学们桌挨桌，肘碰肘，想要抄袭是件很容易的事。可那时，我们每个人脑子里都没有抄袭的丁点想法，甚至觉得那是一件非常可耻的事。因此，我们答题时，目不斜视，连手肘都从不敢越雷池半步，唯恐一斜视，便有抄袭之嫌。两位监考老师，一高一矮。矮个子老师满教室巡查，高个子老师跟我们说了考场规则后，教室里安静肃穆，等待着那神圣的一刻。8时30分，只听窗外一声铜锣响，老师们分发完试卷，我们便开始答题。结束考试出来，有人告诉我，那一声铜锣是戴市文教组组长王祖宣敲的。

第一场考语文，我坐在最前排。语文本是我的强科，但因为太紧张，拿到试卷，手就一直抖个不停。手越抖，心就越慌乱，连额上的汗也渗出来，滴落在了试卷上。

前面几道大题为断句、加标点、选词填空、填关联词、古文释义，等等，由于平时练过，答题倒还顺利，后面的作文题为缩写《陈伊琳的故事》，却没有考好。只因为，我们平时练习的都为上一届高考题型，结果语文没考及格，强项反而拉了总分的后腿，离大专起分线相差20多分，错失上大学的机会，留下心中永远的遗憾。后面的几场考试依次为物理、数学、化学、政治与外语。

我的两年初中是在榨台小学读的，没有开设物理课；高二的第一学期，因参加县作文竞赛又落下了不少功课，致使电、光、磁等内容完全没有学过，返校后也没来得及补习。因此，高考时物理成绩也不理想。

化学是那年考题最难的学科，实验题较多。当时观阵中学没有实验室及仪器设备，每逢实验课，我们几乎很少动手做。因此，考完出来，同学们都大呼，太难了！记得考试中途，一位坐在后排的考生，因为太紧张，也或许是拉肚子，竟然把大便拉到了裤子里。那毕毕剥剥的声音与冲天的臭味，让人猝不及防。待所有考生都明白是怎么回事时，只见那位高个子监考老师走过来，像拎小鸡一样，将该考生拽出了考场。考生们一边窃笑，一边捂住了口鼻。

据武汉一家权威教育机构统计，1979年化学试题难度大，分量重，湖北考生成绩很不理想，及格率很低，只有0.71%，平均成绩仅43.2分，这在高考历史上极为罕见。

9日下午，最后一门考外语。外语成绩不计入总分，仅供重点院校录取参考。考外语时，大多数同学在进入考场半小时后，就把试卷交了。因为不重要，所以同学们平时也没有认真学，致使考试起来，觉得高深莫测，与其抓耳挠腮、苦思冥想地耗时间，倒不如一律填A，或B，或C，或D。这四分之一的命中率，多少也能获得几分。也有佛系同学，撕下一截草稿纸，写上几个选项的答案，揉成纸团，往空中一抛，口中念念有词："天灵灵，地灵灵，保我考试第一名。"纸团天女散花般落在桌面。那位同学随手拈起一个，打开，并迅速在考卷内填上纸团里的答案。此方法是否有效，我不敢保证，我只知道，监考老师看得目瞪口呆，却没有说什么。

考试结束后，没有任何人提议拍一张合影。我觉得自己没有考好，径直去了教育组的住地，取了自己的床单与蚊帐，一个人跟跟跄跄走回家。我没有约伴，心情沮丧到了极点。我想，伴随着高考的结束，我美好的学生时代也结束了，而前途漫漫，如同风中的落叶，飘飘悠悠不知去向何处。回到家里，我尽力帮着父母干活儿，却绝口不提高考之事。

所幸，那年高考为一考多录制。没考上大专，却上了一所中专。这就是我那年的高考经历。

1979年全国参加高考人数为468万，录取人数为28万，录取率约6%，相较于今天的高考，录取比例是很低的。这就有不少学生如同范进赶考一样，复读一年又一年。有些同学的高考甚至历经八年"抗战"，才勉强考上一所大学，吃上了国家粮。由此可见，当年能考上一所大学，是多么荣耀的事，至少全村的男女老少都引以为傲。

高考是许多青年学子人生中的重要转折点，是成长中很重要的一步。即使在经济发达的今天，成长的机会多了，发展的道路广了，高考对一代又一代青年的成长，依然有着绝非寻常的意义。它增强了社会流动性，提高了社会活力，给社会各阶层尤其是底层年轻人以希望。

高考制度的恢复，造就了大量的优秀人才。我个人也觉得，后来高考制度的一些改变，比如形形色色的加分政策，体育艺术特长生中的漏洞，在一定程度上限制了穷孩子奋斗成长的机会。

当然，大半生的阅历也告诉我，一个人生命的高度和全部意义并不完全取决于高考。许多在高考中失利的伙伴，在各行各业奋力拼搏，面对艰难时自强不息，终于成为改变命运的主宰者，成为时代洪流的弄潮儿。高考也许能影响你人生中的某段时光，但并不能决定你一生的成就与幸福。忽然间，想起了郑智化的一首老歌《水手》："他说风雨中这点痛算什么，擦干泪不要怕，至少我们还有梦……"高考失利算不得什么，只要心中有梦，并愿意为之付出汗水，或早或晚，总会有梦想成真的时候。

高考第一名

在1978届与1979届高考中,观阵中学两次排名全县第一,那么,这个第一名究竟是用什么标准计算排出来的?时任洪湖县教育局基础教育股股长吴以荣告诉我:"1979年,全县含观阵中学共有普通高中26所,12064名考生参加高考。与1978年一样,观阵中学考生的上线人数除以辖区户籍人口数,得出升学率,排于全县所有高中的首位。"

一所偏僻的乡村中学,为什么连续两年高考取得傲人的成绩?王万谨校长仔细分析了原因,讲述了高考初期的心路历程。

1978届高考,师资力量缺乏,教导主任唐训友除了任毕业班班主任,还兼任化学课老师,阳金成代数学课,唐训滔教物理,杨人标教语文课。正是这四位草根教师团"二阳二唐",全身心投入教学,一切为了孩子们这种忘我无私的奉献精神,是高考决胜的一个重要因素。

谈及1977年秋季开学面临的困境,王万谨说:"那年,我自己才主持观阵中学全面工作一年,经验不丰富。这四位老师都是第一次带高中毕业班,除了课本,没有其他教辅资料,更没有现在的高考大纲,老师们的文化程度也不高,大部分只有初高中文化,一切靠师生们的那股拼劲,摸着石头过河。一年后,学生们就要面临高考,说实话,我心里一点底也没有,担心误人子弟,担心辜负了四里八乡的村民,心里能不急吗?"

如何提高高中毕业班的教学质量呢?这是一个非常迫切的问题。王万谨召开了全校教师会,请教导主任唐训友把所有人的意见综合起来,拟定了一些规定与措施。在研究讨论这个草案时,唐训滔老师公开反对草案中部分意见,说这些方法措施不符合实际,而且言辞激烈。说实话,这些草案所有老师们都赞同,唯有他不同意,这不是故意唱反调吗?有老师当场就和唐训滔老师争执起来,王万谨也说了自己的看法,并表示赞同大家的观点,还说,少数要服从多数!此言一出,唐训滔的脸都气黑了,他指着王万谨说:"什么少数服从多数?你们这是讲歪理,还要不要讲求实际?"随后,他气呼呼地把草案当场撕了个粉碎,转身欲走。所有人目瞪口呆,唐训友赶忙叫住他:"滔老师,等等!"

唐训滔气呼呼地站定在办公室门口,连头都懒得回过来。

王万谨赶忙起身赔笑,把唐训滔拉过来说:"别生气,别生气,滔老师,我们这些人你还计较吗?你有正确观点,可以当我们的面讲清楚,我们一起来讨论,行不行?你先坐下,我们慢慢谈吧!"

于是,唐训滔又重新坐在椅子上。他们几人凑在一起再次斟酌草案,发现确实有不妥当的地方,又进行了修改完善。当草案终于全票通过时,唐训滔露出了欣慰的笑容,其他几位老师也开心地笑了。

有了民主,老师们都能发挥自己的主观能动性,尽力做好自己的教学工作。这是观阵中学在屡次考试中领先于洪湖县同类学校的又一个重要因素。

　　老师们的文化程度不高，但他们都很聪明，也十分敬业。他们白天教学，晚上回宿舍拼命啃课本。他们肯钻研，悟性也特别高，不仅将课本融会贯通，还教给学生们解题方法与技巧。有些老师因知识有限，备课受阻，就向昔日在曹市中学的老师请教或借器材。他们从不怕被人讥笑或掉面子，只有教好学生，才是他们的职责与面子。

　　老师们住校不带家属，而且多为农民出身，他们能吃苦，也十分珍惜来之不易的工作机会；受偏僻的地理位置所限，他们一天24小时待在校园里，休息时间，他们不是想着如何出去玩，而是经常把学生留下来为他们开小灶。为了辅导唐良智参加省物理竞赛，唐训滔时常让唐良智留在自己那小小的单人宿舍内学习到深夜。

　　数学教师阳金成每堂课都是提前进教室，尽可能抓住每分每秒，让学生学到更多的知识。

　　面对即将到来的高考，老师们多是新手，没有高考大纲，没有复习资料，只能将知识讲解透彻，能让学生们举一反三，触类旁通，才算达到目的。为了巩固学生们所学到的知识，阳金成把课本上的原命题，改变成它的逆命题、否命题和逆否命题，再判断真伪，并加以证明。有时，老师们也会与戴市中学和曹市中学的老师们，交流教学经验，互换习题与考卷。

　　1979 年的毕业班，班主任由唐训滔替换唐训友，其他科任老师均不变。同 1978 年备战高考一样，依然没有复习资料与习题集。学生胡明胜给他在西安当大学教授的舅舅写信："舅舅，马上高考了，能否帮我寄一本学习资料？"那时的学习资料非常珍贵，大抵他舅舅手头也没有。于是，他用信纸工工整整地手写了 20 多道题，并寄了过来。这20多道题，全班跟宝贝似的，相互传阅，每一道题，用不同的方法解答。

老师们想尽一切办法，将知识传授给学生们，学生们废寝忘食地学习，这就是高考致胜的决窍。除此，再无他法。

1978年，观阵中学共24人参加高考，5人被大专院校录取，5人被省重点中专录取。考上大专院校的学生为：施祖国、王礼刚、毛承强、宋文宏、王万红；录取的中专生有：涂扬虎、黄孝中、杨人斌、涂扬生与肖会富。

1979年，观阵中学33人参加高考，8人被大专院校录取，13人被省地级重点中专录取。录取的大学生有：唐良智、雷志洪、王向栋、谭先荣、李良荣、王万成、叶朝阳、范官军；录取的中专生有：陈帮华、付中海、胡伯儒、顾绍山、陈远发、田丹金、田世新、董业中、许帮彦、刘承虎、王万义、任道生与王旭远。

一时间，观阵中学的老师们被惊为天人，各种荣誉也纷至沓来，观阵中学士气大振，所有老师纷纷表示，要把观阵中学办成县级一流名校。

第四章
精彩回放

历经一番寒砌骨,终得梅花扑鼻香。观阵中学考出了好成绩,"鸡窝里飞出了金凤凰",声名传荆楚。一时间"取经队"涌进了校园。

高考总结会

1978年高考,观阵中学得了洪湖县第一名,消息如巨石击在波心,百里洪湖都撼动了,从城关到乡下,到处都在议论这件事情。

8月下旬的一天,天空飞着尖针小雨,湿润的空气,沉淀了一些聒噪。安静的校园里,王万谨校长与老师们正在紧张有序地为下学期的工作做准备。戴市公社文教组组长王祖宣骑着他那辆半新不旧的自行车,冒雨兴高采烈地来到观阵中学。

在办公室里,他拍了拍王万谨的肩说:"今晚好好准备一下!"王祖宣是特意来通知王万谨去参加第二天在黄家口中学举办的高考总结会的,并让他准备一份经验材料。

"经验材料?"王万谨暗自思忖着,发了愁。成绩都是师生用时间与汗水拼来的,谈何经验?尽管如此,当天晚上,王万谨还是结合一些事例,写了一份材料。

第二天,天刚亮,王祖宣与王万谨便一人一辆自行车,奋力朝着黄家口公社的方向蹬。

雨后的道路格外湿滑,60多里的路程,又净是坑坑洼洼,泥泞难行。当两人一身泥水地赶到黄家口中学的会场时，会场上早已坐满了人。来的人很多，有洪湖一中、洪湖二中以及部分农村高中校长，也有各公社文教组长、教育局相关领导。现场不少人在小声地谈论今年高考。

两人在座椅间穿梭，王万谨走在后面，身后小声的议论很清晰地传来。一个粗重的男声说："啧啧，后面这位就是高考第一名的观阵中学校长！"

"嗯，看不出来，就一泥腿子嘛！"

"考得好，学校管理还是有几把刷子的！"

有人不服气地反驳："老师与学生们的努力也很重要！"

……

王万谨没有理会，径直向前走。两人分坐了两张座位。

会议开始不久，教育局副局长叶兴培走过来，轻声对王万谨说："在艰苦条件下，观阵中学创造了佳绩，你们学校对高中毕业班的管理方法一定有值得大家认可与推广的地方，一会儿你上台讲几句吧。"王万谨一时不知如何回答，只是轻轻地点了点头。

当热烈的掌声响起时，王万谨一脸兴奋地走上了讲台。他发言的题目为《观阵中学是怎样备战高考的》。在会上，他把老师们平时努力付出的点点滴滴与一些行之有效的方法，还有自己的心得体会，悉数向大家汇报。当他走下讲台时，再次响起了惊雷般的掌声，经久不息。

王万谨发言完毕，叶兴培高度评价了观阵中学所做的工作和师生们的勤奋与刻苦。

颁奖时，王万谨在众人羡慕的目光中，领取了一块写着"洪湖县高考第一名"烫金大字的荣誉牌匾和一台灰色木质框架收音机。

回校后，那块用玻璃镶嵌着烫金大字的牌匾，王万谨将它郑重地挂在学校办公室的墙上，并成为校园里的一道风景，也成为所有老师心中的闪电，那光照射得一脸自信的笑容从内心深处溢了出来。

　　那台收音机，约一尺长，半尺宽，拿在手里，似砖块般沉重。在没有任何娱乐活动，就连看场电影也要摸黑走10多里路的乡村，收音机理所当然成了特别稀罕的物件，它让老师们告别深夜里的寂寞，枕着秋风与虫鸣，在电台节目主持人那富有磁性的声音中甜美入梦。这台收音机在老师们的宿舍传来传去，又传到了厨房胡师傅那儿，一年后，终不堪高频率的使用而坏掉了，最后，不知所踪。至于那块牌匾，学校几经改建后，也不知去向。

　　我想，那场高考总结会的意义对于师生们来说，全在那台每晚成为老师们争夺焦点的收音机了。

锦 旗

1978年8月30日，灼热的阳光映红了教导主任唐训友那张黝黑的脸。今天的他，格外兴奋。自行车飞快，铃儿叮当响，带着风的节奏。让他有这种感觉的，正是车架上系着的一面锦旗。在路人艳羡的目光与"啧啧啧"的赞叹声中，他尽量让锦旗飘起来，让猎猎之风，把这无上的荣光，向人舒展得一览无余。

锦旗刚在办公室安营扎寨，学校附近不少家长就围过来，挤个水泄不通。大家在锦旗四周指点着、议论着、笑着，欢快的声音传遍整个校园。

锦旗是在戴市文教组召开的高考表彰会上，发给观阵中学的，唐老师代表学校去领奖。锦旗并不是什么高档布料，而是一块染了玛瑙色颜料的大布，质地粗糙。旗帜中间，一行金色大字格外醒目"高考第一名"，旗的上一行为金色小隶"奖给观阵中学"，最下面落款"洪湖县教育局"，时间"一九七八年"，也是金色小隶。大家都瞅着，貌似怎么也看不够，甚至还有人用手去摸，不住地赞叹："好看，做工精美，能得到这面旗帜很不易啊！"

王万红同学考上了大学，昨天邮递员刚把录取通知书送到家，今天，他母亲便来学校邀请老师们后天到她家去"吃酒"，恰好遇到这场面，被人群挤过来又挤过去。她奋力挣扎着，被人推着拥着，挤到了锦旗前，她没有抱怨，也顾不上擦汗，而是满怀喜悦地用手摸着锦旗，宛如摸着她那争气的儿子的头，激动地喃喃自语："真好，真好，高考第一，还是县里发的。"除了锦旗上面那个"一"字，其他字她压根不认识。在她心中，"一"就是最好的，因为她儿子的成绩总是全大队第一名。

那面锦旗挂在办公室正墙的中间，日日散发着它耀眼的光泽。老师们看着它，有了继续拼搏的斗志；家长们过来看看它，心里燃起对子女的希冀；不少来参观学习的外校领导或教师，每次必围在办公室这面锦旗前，一边议论，一边抚摸，想让自己学校也沾些灵气。

监利县网市中学校长带着十几人的教师团队来观阵中学"取经"，团队成员们围站在锦旗前看了很久，他们一边看，一边说："真是奇怪，他们学校大部分都是初高中学历的老师，怎么会教出全县第一名的好成绩呢？"带着心中的疑惑，他们在观阵中学将每个角落都走了一遍，企图发现些奥秘，又问了老师们一些问题，临走时，还给学校赠送了一面"声誉传监利　桃李遍神州"的锦旗，以表敬意。老师们将它与"高考第一名"的锦旗挂在一起，内心里盛满了自豪。网市中学的"取经"队伍浩浩荡荡离去时，谁也不知他们是否取到"真经"。

潜江县苏港中学的校长也来了，他带了40多人的庞大教师队伍来参观学习，如上批人一样，他们也围站在这面锦旗前欣赏着、议论着，也同样问了老师们一些问题，临走时也给学校送了一面锦旗。这面锦旗上面的具体内容因为年代久远，老师们都不记得了，但与网市中学一样，无非就是赞誉之词。

后来，还有几所学校陆陆续续来学习，办公室那面挂了牌匾与锦旗的墙前，是他们必定要驻足观看的地方，随后，大发感慨与议论，最后也是送锦旗。就这样，办公室那面墙上，挂满了一片耀眼的红。

那些参观学习者，只看到了锦旗的光鲜亮丽与耀眼的光环，谁会想到它曾经浸透过无数师生的汗水？这才是他们想要的"真经"。

20世纪80年代中期，唐训友老师任校长，那面"高考第一名"的锦旗依然挂在办公室墙上，虽已褪色，变形，皱皱巴巴，但依然光彩夺目。

韶峰牌电视机

在观阵希望小学的校史实物馆里，人们可以看到一台木质框架的黑白电视机，14英寸，机身小巧，木框上写着"韶峰牌"三个字。暗灰的屏幕上闪着光泽，时光的尘埃落在框架的罅隙，使其看起来更显老旧。

至于这台电视机的来历，也要追溯到1978年秋季开学前。那天，时任教导主任唐训友从戴市文教组颁奖会上不仅领到一面锦旗，还得到一台电视机。尽管我国在1970年就开始生产电视机了，但在乡村，电视机依然如天外来客一样，是个稀罕物，很少有人见识过。

当唐训友载着电视机回校时，不少村民围过来。他们关注着学校的兴盛荣衰，就如同关心自己的家事。有人小心翼翼地打开装电视机的包装盒一窥真容，那份虔诚与欣喜，貌似掀去新嫁娘的盖头，现场爆发出一阵"啧啧"的赞叹。有位老师还特意为电视机做了一个可置放的简易木架。

观阵中学获奖一台电视机的消息如同长了翅膀，传遍了各个大队。那是一场无言的约定。

到了晚上，观阵中学那间大办公室塞了100多人。置放在木架上的韶峰牌电视机屏幕上闪着雪花点，有老师站在外面，不停转动竹竿上的天线，直到里面的老师喊："好了，好了！"外面转天线的老师才停下来。屏幕上跳出一对古装男女对唱的节目，正是黄梅戏《天仙配》，电视里咿咿呀呀地唱着。一阵风刮过来，不一会儿，屏幕上又出现雪花点，那位刚进来的老师，没来得及看一眼电视，不得不又跑到外面转天线，如此循环往复。尽管电视信号时好时差，但站着的人依旧看得非常认真。

忽然间，人群骚动起来。里面有两位年轻人打起来了，众人纷纷围过去劝解。

不一会儿，辖区民警汪坤平过来调解，人们才知道，打人的青年姓董，而被打的年轻人则是给公社办公室写材料的夏大成。那天，他有事路过，恰逢观阵中学放电视，他就驻足看了几眼。由于看电视的人太多，拥挤不堪，那位姓董的青年因被挡了视线，与人发生争执，夏大成出面维护秩序。姓董的青年没看到精彩电视，正恼火，见又出来一管闲事的，于是，将矛头对准了他。扯坏夏大成的汗衫，还动手打人。民警查明事由，带走姓董的青年。若干年后，夏大成因工作勤勉上进，成为中央人民广播电台驻湖北记者站站长。

都是电视惹的祸。在贫穷的岁月里，社会青年常因丁点事而打架斗殴，成为当时很普遍的一种社会现象，闹得乡邻们鸡犬不宁，也影响到了校园安全。因此，校长与老师们每天都绷紧弦，一边指导学生们学习，一边维护着校园的平安。

有了电视机后，老师们看《新闻联播》就方便了，他们从电视上了解国家大事，掌握教育动态，关注十一届三中全会之后的开放政策，甚至，还可以收看京剧、戏曲，给单调枯燥的农村校园生活带来一些生机。

至今，王万谨校长没有弄明白，这台韶峰牌电视机究竟是县教育局奖励的，还是戴市文教组奖赏的？还有那面锦旗，为什么没有在黄家口会议上随同那个牌匾一起发呢？

谢师宴

1979年高考，无论考上大学还是考上中专的学生，在拿到录取通知书的第一时间，高兴得心都要蹦出来了。俗话说，人生四大喜：洞房花烛夜，金榜题名时，久旱逢甘霖，他乡遇故知。金榜题名，成了人生旅途的第一喜，理应更加受到重视。为了祝贺自己的孩子跳出了"龙门"，激励他们继续努力，感恩老师们的辛勤付出，不少家长们办起了"谢师宴"。家长们在邀请亲戚乡邻们庆贺的同时，也会邀请老师们来"吃酒"。

为赶在开学前把"谢师宴"办了，不少同学受父母之托来学校接老师们，也有家长亲自来接的。接老师的学子与家长真不少。今天你家，明天他家，还有办在同一天的，学子与家长们的热情让老师无法推辞，便按照选定日子的顺序依次来"吃酒"。

有两位同学的母亲，把日子定在了同一天。她们凑在一起商量。一人说："干脆把老师一分为二，一半去你家，一半去我家。"

另一位母亲答："把老师们分开不好，你我都是喜欢热闹的人，不如上午一起到你家，下午全部到我家。"

"好主意，就听你的，这样场面大，人气旺些。"

"好，这样好！"

两位母亲商量好之后，开心地走了。

这边，几位要好的同学却没有离开。他们是同时来接老师的，既然在这里碰头了，便商议了一个既能在"谢师宴"上营造热闹气氛，又能增进彼此友谊的办法。

有同学提议道："我们轮流到每位同学家里去'吃酒'，送恭贺时都不要随礼。礼来礼去的多没意思！"

有同学答："对，君子之交就应该淡如水嘛！"

众人都赞成，于是，全都开心大笑。

同学们不随礼，无人会怪罪。可老师不随礼，自己倒觉得不好了，毕竟是成年人，不能不讲究礼节。随礼吧，家长们肯定不会接受。最后，几位老师聚在一起商议，统一买四件套相赠，枕头、枕巾、床单、被套，学子们到新学校后用得上。20多位学生，那就每人买一套吧。

得知老师们受邀去赴明日的"谢师宴"，学校管伙食的程泽惠老师就跟厨房胡师傅说："明天不放老师们的米。"胡师傅立即心领神会，戏谑地笑着说："又要去吃被套了？"

乡村人家即便是经济状况不好，老师与同学们来了，怎么也得摆上12碗，才显得有面子。菜上了桌，热气蒸腾，人声鼎沸，老师们坐一桌，相好的同学们坐一桌。老师们喝白酒，同学们喝汽水，大家都特别开心，频频的杯盏相碰之声不绝于耳。

那天是到田丹金家里"吃酒"，田丹金在当了几年民办教师之后，才考了中专，而且考学经历颇为曲折。她的母亲特别高兴，经风霜雨淋的面容因兴奋泛着黑红色，她端着酒杯不停地给老师们敬酒。她口里一遍遍地念叨着，老师们辛苦了，感谢老师，感谢政府好政策！她端起酒杯一饮而尽时，眼里竟然泛出幸福的泪光。所有老师们也是一饮而尽，笑容溢满了酒杯。快乐在泛着酒香的空气里幸福地传递着、氤氲着。那边同学们一桌也是格外兴奋，最腼腆的同学也放下了昔日的羞怯，和同学们大着嗓门斗起酒。中国的酒文化源远流长，古人有斗酒的习俗，李白与人斗酒，曾写下了百余首诗。几位老师为了显示自己的豪爽、大气，也斗酒。王万谨老师一口气将杯中的酒干掉，指着空杯对大家说："滴酒罚三杯！"说完，他把空杯倒置过来，向众人展示。这时，有几滴酒从杯底缓缓流了下来。几位眼尖的老师连忙指着滴下来的酒道："这是什么？这滴下的不会是水吧？"说完，老师们哈哈大笑，王万谨老师只得自认倒霉地让众人罚了他三杯酒。那一天，无论是老师、家长，还是学生，全都喝得醉眼迷离。

那一年，"谢师宴"的酒啊，即便酒不醉人，人已自醉。

看今天，"谢师宴"的酒早已变了味，成了考生家长讲排场、相互攀比与敛财的重要方式。

"师恩不需酒桌摆，谆谆教诲心中留。"为了抵制"谢师宴"，全国各地教育部门采取了各种应对措施，明令禁止违规操办和参加"升学宴""谢师宴"等活动，对顶风违规违纪者，追究当事人责任。尽管如此，每年高考结束，依然有人不惧违纪处罚，偷偷摸摸地办，不仅腐化了社会风气，对自己子女的教育也产生了不良影响。

曲线求学者

1979年秋，洪湖基础教育改革，观阵中学停办高中，只办初级中学。接到通知时，老师们高涨的士气被打击得蔫头耷脑。大家低垂着头，一声不吭，也有人唉声叹气。反倒是王万谨与唐训友很想得开。他们相信自己，同样能把初中办得很好。

老师们的情绪低迷，牵动着两位领导的心。王万谨在会上号召大家说："我们要坚决服从上级组织的安排，锐气不减，一心一意教好学……"唐训友发言劝慰大家："'工欲善其事，必先利其器。'这道理反之也成立，有了经验利器，还怕成不了大事？"唐训友一番话，让大家都笑了起来，同时也打开老师们一心向上的心扉。老师们想："高考我们都打了漂亮仗，难道还怕教初中不成？"

就这样，老师们发挥攻坚高考的精神，与学生们一同奋勇拼搏，后来成为中考考场上的常胜将军，名声再播洪湖。

"山不在高，有仙则名；水不在深，有龙则灵。"一波波外校的学生，如赶场抢鲜货般，均想转校观阵中学。可学校教学资源有限，容纳不下这么多人。如同得不到的就是好的一样，人们都有一种强迫心理，越是不让进，越有不少家长削尖脑袋也想让自己的孩子往里挤。有托关系寻门路的、攀三姑六姨"转折亲"的，也有讲好话求情、大打"煽情牌"的，甚至还有请客送礼撵也撵不走的，这让老师们伤透了脑筋。有老师对一位实在撵不走的家长说："你送礼，我也不敢收。学校教室人满了，我不可能把其他学生撵走，再收你的吧？"送礼的家长收回礼，极不甘心地走了。

当然，此前也有托关系进入观阵中学的，在读书才是唯一出路的农村，当年父母们的焦虑更胜于今天为孩子择校、选各种培优班的父母。来自曹市公社吴口中学的学生谢金华、谢银华，其父母跑了几次，向学校说尽好话，终得以在观阵中学学习。一年后，两人以500多分的高分双双考入湖北省重点中专学校，轰动整个曹市。其父母很是感激，逢人便说观阵中学是所好学校。

住洪湖新堤县城的金平同学，不到城区上初中，让父亲托人讲好话，非得到观阵中学来念书。金平是独生子，其父亲为团级干部转业，分到新堤工作。金平上县城中学，有着得天独厚的条件，可他非得转到70里开外的乡村中学，让那位团级干部觉得不可思议。

询问儿子，金平才告知："观阵中学有名，师德、学风好，以我平平的成绩，要想考入重点高中洪湖一中，必须转到观阵中学才有希望。"原来，儿子竟有如此远见卓识，父亲当然高兴。他托了许多熟人，到观阵中学求情，又在金平多次的软磨硬泡之下，学校才答应。

金平非常珍惜好不容易磨来的学习机会，学习分外刻苦。一年后，他以540分的高分被洪湖一中录取，想上重点高中的心愿终于如愿以偿。那位团级干部感激不已，亲自来到学校道谢。后来，金平以优异的成绩考上了大学，并成为武汉某大学教授。

多年后的一天，王万谨因事路过新堤街道，忽遇一年轻人走过来，亲热地叫他王校长，紧紧握住他的手，舍不得松开。王万谨想了半天，仍想不起这人是谁。年轻人说："我就是当年非要您收下的那位学生啊。"王万谨忽然想起了金平。多年不见，师生相谈甚欢，后来，王万谨又受金平之邀，去了他武汉的家里做客。两人成为一对忘年交，经常微信或电话联系，询问彼此的近况。

一年师生，终生情谊。谈及观阵学子们，王万谨总是面带微笑，滔滔不绝地讲述半天。不管他是托关系转来的，还是考来的，一律都在王万谨眼中带着光，心中透着暖。

这样的例子不胜枚举。在万人齐竞独木桥的考试制度背景下，人们把所有希望都聚焦在下一代。若能通过"独木桥"顺利走向彼岸，从此，整个家庭也跟着脱离苦境，飞黄腾达。我们再回望曲线求学者，就不难理解家长与孩子要迫切转到观阵中学的心理了。

考察团

学校成初级中学后,老师们依旧如往常一样,把所有的爱与精力都扑在新的教学上,晨曦,踏着第一缕曙光进教室,夜深人静仍守着办公室里的灯光。

时间证明,唯有向前奔腾的河水,才能激起美丽的浪花。1980年,观阵中学考了洪湖县中考第一名的消息,再次传遍全县。到了下学期,学生人数猛增,不少家长走后门、托关系也要将自己的孩子转过来。教室坐不下,学校向地方集资3万余元,大规模扩建校舍。新建教室2栋7间,教工宿舍4间,新建了食堂与餐厅等,总面积达868平方米。

1981年春季开学,万物欣欣向荣,蕴含着生机。新校舍还在散发着木料与油漆的味道,一群人兴高采烈地踏进遍染春色的校园。为首的是洪湖市教育局副局长夏克文,随行人员为教育局机关干部与部分中学校长,普教股股长李金元与教研室主任薛厚炎都来了,他们是来考察学校工作的。在校长王万谨与教导主任唐训友的陪同下,边走边看。

正是下课时间。乒乓球台前，有老师与学生们挥拍对打的身影，欢快的笑声传出很远；教室里，一位老师正不厌其烦地给一名学生讲解习题；操场边，一位男生窘得面色通红，估计是犯了错，老师在找他谈话。夏克文等人参观完新校舍，随即走进办公室。

刚坐下，夏克文便开门见山地对王与唐说："你们学校每次都考得好，一定有不寻常之处，我们今天专程来听听你们学校的管理与办学经验。"

尽管心里如同灌了蜜，但王万谨依然谦虚地答："夏局长过奖了，哪有什么方法经验，只是师生们都用心罢了。"

"你就不要谦虚了，不管是办高中，还是办初中，观阵中学的实力我们都见证了。"夏克文说。

王万谨还想说点什么，忽然，上课铃响了，他站起身来，十分抱歉地对大家说："不好意思，我这会儿还得去课堂，由唐主任给你们先讲讲吧，我马上回来。"说完，他抱起办公桌上的一摞作业本，急匆匆地走了出去。

参会的一位校长好奇地问唐训友："你们学校领导也要上课？"

唐训友答："什么领导不领导的，我们和所有老师一样，从清晨开始，带领学生出操，领队跑步，进班上课，课后批改作业，每晚在办公室加班到深夜，至于领导工作，都是业余的。"

唐训友一番诙谐幽默的话说得大家笑了起来，夏克文的嘴更是惊讶得成了一个大大的"O"字形，气氛顿时变得活跃起来。

正说着话时，王万谨一边拍打着身上的粉笔灰，一边再次走进办公室，并在刚才的位置坐了下来。原来，他进教室讲完课后，安排一名班干部监督同学们做习题，这才有空来开会。

座谈会上，王万谨就师生们团结奋进的生动事例娓娓道来。夏克文不住地点头，高兴地总结道："从点点滴滴都可看出，学校领导与老师们都是在用心用情教书育人。"

临走前,夏克文紧紧握住王万谨的手,用信赖的目光,叮嘱他们好好工作,又要了一份王万谨刚才做报告的材料,才满意地离去。那份报告材料经过夏克文的推动,很快便在全县传播开了,观阵中学成了标杆与样板,每一所学校都在学习。

榜样的力量是无穷的,榜样造成的"后遗症"也不少。这不,城关新堤文教组组长刘向东也带着一拨人来了。他除了带着他的"兵"四处转悠,还向办公室那面墙上的锦旗行了注目礼,他带着无比懊丧的情绪,对陪着他参观的王和唐说:"我们的学校永远赶不上你们,想超越更难。"

"城区学校是全市办学条件最好的,师资力量优于乡村中学,何来此言呢?"王万谨摆摆手。

刘向东叹了口气说:"打仗贵在天时、地利与人和,征服人心是最难的,一所学校的管理也是如此啊!"

王万谨没有再接话,而是陷入沉思。他知道,如果一所学校没有核心凝聚力,便如一盘散沙,何谈战斗力?观阵中学每年能够考出好成绩,这与老师们团结一心,把力朝一个方向使分不开。他为拥有这样一支教师团队而感到高兴。

不久,在全县普教工作会议上,局长李好堂两次点名,要王万谨发言介绍教学经验。一次又一次的掌声,在王万谨心里掀起了阵阵波澜。他知道,这些掌声不独属于他,而是送给所有师生的。

此后,观阵中学成为教育局教学研究的基地与各地学校家长的打卡地,不时有参观团或考察团过来学习。师生们走出去介绍自己,往往都会非常自豪地抬头挺胸:"我来自观阵中学!"

一次数学竞赛

　　1982年年末，冬雪飘飘，寒风凛冽，全校都在做寒假前的煞尾工作。就在这时，田丹金老师收到一封信，拆开一看，原来是全荆州地区组织初中数学竞赛的信函，他的面色立即变得严肃起来。这是他任教以来，面临的第一次大型竞赛活动，学生们是否考得好，不仅关系到学校的荣誉，更是对自己教学能力的考验，不能掉以轻心。

　　他再次看了一眼竞赛时间，1983年3月15日。时间的紧迫，瞬间拧紧了他的心。他粗略计算，除去寒假，留给学生们在校复习的时间已经不足一个月。

　　泰戈尔说："只有经过地狱般的磨练，才能炼出创造天堂的力量；只有流过血的手指，才能弹奏出世间的绝唱。"为了从小锻炼孩子的吃苦精神，田丹金认为，对学生要狠，对他们仁慈，就是对他们人生的不负责。天太冷了，窗外北风呼呼地吹，不少同学的手都冻肿了，根本握不稳笔。但凡这样的天气，不少老师都心疼学生，让学生们支着耳朵听课或看书就行了，根本无须动笔。

可田丹金貌似长着一副铁石心肠，他不知从哪儿找来那么多的习题，一张张誊写成试卷，再油印后，分发给学生们做，学生们每做完一张，他就逐题板书到黑板上讲授。一节课讲下来，田丹金捏着粉笔写字的手指冻僵了，好几次，粉笔从他手中滑落。他从地上费力地捡起来，又继续写。

连续好多天都是如此，学生写，他讲授，讲完又写，如此循环往复，在不断的练习中，学生们的数学成绩有了提高。

荆州地区的数学竞赛，分为初试与复试。初试由洪湖县教研室出题，在全县10多所初中，只有获得前20名的学生，才有参加复试的资格。

通过第一轮的复习，初试后，全班竟然有3人入围。其中就包括平时学习特别努力的杨威同学。杨威最初是在戴家场初级中学就读，成绩平平，后来，托叔叔杨学银老师说情，转入观阵中学。

3名学生过关斩将，脱颖而出，随后，便是更紧张的复习。那是一场"攻坚战"，学校却缺乏可利用的"武器"——学习资料。没有任何一座高山，可以阻碍立志攀登的人。每到周末，不管下着冷雨，还是飘着雪花，田丹金都会带着笔与记录本，骑一辆自行车，到各所学校或书店查找资料，寻到相关例题，便抄录下来，回校后，再为所有同学讲解。看着全班同学学数学的兴趣越来越浓，3名入围的同学全力以赴备考，田丹金分外高兴。

时间转瞬即逝，寒假随着新年的到来，很快就结束了，随即到了春意萌发的3月。

初春的夜晚，乍暖还寒。复试前一晚，田丹金依然在办公室找资料，他想让3位同学，利用最后一节晚自习冲刺一下。连日的劳累，让他受了风寒，人有些疲倦，身体发烧，精神也恍恍惚惚。一番忙碌之后，他找到了几道较为典型的题目，正想奔到教室给同学们讲解。此时，执教多年的数学教师杨德坤走了进来。杨是田丹金高中时的数学老师，教学经验丰富，如今成了同事，田丹金也常向他请教教学问题。田丹金非常信任他，这一次，照例把准备讲解的几道题出示给杨德坤看，希望获得他的指点或认可。

杨德坤夸赞他几道题都选得很有特点，也很典型，随后，又指着一道一元二次方程题，摇摇头说："这道题太难了，不可能列入考题。"

田丹金对杨德坤的判断深信不疑，他将这道题再次认真看了一遍，觉得确实较难，即便是高中生都难解答，于是，将这道题从要讲解的习题册上减掉了。

第二天一大早，田丹金和3名参赛的同学徒步赶到考点戴市职业中学。考生不多，稀稀落落20多人，可田丹金依然觉得有如千军策马奔腾的紧张感。

考试过去了半小时，田丹金拿到试卷。初一看，他几乎要晕倒，那道一元二次方程题正用嘲讽的眼睛看着他，而且还是12分。待考试结束，他逐一询问，那道题，3人都答了，他悬着的心才慢慢放下来。

有付出，终有收获。几天后，考试成绩出来了。3位同学都考得不错，尤其是杨威，居然获得了荆州地区数学竞赛一等奖。这时，田丹金的脸上才露出开心的笑容。

6月中考，全班数学成绩取得高分。杨威以较高的分数被监利师范录取。由于杨威是转校过来的，戴市公社文教组在计算中考成绩时，观阵中学和戴家场初级中学各算完成半个指标，此事史无前例。

闲谈那次竞赛，田丹金笑着对此事抱有歉意的杨德坤说："这不是你的错，再说，是否押对题不重要，重要的是，我的努力都没有白费。"

我想，这是多么深刻的道理呀！每个人的努力都不会白费，正如每一朵花都会有花期，只要你辛勤浇灌，花期一到，它自然也就开了，无须你刻意去等待或者感伤，它一定在绽放的路上。

一场篮球赛

1985年10月中旬的一天，凉风习习，清风送爽，观阵中学篮球队数十人的教师队伍，统一穿着白色背心与蓝色镶边的白短裤，每人骑一辆自行车，在蜿蜒崎岖的小道上，似一道闪耀的白光，向着戴家场中学的方向射过去。

那天，戴市区（1983年8月公社改"区"）教师篮球联谊赛在戴家场中学举行。球赛现场，已经聚集了身着各色服装的球员们。这些球员是来自官港中学、百桥中学、绍南中学、戴家场中学与戴市职业中学的教师们。受条件所限，球员们有人穿着汗衫，也有人穿短袖与西装短裤，装束随意，如同一伙赶集的人群，与这场严肃、紧张、认真的比赛风格完全不符。

这场大型篮球联谊赛由新任教委主任尹作汉组织，目的为增进教师友谊，强身健体。比赛开始前，尹作汉作了赛前讲话。他着重强调了"友谊第一，比赛第二"的体育精神，台下，观阵中学带队的唐训友校长带头鼓起了掌，又叮嘱身旁刚升任教导主任的田丹金与众球员老师们，一定要沉着冷静，要打出观阵中学非凡的气势。唐训友的鼓励，在队员们心中犹如烈焰燃烧，一个个摩拳擦掌，表现得信心满满。此刻，球队队长田丹金却显得分外冷静，半个月的苦练，他已经见证了老师们的实力，现在要做到的是避免浮躁。

比赛分为上午场和下午场。全区共六个队，每一个队都要打五场。最先入场的是观阵中学与绍南中学。有人说："球赛如奕棋，只要入局，就是一场志在必得的壮烈斗争。"随着一声哨响，双方队员迅速进入状态，你争我夺，穿插跑位，突破传球，身手矫健，争夺激烈，比分交替上升，球员各显风采，精彩的比赛赢得场外观众掌声阵阵。观阵中学的球员当中，个儿高、弹跳能力很好的有大前锋宋仁甫、中锋秦前孝、小前锋扈中明等，他们身手敏捷，一跃身，球就稳稳地抱在手中了，一转身，球就到了自己队友唐敦文的手中，与对方球员的争夺中，唐敦文俯身低头，摆脱对手的纠缠，再抬起头来，跃身，"哐当"一声，球进了筐，哨声吹响，观众响起山崩地裂般的叫好声。唐敦文投球很准，每次都担当得分后卫的角色。他不仅能把球不偏不倚地投入筐内，还能阻止对手投球，为自己队友创造得分机会，深受观众与队友们喜欢。控球后卫为谢帮杰，他在观阵中学教书很多年，控球、运球技术很好，是球队中的一员强兵悍将。替补队员有好几名，如曹光辉、杨堂华、顾绍举与邹厚斌等老师，他们在赛场上生龙活虎，让对方几乎难有进球的机会。

现场气氛紧张热烈，欢呼声、呐喊声，似潮水般一浪高过一浪。球员们每进一次球，全场就沸腾一次，掌声不绝于耳。

上午打完一场，中午休息一会儿，下午又接着打。最后一场是观阵中学与官港中学的决赛，一开始，两队不分胜负，打得尘土飞扬，脸红脖涨，在最后的争夺中，观阵中学又投进去一个球，以3∶2获得冠军。随着一声哨响，比赛结束。

观阵中学连战五场，五场全胜。当尹作汉宣布，观阵中学取得全戴市区第一名时，喝彩声与欢呼声在整个操场回荡。其他学校的老师们也送上衷心的祝贺，真正诠释了体育友谊精神。晚饭就在裁判付忠民老师的家里吃，大家举杯同庆，好不开心。

当月亮升起来时，老师们带着几分醉意，骑着自行车，一路朝着观阵中学的方向飞奔，月亮的光辉照耀着这一群凯旋的"王者"！

两次运动会

自两千多年前,古希腊人首次举办奥林匹克运动会后,运动会的体育精神就深深地蕴藏在人们的骨子里了。延续到了今天,运动会变成了学校师生或各单位联谊、健身与娱乐的最好方式。观阵中学也曾参加过多次运动会,在时间的洪流冲刷过后,唯独两次大型中学生田径运动会,在师生们脑海中还残存着一些印痕。

第一场运动会是1980年秋,戴市公社举办首届中学生田径运动会。全公社共有六所中学的学生参加,官港中学、百桥中学、绍南中学、戴家场中学、戴市职业中学与观阵中学。观阵中学由体育老师蔡德新带队,去了一个班的学生。

学生们从繁重的学习任务中解脱出来,去参加运动会,倒不如说是一场心灵的放逐。他们很兴奋,一路欢声笑语,好不热闹。唯有一位名叫王启翠的参赛女生却显得沉闷,她个子不高,面容清秀,默默走路,几乎不与人交谈。旁边的同学偶与她说上一句话,她仅是抿嘴微微一笑,随即,两朵红霞染了脸颊。在学校里,她性格内向,成绩平平,很少有人关注她。

比赛的地点在戴家场中学，分女子运动会与男子运动会，有短跑、长跑、接力赛、篮球、乒乓球、跳高、跳远等10多个传统比赛项目。

最激情的时候到来了，一张张鲜红的脸，显得特别兴奋。女子3000米长跑，队员们早已在各自的跑道上做好起跑姿势，随着发令枪穿破校园的一声脆响，"龙虎"精神开始突显，参赛者以饱满的状态，似箭一般，瞬间就冲出去好远。几名选手都是齐头并进，成绩差别不大，王启翠跑在第四名，她紧咬着嘴唇，不紧不慢地跑着。跑过一圈后，队伍渐渐地显露出层次了，王启翠已远远地跑在队伍的前面，把众人拉下了一大段距离。激烈的加油声里，有人加上了王启翠的名字，这时，本校的同学才知道她的姓名。两圈过去，大家都跑得精疲力竭，脚步慢慢放缓时，王启翠却如加足了马力的机器，越跑越快，赶超一圈，再超一圈时，围观的学生挥舞着手，跳起来，大声叫喊："王启翠加油！王启翠加油！……"赶超第三圈时，叫喊着的几名学生发了疯般笑着跳着，在跑道外追着王启翠跑，一边跑，一边叫着王启翠的名字，和她同时奔向终点。

在这次的女子运动会中，一直不起眼的王启翠拿下所有短跑、长跑项目的冠军，成了观阵中学备受关注的"体育明星"。

在男子运动会赛场上，戴家场中学有一名高个子男生格外引人注目，成为各个运动项目最受追捧的对象。不管是篮球、乒乓球，抑或跳高、跳远，他都参加了。只要他上场，他们学校的师生都会满怀希望地加油助威。从大家的呐喊声中，所有人都知道男生名叫沙伯围。当呐喊声如火车般呼啸来去，再到失望的一声声长叹里，场外的人都能猜测到，看起来本应属于戴家场中学的第一名，又被观阵中学取代了。那次运动会，在16个比赛项目中，观阵中学夺得15个第一名，这在观阵中学史无前例。

第二天，在戴市大礼堂举行运动会表彰大会，戴家场中学的校长卢圣武对坐在身旁的宋文鹏说："老宋，我真心佩服观阵中学这个团队，论教学成绩，你们学校顶呱呱，就连搞文艺体育比赛都'戴帽'，观阵中学的人才实在太集中了。"

宋文鹏一边说着谦虚的话，一边不得不在心里承认卢圣武说的都是大实话。

另一场运动会在1991年的冬天，11月25日上午8点，冉冉升起的太阳似暖炉，将冬日的凛冽空气慢慢驱散。观阵中学新修的操场上异常热闹，全镇（1987年区改镇）中学生田径运动会如期在这里举行。戴家场镇六所中学共100多名学生，由各校老师带队已经全部到达。其中，观阵中学就有30人的庞大队伍，由体育老师谢守功带队，静静等候在一边。这让人联想到武侠小说中的"群英会"，来参赛的学生，大都是各所学校的"武林高手"。

首先进行的是100米短跑赛，学生们每四人一组，在各自的跑道上你追我赶，在一群人声嘶力竭的加油声中，成绩不相上下的几名参赛者很快拉开了距离。观阵中学初三（2）班的赵先军同学遥遥领先，率先冲过终点，获得第一名的好成绩，围观的人群响起了持久的喝彩声。观阵中学首战告捷，大大鼓舞了士气，在随后比赛的10多个项目中，观阵中学均获冠军或亚军。

比赛结束，计算总成绩，观阵中学荣获全镇田径运动会总分第一名，初三（2）班的赵先军同学获得男子全能冠军，为观阵中学增添了光彩，也算是给新操场的建成，送上了一份厚礼吧！

新操场与本次运动会的举办，有着重要关系。那是1991年9月，田丹金刚接任校长，一切欣欣向荣，在他的主持下，新操场建成。10月，戴家场镇教委（前身是文教组）樊友金主任来校指导工作，尽管新操场还是泥巴，坑洼不平，但他依然很高兴，对田丹金说:"去争取一下全镇中学生田径运动会的举办权,庆祝新操场建成!"按本地习俗,凡大厦落成或乔迁新居,都要举办酒席以示庆祝,观阵中学新操场建成,举办一场田径运动会,很有必要。

连续半个月,田丹金到教委多次周旋,总算将田径运动会的事落实下来了。

比赛的前一天,小雨淅沥,原以为指定日子的运动会泡汤了。谁料,第二天,竟然阳光明媚。老师们立即组织学生将操场上少量的积水进行清扫,铺垫新土,使运动会得以顺利进行。

两次运动会,同学们用矫健的身姿为观阵中学再次书写了一页荣光。

中考三次夺冠

观阵中学的办学历史是曲折的，它经历了初中、高中，再到初中的过程。无论是初中，还是高中，它的每个时期都有一段不同寻常的历史，如一束光，照耀着后学者的脚步。

2022年8月的一天，为寻求观阵中学在20世纪80年代的中考成绩，我采访退休老教师宋文鹏，他并没有直接回答我，却说："观阵中学在70年代初期与中期的中考成绩，每年都在全县处于领先地位，只是受了特殊运动的影响，没有多少人关注罢了。"语末，他还特意强调："你必须要给70年代的观阵初中记上一笔。"我展颜一笑，一位老教师的观阵情怀，我怎能忘记呢？

也就是说，20世纪70年代初期与中期，观阵中学是一匹隐藏着的"黑马"，直至70年代末的两次高考，才开始显露出它"千里马"的本色，而到了80年代，再次展现了它非凡的本领，让"观阵中学"这个响亮的名字，冲上巅峰。到了90年代，观阵中学依然延续着它的光华，多次取得好成绩。

一个时代的辉煌不是一蹴而就的，同样，一所学校的灿烂历史，也不是几日速成的。观阵中学的高光时期，应该在整个20世纪80年代。每年，中考成绩都在全县名列前茅，其中，又以1980年、1984年与1988年的三次中考尤为突出。

1979年秋，正值重新开办初中的第一年，老师们一切从原点开始，奋发图强。那年，王万谨任校长，教导主任为唐训友，杨人标担任一个毕业班的班主任兼语文老师，宋仁甫教数学，宋文鹏教物理，杨德坤教化学，雷志学教英语。老师们经验丰富，狠抓质量，又配合默契，学生们的成绩逐步提升，各方面优势尽显。

1980年，火热的6月，再谱新章。全校两个初三毕业班，共48名学生参加中考。经历了考场的冥思苦想与奋笔疾书，观阵中学有17人被洪湖一中录取，12人被洪湖二中录取，6人被中专录取，升学率为73%，中考成绩名列洪湖县第一名。观阵中学再次名声大噪。

这一年，雷志卫的分数达到了中专起分线。当时，读中专国家包分配工作，起分线高于高中，很受乡村家长和学生的青睐。村里不少人都劝他读中专，倘若上了高中，考不上大学，将来还得回农村。可雷志卫铁定心要报考高中，他想和哥哥雷志洪一样成为大学生。父母见他意志坚定，也极力支持他。结果雷志卫读完高中，如愿以偿考取中南财大，而后继续深造，成为经济学博士。雷志卫的故事激励南林大队不少学子努力考大学，弟弟雷雨就深受其影响，于1984年考上同济医科大学。此事过去很多年，"一门三杰"的故事，在观阵一带家喻户晓。

观阵中学1980年的中考成绩一跃冲天，再次轰动洪湖。随后几年，在老师们的努力下，观阵中学的中考成绩一路高歌猛进，并连年考出荆州地区或县里的好名次。

观阵中学的影响力逐步攀升，成为当地一张响当当的名片。1984年6月毕业季，观阵中学再夺洪湖县中考第一名，录取人数为28人，其中10人考取公费中专。这一届依然是两个毕业班。唐训友任校长，顾绍山任一个班的班主任兼语文老师，王德怀教物理，数学老师为宋仁甫，英语老师是陈安凤，杨德坤教化学。每名老师都在自己的学科领域全力付出，又配合默契，让观阵中学成为不少家长学生心心念念的名校。

1987年7月31日，洪湖撤县建市，行政区域、隶属关系不变。于是，洪湖县改为洪湖市，戴市区更名为戴家场镇。

南戴河的水清悠悠，水面仙雾缥缈。1988年6月中考后，观阵中学再传佳讯，获洪湖市中考第一名，14人考取公费中专，17人考取洪湖一中，12人考取洪湖二中。这一年，戴家场镇破例把中考现场会安排在观阵中学，那天的会场人山人海，观阵中学的老师们都成了受人尊敬的名人，被请上台谈教学经验，谈感想。不少老师依然记得当时的场景，就连附近不少村民都来旁听盛会。

岂止这三年，整个20世纪80年代与90年代，观阵中学的中考成绩都是可观的。1981年、1982年观阵中学的中考成绩均取得戴市公社第二名；1983年中考成绩列全县第三名，应届生杨威取得洪湖县外语单科和总分两个第一名；1985年、1986年与1987年中考成绩也是全戴市区第二名；1991年与1994年仍然获得洪湖市中考第一名。

这些成绩的取得代表了观阵中学积极向上、团结奋进的精神与力量。这种力量，似水泥一般，让一堆松散的沙石与水凝固在一起。它就是观阵中学的凝聚力，战无不胜，无坚不摧。

20世纪70年代、80年代，甚至包括90年代的中考，观阵中学成了为全国输送优秀人才的摇篮，声名享誉荆楚大地。这些人才当中，有后来的企业家、军人、园丁、医生、大学教授、科研人员、公务员……这一大批农民的儿女成了建设祖国的栋梁。

第五章
师者尽风流

他们用春蚕到死、蜡炬成灰的无私奉献,授业释疑,语化春风,用一颗丹心为教育烛熄丝尽,回报他们的没有万众瞩目的地位,只有无数学子的展翅高飞。他们欣喜地遥望着,那是一个个希望,也是心中所有的光。

首任校长徐国政

"捧着一颗心来,不带半棵草去",是徐国政老师默默付出、不计名利得失的高尚人格写照。

1941年出生于今峰口镇绣花村的徐国政,读到高小毕业后,考入洪湖师范简师班学习,并于1960年被分配到府场公社小学任教;1965年,由洪湖县委组织部抽调到观阵公社任团委书记;1968年,全国的公办小学下放到每个大队,又被穴堤大队邀请去任教,工作一年多后,按上级指示精神各公社自办初中,徐国政便成为观阵中学的首任校长。

那时候,徐国政几乎天天忙得团团转,既要物色老师扩充师资队伍,又要负责保管学校的各种器械和材料,着手新校搬迁工作。徐国政身高1.73米,虽然一表人才,但英俊帅气的外表下难掩农民般朴实的面容。他为人低调,较少说话,在1970年拆庙转运材料过程中,他与大家一样,肩挑一担砖,默默走在泥巴路上,乡亲们根本不知道他是校长。手磨出水泡了,脚后跟被掉下的砖头砸出了血,他甚至没有包扎一下,继续前行,唯恐落在他人后面，被人笑话。

每每回忆观阵中学拆庙建校时的情景，徐国政总是很激动，他说："砖是从沙口区曾家剅沟买的，离河坝三四十里路。没有公路与任何运输工具，只能靠人工用木船走水路。"他调集了9只木船，每条船配有2名人员，他与另一位村民一条船。大家各自备足午餐，自带牵担绳、木桨等工具，赶往曾家剅沟目的地。到后各自装船，装后吃完午餐返回。当船行到洪善庙闸时，闸门已关，砖船无法通过。徐国政让大家原地休息，自己四处找人询问，谁掌管闸门。历经一番波折，好不容易找到了洪善庙公社的水利主任。可水利主任说，他没有闸门钥匙。于是，两人一道走了很远的路，才找到闸管理员。就这样，好一番周折，才打开闸门。大家再行船到京城垸闸时，已是下午五六点了。由于京城垸内水较浅无法荡桨，只能靠一人在岸上拉，一人下水去推。徐国政率先跳下水，与其搭档的村民在岸上拉，其余人纷纷效仿。木船沉重如一座大山，每前进一点都很困难。等回到河坝大队，已是晚上8点了。尽管每个人都是一脸倦容，满身泥水，但看着校长徐国政与自己一样，手与足被水泡得肿胀发白，泥水从裤管簌簌而下，大家都不好说什么了。

瓦是徐国政带领老师们从峰口区简市买的，往返80多里路，除了船，再没有其他任何运输工具。水深处，荡桨；水浅处，则与大家同下水推拉船。

我问他："您当校长，却要与大家一样，吃尽这么多苦头，您当时怎么想的？"他微微笑着回答："校长不是来享福的，而是为广大师生服务的。我只想着早点把学校建成，别影响了孩子们开学就好，其他事情倒没考虑。"听完，我肃然起敬。有多少人为追名逐利苦心钻营，却往往忘了自己真正的职责与使命之所在。

石灰要从相距100多里路的汉阳县（今武汉市蔡甸区）侏儒山购买。不仅路途远，中间还隔着一条东荆河。徐国政在侏儒山找几位村民买好后，又请他们用拖拉机，帮忙运到白庙闸对岸的河滩上。随后，徐国政回校，组织了由6位老师带队、30多名学生组成的队伍，去河边装筐，一筐一筐地抬上轮渡。大家在侏儒山和东荆河往返多次，历经一整夜的时间，才把石灰运到白庙闸。然后，再用木船从白庙闸经峰口运回河坝大队。其间不少人的手与脚均被石灰灼伤了，但他们忍着疼痛，依然忙碌转运。

当材料运送回来后，徐国政在建筑工地搭了一个帐篷。夜间，与当时任教导主任的王万谨一道值守在那里。天很黑，白天劳累过的身体，挨着坚硬的床板，浑身疼痛，但想到学生们即将有新学校，他们的心里亮堂堂的。

整个建校过程艰辛而曲折，而作为学校负责人，徐国政和大家一样，劳动在一线，不怕苦与累，用自己的担当与使命，成为观阵公社老百姓与师生心中的表率，其不畏艰难、无私奉献的品格，永远激励着观阵家乡的后生们，不断向人生新的高峰攀登。

后来，徐国政调到了峰口镇第二初级中学，并于2000年退休。他育有一子四女。老伴儿汪发秀于2006年3月突发脑溢血去世。

而今，年迈的徐国政常怀念老伴儿，他时常对儿女们感叹道："要是你妈活着就好了。"汪发秀是一个温柔贤淑而又性情坚韧的女性。为了不影响丈夫的工作，她带着五个子女，一直在农村老家生活，吃尽了无数苦头。

尽管为观阵中学做出了巨大的贡献，但徐国政仍谦虚地说："我没什么好写的。"

谈到此生中遗憾的事，徐国政想了想回答道："遗憾自己读书太少，没能将工作做得更细致周到，没能走得更远。"

这就是徐国政，一个全心扑在工作上，却对工作成绩永不满足的人。

他如同一株挺拔的竹，竹身亭亭玉立，虚怀若谷；而竹叶，虽到凌云，仍永远低垂向下。

"桃李不言，下自成蹊。"徐国政，他的名字永远不会淹没在时间的洪流里，我们将永远铭记他——观阵中学首任校长。

程泽惠 | 学农基地的守望者

夏日的野猫洲,风乍起时,绿浪般的禾苗翻滚着,在阳光下毕毕剥剥,发出稻穗拔节的生长声。洲上,青青的黄豆苗迎风招展,齐腰的芝麻正沙沙欢笑。一位戴着草帽、晒得黝黑的中年男子佝偻着腰,猫在黄豆地里,扯着杂草。间或,他会直起身,用搭在脖子上的毛巾擦把汗,再抬眼打量面前正在茁壮生长的作物,眉眼间露出会心的笑容。不远处,一间孤零零的青砖房子有10多平方米,3扇木质窗户。室内简陋,仅有一床、一桌,旁边搭一间小棚,为生火做饭的地方。中年男子为生活老师程泽惠,学校"开门办学"时,他住在这里,照看着学农基地的作物。

程泽惠出生于1934年,嘉鱼县鱼岳镇人。1975年至1980年,他在观阵中学做后勤工作兼学农基地管理员,是当时为数不多的公办教师之一。野猫洲学农基地种植的农作物,均为学校师生自给自足的生活保障,损失不得,学校派程泽惠驻守在那里。那间低矮的房子,恰好能容下他颀长的身子,寂寥的环境与"右派"分子的身份,让他变得少言寡语。但每次看见有学生来,那眼角总有一股掩饰不住的温情。在经常填不饱肚子的20世纪70年代，我与几位同学曾到他那里，吃过他亲手做的饭菜，虽是几样小菜，但那味道比奇珍野味还要鲜美。

几天前，我特意驱车去汉河镇看望他老人家。老人今年88岁了，腿脚行动不便，身体也不算太好，但说话思维清晰，他能条理分明地讲述自己在观阵中学工作的经历，包括每个时间点。他与大儿子一家生活在一起，儿子儿媳一家住楼上，他与老伴儿住楼下。老两口相扶相携着生活，由于程泽惠行走不便，大多时候是老伴儿照顾他。

程泽惠在观阵中学时是一个默默无闻的人，这与他不受重视的后勤工作有关。我们把老师教书育人的事业称为红花，它绚丽绽放的精彩，赢得了人们的赞美；而生活老师的事业则被称为绿叶，他们默默无闻，只做着红花的陪衬。倘若没有绿叶的陪衬与营养，再绚丽的花朵，也会失去光彩，程泽惠就是这样一片绿叶。我从交谈中了解到，程泽惠对自己此前的工作还是满意的。野猫洲上的黄豆、芝麻等农作物与各种蔬菜都是他自己种植的。他没有将其当作自己的私有财产，而是把裹着汗水收获的农产品，送到学校，改善师生们的生活。

1976年，观阵中学退出野猫洲的学农基地后，将学农田移到了学校后面那片梨树与鱼塘。程泽惠回到了观阵中学，一边管理学校后面那片田地，一边管理食堂。每天早起买菜，将同学们从家里带来的大米认真过秤后，兑换成饭票。工作繁忙而琐碎，但他从来没有抱怨过，工作期间，也从来没有出过一次差错，同学们都很放心地将家里带来的米交给他管理。

为了改善师生们的生活，学校在学生厕所旁建了一所猪圈。每到中午就餐的时间，同学们敲饭钵子的声音响起时，总会引发猪们集体讨食的叫声，那叫声穿越校园，显得格外喧嚣。此时，最安静的地方，则为学校北面离教职工宿舍约400米的鱼塘。成群的鱼儿在水中静静游弋，间或有大白鲢鱼在水面画出一道漂亮的弧线，便消失得不见踪影。鱼塘旁，是一片硕果累累的梨园，翠绿的梨子挂满了枝头，梨树间隙的花生是程泽惠亲手栽种的，他每天都要来巡视几遍。砍一些鱼草，扔进塘里，在塘前驻足几分钟，看鱼儿快乐抢食，有时，也在梨园里锄草或打药。他像对待孩子般细心地侍弄它们，不敢有丝毫怠慢。

寒假前夕，上级安排他到三汊河监考。考完后，监考老师还要当晚住下，第二天继续。想到池塘里的鱼，程泽惠不敢留宿，而是连夜赶回学校。从三汊河到观阵中学20多里路，当他到达时，夜已深了。他拿着手电筒到鱼塘一探照，发现不少鱼儿在水面翻着肚皮无精打采地游动，貌似缺氧。仔细探究，才发现是有人投药，趁鱼麻晕时，好捡回去。所幸，程泽惠回来得及时，把鱼捞上来，才没让盗鱼者得逞。

程泽惠除了做好自己的本职工作，还事无巨细地关照着每一位学生的生活。

1979年，在高考前紧张的复习中，一场疥疮病在同学们中悄然流行。不少同学痒得坐卧不宁，上课抓、下课抓，浑身的肌肤全被抓破，流血，结痂，再流脓。程泽惠看到此景，特意到武家场找到一位姓孟的医生，自己花钱，开了些药给同学们擦，很神奇的是，那药仅用了两天，疥疮就全治好了。

李良荣同学腿部患蜂窝组织炎，腿部肌肤既痛又痒，而且已经溃烂，走路跛着腿，晚上痛得彻夜难眠。程泽惠得知后，自己掏钱买来药，每天下晚自习后，帮他搽药。先用生理盐水清洗，再用棉签蘸上酒精消毒，最后才搽上药物。就这样持续搽药半个月，李良荣的腿终于好了。

　　成绩优异的唐良智同学因为家境贫困，父亲唐忠清打算让他辍学。程泽惠与唐忠清是很好的朋友。得此消息，他上门劝说唐的父亲："再坚持一年，你将为国家培养一个优秀的人才，这么多年不都是苦撑过来了吗？"历经一个多小时，他一边劝说，一边催促唐良智快收拾行李好到学校报到。唐忠清终于被打动了，也劝儿子快去学校。

　　同学之间闹了矛盾，程泽惠当和事佬，从中协调双方的关系。同学或师生之间，但凡因为丁点小事闹得不开心，只要请程泽惠出面，就一定能解决。

　　程泽惠一辈子默默无闻，他在学农基地驻守着自己的青春，守望着师生们良好的生活环境，永远住在大家心里。

王万谨的两个家

入读观阵中学高一时，校长王万谨担任过我短时间的政治课老师，小平头，国字脸，眼睛大而有神，说话声若洪钟。

观阵公社西堤大队二小队有一栋三间低矮老旧的青砖房，那是王万谨的第一个家。年迈的父母、哥嫂一家五口与妻子儿女均住在那里。由于人多，拥挤的屋子显得逼仄。王万谨很少回这个家，包括他三个子女的出生与父亲病逝，他都没在家，而是在另一个家里忙碌。

王万谨的另一个家，则是离西堤大队 5 里多路的观阵中学。1969 年，学校还设在风雨飘摇的破旧关圣庙内，设有六个小学班与两个初中班时，21 岁的王万谨就在这里教初一年级的数学课。他钻研教学、踏实勤恳的工作作风，赢得了观阵公社领导与同事的好评。

1970 年，拆庙建校。观阵中学搬迁到河坝大队与南林大队交界的观阵公社机关旁，王万谨成了专管教学的教导主任，长期住在校园里。

这所条件简陋、百业待兴的校园，就是他的新家。白天，他协调各班级教学管理事务，严抓教学质量，关注教师的教学与学生学习生活。夜晚，与老师们在那间"鬼抬轿"的大办公室集体备课，制订教学计划，探讨教学方法。而第一个家，几乎成为他遗忘的角落。

谈到王万谨的工作，老伴儿谢从政嗔怪着向我抱怨："他眼里哪还有我们这个家，他所有心思都在学校里，那里才是他真正的家。"据老伴儿谢从政统计，在观阵中学17年，算上所有时间，王万谨在这个家里的时间，不足三个月。而家里的一切，都由谢从政打理着。

1970年，王万谨的女儿出生。都说女儿是父母的小棉袄，可王万谨已连续一个月没回过家了。派人捎了口信到学校，回来的人告诉产后仍然十分虚弱的谢从政："学校刚建成，很多事情要忙，他要过几天才能回家。"谢从政不得不支撑着产后虚弱的身体，半夜起床给女儿换尿片、喂奶，哄着不停哭闹的女儿入睡。

一个星期后，谢从政在望眼欲穿中，总算盼回了满身疲惫的王万谨。可他在家仅待了一天，又迈着匆匆的脚步走了。他说，学校的事太多，离不开他。

随后几年，第二个孩子与小儿子相继出生，王万谨依然不在身边。派人捎口信，王万谨不是带领师生在农田里搞开门办学，就是和老师们一起走村串户地家访，有时是开教育工作经验交流会。谢从政一边照顾着哭闹不止的孩子，一边伤心地流泪。

三个孩子稍大些，对这位偶尔回来的父亲很是陌生，连碰也不让王万谨碰，更别说亲一下了。

1983年，王万谨的父亲病重。临终前一天晚上，他喊着王万谨的名字，说想要吃煨烂的莲藕。可王万谨一心扑在教育上，没能脱得开身回来。第二天一大早，谢从政买来莲藕，给老人煨了莲藕汤。老人

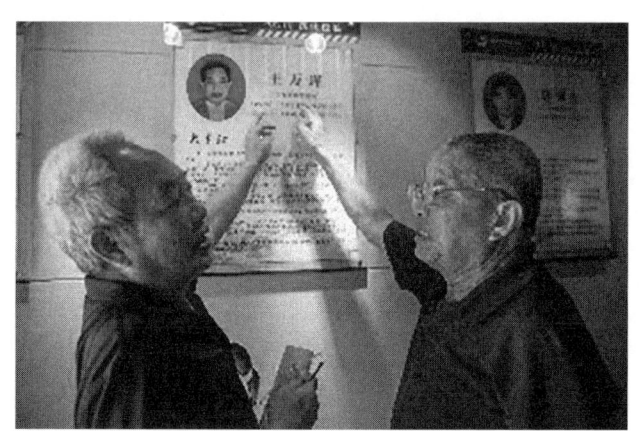

图二 王万谨校长和唐训韬老师

喝完，没多久就去世了。谢从政托人送消息到观阵中学，回来的人告诉她："王万谨去了百里外的新堤教育组开会！"谢从政强忍着泪水，没有说什么，而是安抚好悲伤的婆婆，请人跑路通知各亲属，独自安排公公的后事。

父亲是王万谨最牵挂的人，每次回家，必在病床前陪着父亲坐上两小时。他说，父亲为他吃了很多苦头，他要好好陪他。丈夫最爱的人去世了，他却没有回来，谢从政忽然理解了丈夫的工作，不再埋怨他，而是默默地承担下了家里的一切。

谢从政娘家在戴家场老街，城镇户口，与王万谨是自小定下的"娃娃亲"。1968年高中毕业后，作为知识青年下放到西堤大队，1969年便由父母做主，嫁到了王家。

婚后，王万谨在观阵中学工作，谢从政则住在西堤大队，一边照顾家里老人，一边到生产队里出工。

从小到大，谢从政何曾干过农活呢？因此，每天的农事于她而言简直是炼狱般的生活。因为插秧、割谷慢，常被队里人嘲笑，工分也拿得最低，家里年年都成超支户。直至孩子们大些后，谢从政先后去绍南中学与观阵中学任炊事员，这种年年超支的日子，才得以改善。

正因为有妻子的默默付出，王万谨才能全身心地投入教育工作中。在观阵中学的17年，他由民办教师到教导主任，由主持全校教学工作，再到最后当上校长。这17年里，他由一个稚嫩的青年，逐渐成长为观阵中学的管理者与决策者；他用锐意进取的精神，以身许校，与师生共克艰难，最终将一所小小的乡村中学，变成拥有辉煌成绩的洪湖名校。他本人也获得"湖北省先进教育工作者""省劳动模范"等10多项荣誉称号。

1984年，王万谨调入戴家场镇教育组分管人事，他离开了观阵中学。自此，他把第二个家的阵地转移到了戴市区（1987年改戴家场镇），后来，又把第二个家搬到洪湖广播电视大学，并在那里工作了 20 多年。

如今，王万谨已经退休，三个子女都十分孝顺，他与老伴儿幸福安享晚年。

谈及教育，王万谨感慨道："尚有来生让我选择，我依然会选择教育事业。我们年轻时，能为社会做出自己应有的贡献，才不会在年迈时为蹉跎岁月而懊丧。"

谈及生活中的憾事，王万谨说，为了学校工作，老伴儿跟着他吃了不少的苦，生孩子时，没能好好照顾她，也没有关注过三个孩子的成长。所幸孩子们长大后，十分理解他，也很孝顺。

时间空自流，情缘难舍难收。退休后，王万谨总算回归了他的第一个家。即便身在家里了，王万谨依然会想念他在校园里的第二个家。尤其是观阵中学，那是他抛洒 17 年青春热情奋战过的地方，那里有他心爱的老师与学生们。他时常想起他们，想起那段无悔青春艰苦奋斗的日子。

唐训友 | 不倒的丰碑

"几回梦里倍凄凉 / 独叹殃灾似虎狼 / 竟染新冠君殒命 / 惋摧乔木国丧梁 / 三千桃李花飞泪 / 百阕琴弦曲断肠 / 魂影依依频回首 / 音容宛在德名扬。"一位良师益友，如一颗巨星，在天边划过一道闪耀的光芒就陨落了，令人悲痛难忍。于是，我占诗一首，以表深切的缅怀与不舍。

2020年2月12日，出差武汉回洪湖的唐训友老师不幸感染了新冠病毒，并很快发展成重症，于2020年2月26日，在人民医院ICU病房医治无效去世。他的乐观态度以及鼓励大家决战病毒的视频，还上了中央电视台《焦点访谈》节目。

为唐训友举办简单的追思会时，他生前的学生、同事、亲朋好友等500余人，纷纷从各地赶往唐训友的老家河坝村，只为送老人最后一程。他心爱的学生唐良智、肖元良、杨人元、顾绍山等30多人，以及老同事尹作汊、樊友金与唐训贵等，都用诗联表达了对唐训友的沉痛哀悼与怀念之情。

1949年，唐训友出生于河坝大队，是家里的独子。1966年10月，他被社教工作队推荐到观阵公社南林小学教书，后调入府场太平桥小学、河坝小学，于1970年8月调到观阵中学任教。1979年6月入党，2009年11月退休。唐训友从17岁开始教学，历经44载，把满腔心血都倾注给了教育事业。

年轻时的唐训友中等身材，说话时，一对浓黑的剑眉也随之飞舞。他性情谦和，举手投足均显儒雅之气。在观阵中学教高中3年，又连续担任9年观阵中学初中校长，很少见他发脾气，永远都是一副笑眯眯的神情。他为人开明包容，善良厚道，对待生活，积极乐观，从没见他因事而愁苦过，即使病重期间，他依然在视频中与担心他的学生们谈笑风生。

在工作上，他注重实效，紧抓教学质量，不放弃任何一个学生。1978年，他既当教导主任，又教高中化学。在教学中，他精心排课，积极组织老师们备课，一周一小考，一月一测试，小结排名分析，帮学生们一步一个脚印，打好基础。对于几个偏科的学生，他亲自敲定名单，制定方案，安排科任老师每天下晚自习后，义务进行"一对一"的辅导，不让一个学生掉队。

教学上，他把化学课讲得绘声绘色，将深奥难懂的化学知识，讲得浅显易懂。因此，他的化学课从没有学生会打瞌睡。

在唐老师的带领下，每年中考捷报频传，尤其是1986年、1987年与1988年，学校中考连续三年获得戴市第二名及以上的好成绩。

"门前流水尚能西，休将白发唱黄鸡。"退休后的唐训友依然关注家乡的教育。很多次，他从新堤的新家来到观阵学校，只为看一眼曾经奋斗过20年的地方。

当他看到"初改小"后的观阵希望小学，因为地理位置偏僻，办学资金严重不足，教师能留下的少，学生流失严重，学校面临办不下去时，心便跟着揪了起来。

要想扭转局面，重拾学校芳华，必须实施改革方案。唐训友多方奔走呼号，争取了戴家场教育组，还有洪湖市教育局领导的重视。经大家反复商议后，决定挑选陈安鹤任观阵希望小学校长。陈安鹤不仅有着丰富的学校管理经验，也是原观阵中学1979年高中毕业班的优秀学子。他一担任校长，就大刀阔斧地干，让学校呈现出别样的生机。

一次师生聚会，几位昔日从观阵中学毕业的学子们邀请唐训友等几位老教师一起吃饭。推杯换盏之际，1979届观阵中学毕业生唐良智感慨道，要是能回到当年在观阵中学的时光就好了！

唐良智的一番话，激起了几位师生的共鸣，大家议论纷纷。唐训友也将师生们的交谈默默记在了心里。

他找到陈安鹤，商量创办校史馆的事。两人取得一致意见后，就开始行动起来。

筹集资金，策划文案，展馆布局，每一个环节都严谨细致。当学校与校史馆的事，需要唐训友跑路时，他毫不推卸地对陈安鹤说："只要是为观阵中学的事，你把我当枪使，当炮打都可以。"由此可见，他对观阵中学的情感，对陈安鹤的支持，不足以用一个"情"字来表达，我觉得用"痴"更恰当。

尽管陈安鹤使出浑身解数，但依然遏制不住学生流失严重的问题。症结就出在学校经费不足，办学条件太差。陈安鹤忧心如焚。

唐训友了解到后，与他商议，成立"洪湖市观阵爱心助学协会"。将昔日从观阵中学毕业的优秀学子资源，与观阵希望小学对接起来。发动功成名就的学子们捐资助学，并很快拥有了70万元爱心助学款。

后来，捐赠的人越来越多，协会的影响力大大超出了唐校长的预期。他们决定扩大捐资助学的范围，成立基金会，让更多在外从商的洪湖爱心人士参与进来。为了解成立基金会的程序，他俩特意乘车去了一趟武汉，找到学金融的观阵学子雷志卫寻求建议。在其帮助下，又很快成立了"洪湖市洪商观阵教育基金会"。短短几年，累计获得爱心人士捐款高达350万元。他们将这些钱，用于校园建设，资助贫困学生，奖励优秀师生，引进优秀教师与先进教学资源等，保障了观阵希望小学的稳步发展，同时，也激励了无数观阵学子勤学苦读。

"余热未尽献，老骥不偷闲。"唐训友的一生是光辉灿烂的一生，也是无私奉献的一生。他创办的校史馆，吸引了无数观阵学子回到母校来参观；他筹办的"洪湖市洪商观阵教育基金会"延续了无数学子的求学之路，他是观阵家乡教育发展史上永远的丰碑。

无数人立于唐老师创办的校史馆，深深长叹，斯人已去，仙鹤杳杳，徒留悲伤。

杨人标 | 夜深人静忆恩师

2021年9月5日，忙完一天的工作，回家已经很晚了。洗掉一天的疲惫，习惯于睡前翻开手机。夜，很深，很静，同学微信群却喧闹得很。查看消息，才知道同学们正在讨论参加杨人标老师追悼会的事，杨人标是我们的高中语文老师，他于2021年9月5日下午3时因病辞世。大家都怀着悲痛的心情，在群里回忆交流着他在观阵中学教书育人的往事。看了他们的议论，悲伤袭上我的心头，往事一桩桩、一件件浮现在脑海中……

1977年，我读高一。野猫洲学农基地上热火朝天，火辣辣的骄阳炙烤着成片的黄豆地，还有一张张被太阳晒得红通通的脸。观阵中学的师生们飞舞镰刀，大片的黄豆秆在身后倒下。也有同学用筐装上后，挑到船上，再运回学校。到了太阳下山的时间，由于路途较远，运输工具又欠缺，老师要求每名学生用草绳扎两捆黄豆，一前一后搭在肩上带回学校。同学们都扎好背着走了，我虽个儿矮力气小，却不服输，总想多背点，又力不从心。扎好的黄豆捆，因捆得过多，散开撒了一地。这一幕正好被杨老师看见，他放下自己的捆子，走过来，关切地问我："你捆这么多背得起吗？远路无轻担啊！来，我帮你重捆！"他边捆又边对我说："背重了会压伤腰，你正是长身体的时候，能背多少就背多少，不要跟其他同学比。"当我重新背着杨老师帮我扎好的黄豆捆时，杨老师早已背着他自己的捆子，大步迈向了远方。我愣怔一会儿，紧跟上他的脚步。

杨老师个儿不高，头发坚挺向上，那么倔强地立着，如鲁迅的头发，桀骜不驯中透着几分傲骨，嘴唇微薄，讲起课来表情丰富，眉飞色舞，话语绵延，如黄河之水，滔滔不绝于耳。

我最喜欢上的是杨老师的语文课。他的课风趣幽默，旁征博引，亦庄亦谐，课堂氛围好，讲得妙时，精彩连连，似听评书一样，有如沐春风般的快感。有一次，杨老师给我们上《曹刿论战》这篇文言文，课前，为了让我们加深对课文的理解与印象，他会让我们先预习再提问。有这样一句原文，"十年春，齐师伐我"。杨老师点赵志永同学站起来回答，"齐师伐我"是什么意思，赵同学大抵没好好预习，仅凭着字面意思理解，低头想了半天，答："就是齐老师要打我。"全班哄堂大笑，杨老师气不打一处来："你干脆说杨老师要打你好了。"同学们笑得更厉害了。之后通过杨老师的讲解，大家记住了这句文言文的翻译，同时，也牢牢地掌握了这篇文章。这虽然是课堂小插曲，但杨老师要求同学们先预习，再点名回答的学习方式，让每个人都不敢偷懒，否则，就有可能闹笑话。

为了提高全班同学的作文成绩，杨老师找来湖南师大中文系77级学生韩少功的文章《月兰》，读给我们听。说实话，杨老师那硬腔硬调的观阵普通话，我们的确不敢恭维，但他一字一句专注朗读，细致剖析文章的结构，认真分析通篇的行文风格，为提高我们写作能力所费的一番苦心，让同学们受益匪浅。

第五章　师者尽流芳

有段时间，我写的作文多是开头有吸睛之笔，内容也是有理有据，但结尾常不得法，看起来虎头蛇尾。杨老师总是有针对性地对我加以引导，还让我去他宿舍，读一本厚厚的剪报，就这样，我的作文水平进步很快。

观阵中学建成初期，只有一片空荡荡的泥巴操场，却一直缺乏体育设施。同学们的课间活动与体育课都无法进行，这让杨老师非常着急。请示学校领导后，他一个人徒步去新堤购买体育用品。用脚丈量过新堤的大街小巷，寻找体育用品店，买得篮球、乒乓球与球拍，又寻五金店，请人定做篮球框。返回时，身背沉重的篮球框，一手抱球，胸前还挂着一对乒乓球拍，有如行走天涯的侠客，脚步匆匆。从新堤徒步70多里到峰口的洪三村渡口时，已是夜色苍茫，月亮从云层里慢慢钻了出来，洪排河如宽大的银河般挡在眼前，除了四周茅草摇曳与掠过耳际的风，惨白的月色里空无一人。对着河边一间小小的茅草棚子，连喊了几声"有人吗？"才见到一位老者出来。就这样，他乘着老者的船过了河，再行10多里路，就是观阵学校了。坎坷不平的泥路上，他披一身银辉，倦容满面，行色匆匆。晨间去新堤时，他伴着星光而行，晚间归来时，却是夜深人静，月随人影。此后，校园的操场上有了活力。

参加工作后，我多次回母校看望杨老师，并和他的长子杨勇成为朋友。杨老师1942年生于观阵大队一小队，是观阵中学当时师资队伍中少有的高中毕业生，1967年与新堤下放青年袁月娥结婚，育二子一女，个个学有所成。1969年9月至1982年8月，杨老师在观阵中学工作，曾任教导主任一职；1982年9月至1983年8月，调到绍南中学任校长；1983年9月之后，从事教育行政管理工作，直至退休。

杨老师的晚年被阿尔茨海默病苦苦折磨10多年，记得2020

年1月2日，我们10多位学生参加完胡柏儒同学的葬礼，一起去福利院看他。为方便照顾，其老伴儿也一同住在福利院。杨老师已失忆多年，他很难记得昔日深爱的学生们。当同学们一个个站到他面前让他辨认时，他都摇摇头，唯有我走近他时，他嘴里才轻轻发出"陈远发"的语音，顿时，我的眼泪溢了出来。

  在这漆黑的夜里，看着群里面铺天盖地的凭吊信息，心中的雨早已滂沱成灾。忽然想起《教师颂》里的几句诗："黑发积霜织日月，粉笔无言写春秋。""春播桃李三千圃，秋来硕果满神州。"夜，很深，很静，我却辗转反侧，毫无睡意。杨老师每一个闪光的瞬间，都在我心里驻足成了永恒，令我今生难忘。

唐训滔 | 由一本书开启人生

春秋时期，楚国人行军打仗，走在最前面的人，通常举着一束茅草作为"认军旗"，于是便有了"名列前茅"这个成语。在所有师生们心中，唐训滔老师就是名列前茅的人，是个追求第一的人民教师，而这一切均为一本书赐给他的。

书的封面设计并不精美，装帧也普通，整本书看起来甚至有些老旧，如同摆在旧货市场论斤贩卖的书，看起来毫无价值可言。书名为《自制矿石收音机》，没有正规出版社，没有印刷日期，应该是哪位爱好发明创造的作者随意写了之后印刷出来的。就是这样一本书，却改变了唐训滔老师的人生道路，让他走向了自己心仪的教师岗位，又在教师岗位上创造了一流的业绩，获得了诸多荣誉。

唐训滔老师教了我两年高中物理，因此我对他比较了解。他生于1946年，河坝人。在洪湖二中念高中时，因喜欢钻研物理问题，教师罗应梦赠给他一本《自制矿石收音机》的书。唐训滔如获至宝，课余时间，反复研读，根据书中指导，寻来铅与硫磺锤烧，反复做实验。在二中读完一学期，收音机没做成，他却因为家境贫困而辍学。

唐训滔回到了老家河坝大队务农。那一年，他才16岁。正值志气昂扬、憧憬美好的年龄，却不得不挑起养家糊口的重任，与父老乡亲一样，日出而作，日落而息，炎热酷暑，数九寒天，与泥土打着交道，让汗水浸透了衣裳，沉重的担子把稚嫩的脊梁压弯，可他深藏在心中的理想仍未泯灭。一有空闲，就拿出那本书，认真学习，仔细研究。

那几年，适逢石油勘探队驻扎河坝大队钻探油井，这是一群有文化、懂技术的年轻人，给唐训滔带来学习的机会，空闲时间他经常去拜访。"物以类聚，人以群分。"不得不说，和一群优秀的人在一起，你也会变得优秀。为了造出一台收音机，勘探队话务员龙占德既为他作技术上的指导，又给他提供一些零配件，譬如耳机、导线等。唐训滔经过反复研究，多次实验，终于制作了一台矿石收音机，架上天线后，不仅能收听到中央人民广播电台，还能收听到湖北人民广播电台。一时间，河坝出了个发明家的消息，传遍方圆几十里，唐训滔名声大震。

1972年，小有名气的他被推荐到河坝小学，成了一位民办教师。在历经10年的农耕生活后，这是他人生的一次重大改变，他分外珍惜，并发誓，要教好每一名学生，做一流教师。

1973年秋，他调至观阵中学任初中工业基础知识课教师。教学之余，小发明、小创造源源不断，自制半导体收音机、发电机、电动机与指南针等。一件件闪着智慧之光的作品，如耀眼的闪电，跃入师生们的视野，无不令人拍手称奇。他的课堂因为有了这些实物教具，更多了直观、生动与趣味性，同学们都爱听。

1975年，公社文教组组长王祖宣找到唐训滔，要求他到戴市中学，给全公社物理老师进行初中物理课程培训。这让唐训滔犯了愁，自己的初、高中物理仅学过"自由落体运动"，其余知识一概没学,连"半罐水"都够不上,给别人培训岂不误人且贻笑大方?董博然说过,"只要精神不滑坡,办法总比问题多"。唐训滔把课本背熟,随后,空着手走向讲台。他把课本知识连同自己的理解向老师们详细讲述一遍,又把自己制作的物理模型当众演示一番,老师们全都听懂了,台下响起了持久的掌声。他走下台时,听到有不少老师竖起大拇指称赞:"唐老师教物理是一块牌!"他摸了一把脑门上沁出的汗,开心地笑了。

1977年,观阵中学办"戴帽"高中,唐老师顺理成章地担任起高中的物理课。这可愁坏了他,自己没学过高中物理,又即将面临高考,无任何资料可参考,真是难度极高的考验啊。转念一想,又不是托着炸药包在机枪扫射下炸碉堡,只流汗不流血,怕什么?夜深人静时,他逼着自己一章章学,公式定理背熟,每一道课后习题,用各种方法解答一遍,弄清章节知识点之间的关系。第二天上课,把自己所学的知识与学习方法,悉数传授给学生。"授人以鱼",不如"授人以渔",唐老师是既授了鱼,又授了渔,同学们的成绩岂有不上升之理?

为解决学校缺少实验器材的难题,唐老师利用休息时间,走村串户,收集有用的材料,制作了一大批教具,运用到了课堂教学中,既为学生们提供了可操作的实验器材,又为学校节省了一大笔资金。1978年,由县教育局在戴市中学举办的教学仪器观摩活动展览会上,唐老师制作的光控电灯与光控电铃获得一等奖。文教组长王祖宣在大会上表扬唐老师,说他是个教书育人的好典型,学生教得好,实验教具做得妙。

他狠抓教学质量,对学生严慈相济,因此,同学们对他既亲热又敬畏。班级学习氛围浓厚,大家你追我赶,不甘落后。

1978年与1979年连续两年高考,他教的物理学科均考得高分，引起了洪湖乃至荆州教育界的轰动。1979年，唐老师光荣地加入了中国共产党，而且由民办教师转为了公办教师。同年4月，中共湖北省委、省革委会授予他"模范教师""先进工作者"称号，他还被评为"洪湖县劳动模范""洪湖县优秀知识分子""荆州市优秀教师""十佳班主任"。

1979年秋，红遍半边天的唐训滔调入洪湖县第二中学任物理教师。当年，同年级共三个班，他所教的班级是峰口公社统招生，学生学习成绩要差于另两个全县统招班。第二年高考，结果令人震惊，他班学生的物理成绩平均分高于全县应届考生10分。55名学生，考入大专院校10余人，其中陈华中同学高考物理卷评分98分，张仕涛同学获得满分。这简直是又一传奇，唐老师在洪湖县成了神话般的人物，许多老师、家长谈到他无不拍手称赞。1994年，他获评中教高级职称。在洪湖二中工作期间，他先后担任过教研组长、政教主任与教育工会副主席等职，直至2006年退休。

2022年夏天，我特意到唐老师老家的自建房里看望他，如今的唐老师过起了"榆柳荫后檐，桃李罗堂前"的田园生活，塘边垂纶，田园摸瓜，过堂吹风，日子惬意美好得胜过陶公。炎炎夏日，外面暑气蒸腾，我与唐老师及师娘坐在他家客厅，一边交谈，一边分享着他们自种的西瓜，那沁甜清爽的滋味，正如唐老师眼前的生活，甘甜美好，幸福如意，而这一切都来自那本书。他在书里寻找希望，用汗水浇灌理想，把自己变成一流的教师。

在送我出门时，唐老师向我谈起那些年的理想与汗水，还有遍布天下的成功学子，那眯笑着的眼神里透出一种幸运与知足。没有当初对理想的执爱与坚守，哪有今天的惬意生活？那是辛勤耕耘后的幸福享受，没有比这更荣耀的事了。

李灵芝 | 一担箩筐

　　1972年9月，新学期开学前一天，一个独特的身影，穿过观阵中学的操场，引起了同学们的注意。只见一位青年女教师，肩挑一担箩筐，头上汗水涔涔，向着最北面的教职工宿舍匆匆走去。一条桑木扁担，被沉重的箩筐压成了一张微微弯曲的弓，而她的身体也弯成了与扁担一样的弧度，艰难行走着。同学们只在她微微扬起头，腾出一只手擦汗时，才能看清她的面容。盈盈的双眸，如潭水般幽深黑暗，让人看不清里面蕴藏的内容，白皙清秀的面容被毒辣的骄阳晒得泛着红光。左边箩筐内，一个胖乎乎的2岁男童用手扶着筐沿，一脸懵懂地打量着陌生的环境。箩筐随着青年教师颤颤的脚步而晃动，孩童却丝毫不惧，安静地端坐箩筐内。右边箩筐里，盛放着衣物与一些日常生活用品。在青年教师身后，还紧跟着一个5岁左右的小男孩。他红扑扑的脸蛋泛着亮色，细细的汗珠将头发打湿，粘成一缕缕，紧贴着前额。他同走在前面的母亲一样，对这陌生的校园，充满着期待与希冀。

　　女教师名叫李灵芝，从水獭埠小学调来。人如其名一般，有山涧溪水般的灵动静美，又有芝兰般的幽微芬芳。1940年，李灵芝生于汉阳县新滩区水洪乡刘家墩，3岁死了爹，后又随母改嫁到8里外的宋家湾。继父李德荣做得一手好农活，农闲时还做些鸡毛换糖的小生意。李家家境殷实，视小灵芝为己出，供她念完小学又上中学。17岁的她回乡当了一名民办教师，不久参加荆州教育干校招生考试被录取，两年学成，先后在洪湖县曹市区原种场小学和水獭埠小学任教。其间结婚生子，丈夫刘永富大她4岁，是水洪老乡，武昌医专毕业后，分配在宜昌地区中心医院工作。

学生杨仁元还记得李老师第一次给他们上课时的情景。李老师人长得漂亮，一上讲台，同学们的视线都被她吸引了过去，有些男同学甚至傻愣愣地盯着她看。李老师转过身去，在黑板上写字时，那一对长长的麻花辫子，在后背轻轻滑动，如美丽的鱼儿，跌进了每位同学的心里，在不安分的男生心头跃动着。李老师讲课总带着温和的笑意，同学们都喜欢上她的课。她笑起来时，两个甜甜的酒窝，如花绽放，又如蜜般盛满了美好，让她更显亲近可爱。

她范读课文时，一口标准的武汉话，再加清脆悦耳的声音，如一曲伴着优美琴音的《高山流水》，汩汩流进了同学们心田，大家背诵得特别快。在李老师之前，教同学们语文的是张老师。张老师常年戴一顶洗得发白的蓝色解放帽，一条大腰裤松松垮垮，用黄麻绳扎着，里面可以塞进半担谷子。他每天趿拉着那双辨不清颜色的懒汉鞋，显得慵懒老气，再加上脾气暴躁，上课的时候，同学们谁也不敢多看他一眼。因此，相比张老师，李老师便受欢迎多了，课后，同学们都会到办公室或寝室找她，请教各种问题。不管李老师批改作业或照顾两个孩子有多忙，她都会耐心解答。

春天来了，芳草碧绿，百芳吐蕾。李老师领着同学们到校外踏青，伙伴们如久困樊笼的小鸟欢呼雀跃着，他们在野外尽情地奔跑、唱歌、打闹，好不开心。张际民同学与同桌打闹时，树枝把他的裤裆划开了一道长长的口子，他很尴尬，无助地靠在一棵大杨树下，用双手捂住被划开的地方，难过地啜泣，几名围观的同学对于张际民的窘境，也是无以为助，低头笑着离开了。李老师闻讯，走了过来，一边安慰他，一边从随身携带的布包里取出针线，弯腰低头，一针一针地帮他缝。也许是因为感动，也许是为了释放心中所有的委屈，张际民竟然"哇"的一声大哭起来，泪水一下子如泛滥的河水，流在了李老师的衣服上。那温暖感人的一幕，也印在了每位同学的心里。

岁月匆匆，美好的日子总是短暂，一转眼到了1976年新学期。同学们没有见到日夜想念的李老师，去办公室找，寝室找，可李老师的身影再也没有出现。有人说，她调回家乡教书去了，也有人说，她调到宜昌和丈夫刘医生团聚了。李老师和丈夫一直两地分居。丈夫每年仅有一次探亲假，有一年探亲假结束，李灵芝步行6里多路送丈夫去郭剅道班乘车。可每每车来了，丈夫磨磨蹭蹭就是不肯上车，第二天又"故技重演"，直到第三天，才将他送走，回来的路上，李灵芝泪水满面。尽管两人常年聚少离多，却从未见李老师请过一天假，去宜昌陪伴丈夫。在她心中，孩子们的前途命运，远比自己的情感要宝贵得多。

后来，同学们得到的准确消息却是李老师调到了城区洪湖六中。20世纪70年代末，刘医生终于从宜昌调入洪湖中医院，两人才结束了两地分居的生活。李灵芝最后一站是洪湖实验中学，一直工作到1995年退休。

2013年10月，73岁的李老师患上了胰腺癌，2015年2月19日医治无效而逝。自此，她温和的笑容与谆谆的教诲，永远镌刻在同学们的脑海里。

李灵芝的两个儿子在观阵中学度过了4年快乐的童年时光。谈及母亲，长子刘俊峰无比依恋地说："母亲从来没有打骂过我们，犯了错，母亲会耐心教导我们，直至我们认清错误，认真反省才罢休。她常鼓励我们兄弟俩努力读书，长大后工作上进，才能有所作为。"刘俊峰清楚地记得自己在河坝小学读书得第一名，喜报被敲锣打鼓送到观阵中学教工宿舍时的情景。母亲高兴地替他接过喜报，回头笑着对他说："现在的成绩算不得什么，要做到胜不骄，败不馁，才能永保好成绩。"刘俊峰牢记母亲的教诲，努力学习，以优异的成绩考入江汉大学学机械，现为武汉市知名企业家；而小儿子俊碧也不甘落后，从郑州工学院电力自动化毕业，现任宜昌市电力系统某公司经理。母亲昔日的教导，是他们兄弟俩勤奋上进的精神养料。

如今，40多年过去了，李老师挑着箩筐进校园的倩影，永远定格在同学们心中。她一肩挑着一名教师的全部责任与义务，另一肩却挑起沉重的母爱，把教师和母亲这双重身份，演绎得完美无缺。

雷志学的生日宴

2019年9月10日，第35个教师节，适逢雷志学老师70大寿，诸多同事及晚辈们都来了，屋子里热闹异常。宴席上，大家纷纷举杯为雷老师贺生，宋文鹏老师现场作了一首生日祝词，对雷志学的多才多艺进行了形象诙谐的描述。

"若非转世吴道子？又疑孟頫重投胎。青松翠竹凭墨染，杨柳细叶依笔裁。五笔画只报春鸟，十笔牵头牯牛来。……国画步尘齐白石，油画逐鹿印象派。"这首赞美词，某些地方虽有点夸张，但写尽了雷老师精湛的绘画技巧。

雷志学从小热爱绘画。1950年，他出生于南林口，在关圣庙读完小学后，于1965年考入曹市中学。上初中后，他迷上了绘画，花鸟虫鱼，一草一木，都成了他信手涂鸦的素材。课余画，中午休息画，晚上点油灯画。端庄美丽的女子，如黛远山，青青原野，金色余晖，或细腻如丝，或粗犷如山……笔尖在纸张上行云流水的快感，常常让他废寝忘食。可惜，他家里实在太穷，1965年读完初一后辍学，只能回家务农。尽管如此，他的绘画梦依然没有破灭，劳动之余，写写画画，消除一天的疲劳。他对绘画的热爱，正如田间一株被他不断锄去又会顽强生长起来的杂草，明知生长无望，却仍然抑制不住要破土向上。

1966年8月，雷志学被"四清"工作组推荐到南林口小学当老师，当时的他，年仅16岁。教书之余，绘画的种子依然在他心里顽强生长着。做好本职工作的同时，他用业余时间精心浇灌。

1972年8月，雷老师被调到观阵中学担任英语教师。同时，也教同学们美术。尽管那时的美术课很少上，但同学们学习的兴致却很高，他们常将自己课余时间画好的作品，交给雷老师点评。即便是最拙劣的作品，雷老师也依然能找到闪光点，进行鼓励。就这样，同学们都喜欢上雷老师的课。那年，由雷老师辅导的观阵中学美术组，参加洪湖县中学生美术作品展，在全县获得了很高的评价。这让他很欣慰，努力没有白费，埋在泥中的种子，似乎要破土而出了。

1979年，雷老师由民办转成公办教师，这让他对未来充满信心。相较英语，他更偏爱美术，并希望自己在绘画方面有所发展。

1987年，37岁的雷老师去了湖北美术学院进修。脱产学习两年后归来，调往府场镇成人学校教美术。正欲大干一番事业时，时运不济，成人学校停办了，雷老师又于1992年调到府场中学。这时，他成立了自己的美术工作室，潜心绘画创作。

2010年退休后，雷老师又在府场街道自办工艺美术室，招收学生30多名。依靠自己的努力，雷老师终于在美术领域有了属于自己的小小天地。

一幅丹青水墨画带给我们的不仅有灵山秀水，也有奇峰峻岭与波澜壮阔的大海。如果再配上几行飘逸潇洒的字，便会让整个作品显得更为清新高雅。"丹青俊美字更美，低调君子不显摆。

颜筋柳骨兰亭俏，你练一手好欧楷。神似形似笔锋似，若写春联排队买。"宋老师的祝词里也不吝对雷老师欧楷字体的赞美。在一幅云雾缭绕的水墨山水画内题上一首欧楷体小诗"云山淡含烟，疏树晴庭日。亭虚寂无人，秋光自萧瑟"，画的意境便多了几分深远寂寥。

"照相摄影无师通，远景近景都出彩。海鸥（照相机）定格千百家，富士（胶卷）洗出大气派。显影定影一条龙，贴钱服务好慷慨。"这几句诗是写雷老师在摄影技术上的无师自通。宋老师回忆，师生们留存下来的许多老照片，都是雷老师自己贴钱买胶卷，又义务给大家拍照的。宋老师家里至今还保存着几张师生们的合影，那些黑白相片，记录着师生们那段青春飞扬、砥砺拼搏的日子。

"技艺超群多面手，英语教学头块牌。语音语调若伦敦，万千词汇铭胸怀。语法扎实功底厚，同传翻译受人抬。"这几句诗写雷老师扎实的英文功底。1972年过完春节，文教组抽调他到洪湖师范参加了为期半年的英语培训，秋季开学，被调往观阵中学担任英语教师。

说实话，半年临阵磨枪似的短训，连皮毛都难触及，又怎能教好学生呢？没办法，一切只能靠自己。好在那时，雷老师有台收音机，每晚，他都会认真收听湖北台的英语广播，丰富自己的词汇量，钻研语法，培养了语感与口语表达能力。就这样，他完全掌握了英语这门学科，在观阵中学教了5年初中英语后，又担任高中英语教师。当时，英语成绩在高考时仅作为考生录取的参考分，并不是那么重要，但雷老师还是极认真负责，坚持要同学们多记单词、语法与句型。多年后，78级毕业生黄孝中在美国做服装贸易，他一口流利的英文说得连外国人也赞不绝口。但凡有空闲，他都会给雷老师打电话或发微信问候,他十分感谢高中阶段雷老师帮他打下的英文基础。

在这首祝词里,宋老师还说到了这样一件小事。前几年,几位老教师相约去国外游玩。在大街上,遇见外国人走过来,热情地同他们打招呼,由于不懂英文,大家本能地躲闪至一边,唯有雷老师主动迎上前去,和外国人流利地用英文交流,令老教师们佩服得五体投地。

20世纪70年代,流行样板戏时,英俊潇洒的雷老师一直扮演《红灯记》里的李玉和,偶尔也扮演《杜鹃山》里的雷刚,并演得惟妙惟肖,由此可见,多才多艺的雷老师是教师队伍里的多面手。

我与宋文鹏、阳金成老师相约去看望雷老师时,他因为身体不好,只能坐在轮椅上。此时的他虽然说话很少,却一直紧紧握住我们的手,内心似乎有着千言万语要向我们倾诉。

才子老师的晚年,看起来似乎有些英雄暮年的沧桑感。但那段挥斥方遒的青春岁月与激情燃烧的拼搏精神却永远留存在我们每个学生心里。

当我从宋老师的整首祝词里,再回顾雷老师才情横溢的一生,敬佩之余,也多了几分叹惋!

阳金成的幸福人生

5月的一天，9点半了，阳光仍躲在云层，舍不得露出它灿烂的真容。空气里飘浮着葳蕤的草木清香。我站在洪湖市政府西广场，面朝阳金成老师到来的方向，不停张望。

等待间，我的思绪回到了1977年。秋季开学后的第一节数学课。上课铃声响了，同学们都坐在座位上，小声议论，数学老师是谁。

忽然，有同学小声传递消息："来了，来了！"我抬头一看，只见一位年轻瘦小的男子，腋下夹着一本数学书，迈着八字步，走向了土砖制作的讲台。第一节课讲的什么，我已记不清楚。只记得阳老师有着女子般清秀的面容，讲话轻言慢语，对学生特别和善，从未见他发过脾气或大声骂过人，貌似他压根就没有脾气。

思索间，我的手机铃声响了。一个熟悉的声音告诉我，他已抵达市政府前门。阳老师来了，我一边想，一边快步走向前门。

立于台阶处的，果然是阳老师。依然是那个瘦小的身影，和善亲切的眼神，带着微微的笑意。只不过，青发板寸头成了一头银丝，在晨风中略显零乱。从那矍铄精瘦的身形里，我依然能找到，当年他在黑板前为我们讲授数学课的身影。我们没有握手，而是如熟稔多年的兄弟般轻拍了一下对方的背，便向台阶上走去。

1948年，阳老师出生于西堤大队一个贫苦农民家庭。三年困难时期之后，他以优异的成绩考入洪湖二中（高中）。1966年，一场特殊运动，斩断了他的大学梦。他欲哭无泪，只能听从命运的安排，到生产大队任会计。

1971年8月，观阵中学教导主任王万谨听闻他读了高中，又为人朴实，工作认真，便推荐他到观阵中学，任民办教师。自此，阳金成完成了他人生一次重大转型，即农转教。他从心里发誓，一定要勤恳工作，不误人子弟。

在教学中，他严于律己，以身作则，提前进教室，紧抓课堂效率，课后，对学生的提问耐心解答。所授知识点，当堂让学生弄懂，绝不拖到下节课；事先备好课，讲题，板书，每一个环节都滚瓜烂熟；课堂上，认真观察每一位学生，让他们都能感受到自己的关注；把每一位学生都当作知心朋友，和他们谈心；对于学习基础差的同学，他抽出休息时间，辅导他们。他对待教学一丝不苟，对待学生学习又严格要求，丝毫不松懈。因此，每次数学考试，班级总成绩都在全县名列前茅。

1971年12月20日，只当了3个多月民办教师的阳老师接到公社教办（职务）谢从虎的通知，让他到曹市区公所参加民办转公办教师的会议。就这样，阳老师很幸运地成了一位公办教师，成功地拿到了打开幸福之门的钥匙。

他成了一名真正的人民教师，弥补了当年因特殊运动没能参加高考的遗憾。最高兴的还是他父母。艰难时期，一家人省吃俭用，供他勤学苦读，只盼着儿子能走出农村，吃上商品粮。如今，儿子总算脱离了农民身份，事遂人愿了。父母高兴，阳金成也觉得幸福与满足。

还有一件让阳老师感到幸福与满意的事，则是为自己赢得了男人的尊严与面子。

在学生面前，谈及爱情与婚姻，阳老师显得有些腼腆。他沉思半晌说："我与老伴儿的结合为指腹为婚。"指腹为婚，在自由恋爱的今天，显得与时代很不协调，在20世纪五六十年代，这种情形也较稀少。

阳老师的老伴儿叫李美英，出生在戴家场，是城镇户口，而阳金成却为农村户口。当年，城乡差距大，农村人与城镇人是两个完全不对等的阶层，很多人不看好这段门不当、户不对的婚姻。

李美英是阳金成的小学同学，对他了解较多。长大后，李美英又曾在私下里与阳金成见过一面。她觉得这个男孩有文化，人也踏实、本分，足可依靠终身。

因此，当媒人受了本家一位婶婶之托，将另一男孩带到家里来相亲时，她很是反感。媒人劝了她几句，她就气恼地脱了脚下的木屐，朝媒婆脸上掷去。一时间，全屋人都惊呆了。媒人只好带着男孩尴尬地走了。父母见女儿想嫁阳金成的态度坚决，也没有为难她，很快答应了两人的婚事。

那年，李美英的闺密们都被大城市的工厂、油田等国营企业招工走了，她也被新堤洪湖地毯厂招工。可她选择了阳金成，嫁到农村，也就失去了进城就业的机会。

李美英为自己所做的牺牲，阳金成记在了心里，并在心里发誓，一定要努力工作，干出一番事业，不愧对于她。

1970年，22岁的阳金成与李美英结婚了。婚后，两人相亲相爱，相敬如宾，并很快有了爱的结晶。为了支持丈夫工作，李

图三 宋文鹏老师与阳金成老师

美英把孩子托付给3里地外的母亲，自己出完工，先回母亲家哺乳孩子，再把孩子抱回家，第二天天没亮，又把孩子抱给母亲，自己匆匆赶往生产队出工。

李美英从来没有从事过生产劳动，故每次到队里出工，都会受到他人的嘲笑，只因，她不会栽秧、割谷，更不会打场，没人愿意和她一个组。无奈之下，生产队长只好将她分到和老人一个组，专干些轻省活儿，相应地，工分也就少了一半。工分少，收入低，再加家里上有老，下有小，每年都成了超支户，日子更是艰难。

妻子的委屈与辛苦，让阳金成既羞愧又难过。堂堂七尺男儿，不能给深爱的妻子好的生活，让她吃尽苦头、受尽委屈，因此，阳金成面对岳父母时，也觉得自己矮了一截，自卑得抬不起头。

如今，他成了公办教师，不仅工资待遇较民办教师有几倍的提高，同时，他这个公办教师"吃皇粮"的身份，再也不让妻子觉得在闺密与亲戚面前低人一等。

这让阳金成深感欣慰，于是，他一心扑在教学中，勤勤恳恳，想尽一切办法，把工作做好。

事实也是这样的。1978年与1979年，观阵中学连续两年获得洪湖县高考第一名的好成绩。阳金成作为数学老师，更是功不可没，他班上大部分学生的数学都考了高分，轰动了整个洪湖县。一时间，观阵中学的老师成了名人，无论走到哪儿都有人认识，有些学校甚至向老师们开出了优厚的条件"挖人"。

可阳金成早已把观阵中学当作自己的根，观阵中学成就了他，他怎么舍得轻易离开呢？

直至1979年，观阵中学高中停办，他被调往戴市中学任教，才恋恋不舍地离开。他在毕业班教学30多年，曾被评为"优秀共产党员""湖北省优秀教师"，有中学数学高级教师职称。

如今，阳金成已是桃李满天下。时常会有他熟悉的学生，打电话或发视频给他。在阳老师家里，至今还保存着学生王向栋与王万成分别于1979年与1981年写给他的信。信纸略有发黄，但依然保存完好。

那些经常与他保持联系的学生，阳老师如数家珍地掰着手指头告诉我，陈帮华、黄孝中、王礼刚、施祖国、雷志洪……

看着学生们已成为各条战线、各个领域的领军人物，阳金成觉得自己很有成就感，也特别幸福。

如今，阳金成老师与老伴儿常住在洪湖市区，节假日，儿女们回来看看他们，有时，他们也去武汉与十堰的儿女家各住上一段时间，日子惬意又美好。

从始至终，阳金成一直谦虚地向我说明："我是一位很平凡的老师，没什么可写的。"

我想告诉阳老师，伟大有时并不需要惊天动地的壮举，它更多缘自对平凡工作的满腔热爱，对平凡生活的知足与感恩。一个人若能做好自己的本职工作，享受平凡工作给自己带来的乐趣与成就，认真生活，享受生活带给自己的美满与幸福，我想，这就是成功的人生，也是伟大的人生。阳老师用自己的幸福，成就了无数学子的幸福，他是幸福的，也是伟大的。

宋文鹏｜一支粉笔进课堂

上课铃响了，教师们夹着课本与教具，大步流星地进了各自的班级。身材瘦削的宋文鹏老师，空着双手，闲庭信步般走进教室。待他走上讲台，同学们才注意到，他的右手食指与中指间夹着貌似一支香烟的粉笔，他夹粉笔的姿势很优雅，手指夹住粉笔的一端，刚好留出香烟滤嘴般长短。他用粉笔在黑板上认真地写上"磁场"二字，再转过身来，开始为同学们讲授工业基础知识课。

"请同学们把课本翻到第102页，我们今天要学的是……"富有磁性的声音，传遍教室的每个角落。只听台下一阵"哗哗"的翻书声，台上的宋老师却无动于衷。这时，就连平时最粗心的同学也发现宋老师没有带课本与任何教参书。宋老师不仅能说出每个知识点与每道习题所在的章节，还能准确地说出它们所在的页码，令同学们佩服得五体投地。

宋老师于1972年9月来到观阵中学，教初一、初二7个班级的工业基础知识课，即后来的物理课。从各种电机与发电机的构造与工作原理，再讲到电灯的安装与磁场的右手螺旋定律，深入浅出，形象生动，又充满了趣味性，同学们都听得认真，眼神磁一般地粘着黑板，鸦雀无声的课堂，只有风从窗外掠过的声音。

1984年，宋老师调到府场镇中学教物理课。有一次，他拖堂一分钟，抬眼一看，窗外黑压压挤满了人头，那是隔壁班来听课的学生。就是那一年，他班物理成绩均分竟然高出平行班级30分。能够将枯燥乏味的物理知识，变成同学们感兴趣的故事大片，在背后需要付出多少辛勤的汗水，唯有宋老师自知。

1947年，宋文鹏老师出生在杨柳口一个贫穷的家庭。13岁就读曹市中学初一时，学校分来几名支援乡村教育的年轻教师，他们毕业于华中师范大学。教师们上课时，不拿教科书，仅带一支粉笔，就能把一堂课讲得精彩纷呈，这让宋文鹏心生仰慕，同时也激发了他长大后要当一名教师的梦想。无奈家中兄弟姐妹多，读完初一，家里再也无钱供他上学，他不得不辍学回家务农。

为解决生计问题，他学了一年裁缝手艺，小小年纪便行走乡间，挣钱贴补家用。其实，机遇是无处不在的，只看你如何才能抓住它。由于歌唱得好，一次偶然的机会，宋文鹏被"四清"工作组组长周教授看中，1964年12月，年仅17岁的他便成了杨柳小学的一名老师。

他十分珍惜教师这份职业，为了教好学生，他备课不仅仅是要备到本子上，还要备在心里。把要讲的课，自己先弄得滚瓜烂熟，这样，讲起课来心中有数，避免杂乱无章，学生也听得懂。由于他勤学肯钻，虚心好学，课也讲得好，1968年1月，他成了杨柳小学的校长。那时，他还是个20岁刚出头的毛头小伙。

1972年暑期前，宋老师被通知下学期调观阵中学，任教工业基础知识，他犯了难，自己都没学过，怎么教学生呢？一股不服输的信念支撑着他，无论如何不能掉链子。他决定自学，没有参考书与练习册，他将课本的内容与公式定律背熟，不懂的地方向人请教。捧着书，白天在30多摄氏度高温的酷暑里"蒸桑拿"，夜晚在油灯下与成群的蚊虫搏斗，一章章看，一节节"啃"，一道道习题认真做。功夫不负有心人，历经一个暑期，他已将知识融会贯通。开学后，在课堂上讲授时，一道习题，他能做到举一反三，甚至运用多种方法进行取舍。由于他的课更注重于探究的过程，很容易带动同学们的思维与积极性，大家都特别喜欢听。

1973年，他光荣地加入了中国共产党。1978年，观阵中学教务处安排他担任高中一年级物理课与数学课。这是一次更大的考验。一位初中都未毕业的老师，如何去教高中课程呢？他暗下决心，再苦再难也得出色完成学校交办的任务。有了先前的经验，这次依然照旧。利用假期，日夜抱着书"啃"，不懂的问题用一个小本记录好，积累了几页，就去找唐训滔、阳金成等老师询问，如小学生般，谦逊地倾听，做笔记，认真做习题。就这样，他成了一名受学生欢迎的物理与数学老师。

给学生一碗水，教师必须拥有浩瀚大海。为了增长自己的知识与能力，宋老师努力学习，并于1987年考入湖北工业学院进修，那一年，他已经40岁了。虽已不惑，可献身教育的火依然熊熊燃烧着，经久不息。1989年，湖工毕业后他回到府场镇，担任成人学校的校长，直至2007年退休。

宋老师不仅课上得好，很多时候，他更注重与学生进行心灵的对话。因此，许多同学都与宋老师是无话不谈的好朋友。调皮学生罗运玉母亲早逝，父亲是个军人，转业后到松滋煤矿工作。因为忙，父亲常年较少回家，只在每月按时给儿子寄钱。由于缺少关爱，罗运玉不爱学习，生活习惯和学习成绩差，与同学关系不好，爱顶撞老师。

晚饭后的时间，宋老师便邀罗运玉同去散步。宋老师如一位慈爱的父亲给他讲生活的道理，教他如何自立、自强，如何处理好同学与老师的关系，并学会打理好自己的生活。

宋老师推心置腹的话语，彻底改变了罗运玉。一学期后，罗运玉变化很大，学习成绩提高了，与同学关系好了，对老师也有礼貌了。所有老师都说，这孩子懂事了。

罗运玉参加工作后，还特意询问到宋老师的电话，邀请他到自己所在的城市去做客。

"三尺讲台育桃李，一支粉笔写春秋。"岁月匆匆，多少时光把青丝染成了白发，终不改教育情怀。宋老师的一生，正如他晚年在回忆录《不老的记忆》里所写："勤勉奋发，深钻苦干，精诚团结，无私奉献。"这16个字，正是宋老师勤勉工作、无私奉献的人生写照。

彭家环 | 左手女儿，右手钢板

尽管无数人在岁月中模糊了容颜，唯有彭家环老师，坐在窗前刻钢板的倩影，仍深深印在无数学子的心里。她是校园夜色里最美的点缀。

在那间不足 9 平方米的教职工宿舍里，昏黄的煤油灯下，彭家环老师仍在工作。她一边守护着摇窝里熟睡的女儿，一边认真刻着钢板；女儿睡醒哭闹，她会抱起来，轻拍几下，直至女儿熟睡，又开始工作；有时，她也会一边抱着女儿，一边刻钢板。

我们总想握住些什么，譬如，完成这本书的撰稿。

如今的彭家环老师，有着修长的身材，白净无皱褶的脸庞，戴一顶时尚圆红帽，尽管有丝缕的白发飘逸而出，也丝毫看不出她已是 73 岁高龄的老人。

1950 年 7 月 14 日，她出生于洪湖新堤，1966 年初中毕业。时值特殊运动，没法继续上学。16 岁的她被洪湖"四清"工作团安排到沙口小学任教。白天，她教学生们毛主席语录，晚上写"大字报""小字报"，由于她勤学肯钻，很快学会刻钢板方形字体。

1967年,上级主管部门安排她到长江修防段工作,其主要工作职责是守电话总机。有时,她会被抽调到虾子沟挽垸堤工程。那时,没有四通打印机,完成土方统计,办工地站报,都需要先刻印钢板,再油印。工作人员抽不出时间,热心快肠的她时常跑去帮忙。就这样,她刻钢板的手艺越来越娴熟。

1970年,20岁的彭家环被分到曹市区马口中学教书,她非常喜爱老师这份职业,并在心里发誓,要做一名学生喜欢的合格老师,不负"人类灵魂工程师"的光荣称号。

1971年,她被调到观阵中学任教。尽管观阵中学的条件与环境都非常艰苦,但她依然不改初心,努力学习,认真教学。为了提升自己,她自学了教育学与心理学方面的书籍,又考了中师文凭。

她的教学任务很重,不仅要教初一两个班的数学,还肩负起了班主任、全校音乐课与刻钢板、油印的工作。因全校仅她会刻方块字,故所有老师设计的练习题、考卷、学校工作计划、课表等,都由她加班熬夜刻印。只因白天,她不仅要完成繁重的教学任务,还要兼管食堂账目,偶尔,还要到厨房去帮忙。

她知道,教师不仅是"传道、授业、解惑",而更多的是一种情感的倾注。她把每一个孩子都当作自己的兄弟姐妹。不仅解决他们学习上的难题,更帮助他们的生活,因此,学生们有什么话,都愿意和这位知心大姐姐说。

她对每一位学生都一视同仁,从不因某位孩子有生理缺陷而轻视他,反而给予更多的关注。

易涛智力低下,其母亲特意将孩子从别校转来,执意要放到她的班上。在课堂上,彭老师时常点名让易涛多回答问题,多鼓励他,课后,又鼓励他多与同学一道玩耍,大胆说话。一学期后,孩子学习有了进步,在人际交往方面也不那么胆怯了。易涛母亲非常感激，逢人就夸，彭老师是个负责任的好老师。

有许多家长托关系，讲好话，也要将孩子送到她的班上，只因彭老师教学认真，对孩子们很有耐心，在管理上严慈相济，让孩子们既爱又尊。

她严抓教学质量，故每次考试，她班上的数学都考得非常好，当时在洪湖教育界小有名气。

她喜欢孩子，热爱教育，因此，无怨无悔、毫不计较地奉献着自己的青春与满腔热爱。

也有让她感到力不从心的地方，她还有一个嗷嗷待哺的女儿。婚后，丈夫彭本炎在70里外的县城财管所工作，公公和婆婆也在县城上班，照顾孩子的重任便全落在了彭家环身上。白天上课，到下课或放学时间，去给孩子喂奶。好在孩子很听话，吃完躺在摇窝里，自己玩自己的，较少吵闹。

由于教学任务繁重，有时，回到宿舍，天已经黑了。而更多时间，她要加班加点熬夜刻印钢板，油印资料，周末还要去家访，根本无暇管孩子。开门办学时，带领学生们到生产队栽秧、割谷，无奈之下，她只好将自己年仅9岁的妹妹彭家玉接了过来，让她边上学边帮她照看孩子。

一日，彭家玉放学回到宿舍，远远听到小外甥女撕心裂肺的哭声。她冲进宿舍，哭声是从外甥女翻倒的摇窝下发出来的。她连忙扶正摇窝，抱起外甥女，轻拍着后背安抚她。也许是受了惊吓，无论她怎么安抚，外甥女的哭声都不肯停下。直至天黑了，彭家环下班回到宿舍，给孩子喂奶，孩子才止住哭声。原来，孩子早饿了。估计是孩子饿了，自己从摇窝爬出来，结果把摇窝弄翻，自己被压到了下面。谁也不知道，孩子被压在摇窝下有多长时间。那一天，让彭家环对孩子生出无限的愧意，她既心疼又难过。

第二天，回到教室，看着孩子们一双双渴求知识的眼睛，想到领导、同事们对她的帮助，附近村民对她们母女的关照，她觉得为了教育事业，自己的苦与累，还有孩子所受的委屈，都算不了什么。

彭老师告诉我，1973年，她与丈夫彭本炎新婚时，观阵中学的老师给她送了暖水瓶、脸盆与毛毯等生活日用品。在当时老师的月工资只有几元的情况下，这已算贵重礼物了；休息时间，老师们争相帮她抱孩子，帮她减轻一天的劳累；河坝大队书记的妻子，会经常把孩子抱过去，一带就是一整天；还有河坝小学唐训贵老师的母亲，时常在她忙碌时，主动来帮她带孩子……

彭老师一一列举着那些帮助过她的人，眼里闪烁着感激的泪光。

我也动容了。"爱出者爱返，福往者福来。"你给他人多少爱，必定得到多少爱的回报。彭家环老师用自己乐于奉献的高尚人格赢得了他人的尊重与爱。

无数个夜深人静的昏黄油灯下，那一手抱孩子，一手刻钢板的美丽影子，湿润了多少同事的眼睛，温暖了无数学子的胸怀。

"春风桃李花开夜，秋雨梧桐叶落时。"彭老师在晚年，时常推着中风老伴儿的轮椅，走在公园里。她说，她会照顾好老天赋予她的这条生命。

她还说，儿女们都在外地工作，只要他们需要，她会立即奔到身边帮助他们。

她用一生的热情去爱她生命中的每一个人，学生、村民、同事、老伴儿与子女。这样的人生，因有爱而丰满。

第六章
三千遍桃李

他们是伸向广袤蓝天的无数枝丫，在各自的天地里舒展繁华，以一颗赤子之心，伸出巨手，摘下星辰，照耀着观阵这片热土。无论他们走得多远，站得多高，却总被一根无形的线牵绊。

1977 年的幸运儿顾永存

1977 年冬天，寒风凛冽，空气中弥漫着热烈紧张的气息。在观阵中学恶补数理化一个月的 20 多名社会青年考生，正匆匆赶赴戴市公社的高考考场。考场外早已拉起了警戒线，河坝大队青年顾永存，跟随一众考生，排着队有序地进入考场。他的内心五味杂陈，停滞了 10 年的高考，今天终于重新拉开了序幕。是啊，只有跨过高考这座独木桥，农村青年才能改变命运，他要好好把握这次机会。

考完回家，他的情绪有些低落。他觉得自己没考好，很简单的理科题都不会做。可大字不识一个的父亲却安慰他说："我相信你考得上，毕竟你读书时成绩好，也一直都在用功。"

父亲的话如同一根定海神针，稳住了他内心翻滚的情绪。半个月后，考试成绩出来，他考了 187 分，过了 160 分的录取线，他轻松地吐了一口气，露出了欣慰的笑容。

后来他才知道，参加观阵中学考前补习的 20 多名考生中，他是唯一考上大学的人。

第六章 三千遍桃李

顾永存出生于 1958 年，幼时家贫，兄妹 8 人，全家 10 多口人挤住两间茅草房一直到 1977 年年底。6 岁那年，为了节省 2.5 元的书本费，父母安排他与大两岁的哥哥一同上学，共用一套教材。他十分努力，学习成绩优异。

1971 年年底，13 岁的顾永存与 15 岁的哥哥同时在观阵中学初中毕业。当时，河坝大队恰好有个赤脚医生带薪学习的机会。对于乡村孩子而言，这是一个绝好的机会，既能挣钱贴补家用，又能学到治病救人的本领。何况赤脚医生是那个年代极为吃香的职业，他们走村串户，为人看病，受人尊敬。父亲认为顾永存学习成绩好，想让他去，可母亲心疼他个子小，担心他在外生活不能自理，希望大他两岁的哥哥去。在人生的十字路口，他做出了重要的选择。他说："我不去，我想读书！"哥哥说："我去，我不喜欢读书。"在顾永存看来，眼下念好书，比什么都重要。

1972 年，那时观阵中学还没办"戴帽高中"，经推荐，他如愿进入曹市高中。适逢全国进入"智育回潮"时期，从大城市下放到曹市高中的一批高学历教师恨不能将毕生所学倾囊而出，让渴求知识的顾永存如沐春风。

学习时光，一半甘甜，一半清苦。他既享学习之乐，又受各种社会运动干扰之苦，在那些食不果腹的日子里，营养不良带给他一个瘦小的身躯，整个高中阶段的伙食，仅仅依赖两瓶咸菜和东拼西凑借来的杂粮应付。出操或上课，只能自卑地或站或坐于女生之前。尽管如此，两年半的高中生活，他依然名列前茅。

1974 年秋，为响应党中央号召，河坝大队党支部决定从 30 多名高中毕业生中挑选一名理论辅导员。刚回家务农的顾永存以一篇优秀的"战斗檄文"获得了杨宏发书记的认可，在担任理论辅导员的过程中，他的文科基础知识迅速得以提升，为后来的高考打下了基础。

正应了"是金子总会发光"那句话，顾永存在河坝大队表现非常出色，既是理论辅导员，又是文艺宣传队队长，还当上了大队团支书，接着光荣加入了中国共产党。

填报高考志愿时，顾永存本来可以报一所更好的大学，可当年的高招程序是先填志愿，后公布考试成绩，他本就不自信，又无人指导，导致他填报的三档志愿均是第三类层次，受哥哥的影响，他填报了医学类专业，结果被荆州医专录取。

此后，大学4年，既有阳光雨露，也有风雨辛酸。他靠着每月10多元的助学金，在节衣缩食状态下，完成了临床医疗专业课程的学习。

1982年2月，春节的年味仍在，他手持铁道部大桥局三处职工医院的报到证，在依然凛冽的寒风里，乘汽车，转火车，来到了广州。南方的春天是温暖的，它催人奋进，给人一种向上的力量。他工作积极，并于1983年被派往外地进修外科。一年后，学成归来，便有了一个崭新的自己。

手术室的无影灯下，一些高难度高要求的手术，是同事们不敢接手的，也是其他单位未曾染指过的，在他这里，变得轻而易举。一时间，花市（今花都区）出了个好医生的消息，传遍羊城方圆百里，不少患者慕名而至。

"术业专攻，尚德笃行"，他抱着干一行、爱一行、专一行、精一行的信念，执着地在医学外科领域前行，他手术的领域涵盖了普外、骨科（创伤）、泌尿、烧伤、矫形等科。从医40年，手术台上一站就是几个甚至十几个小时，经历了多少个无眠之夜，遇见过多少次与死神赛跑，这些均已无从查考。星光不负赶路人，1985年，他被评为大桥局劳动模范，又逐步晋升主治医师、副主任医师、科室主任、医院副院长、院长。

2018年4月,已经退休3个月的他,被美年大健康(上市公司)竞聘为广州花都分院院长,再次走上了医疗岗位。现在,他身体很好,想再工作10年、20年。谈及几十年的人生感悟,他说努力比成功更重要、情感比事业更重要、荣誉比地位更重要、健康比财富更重要、开心快乐比一切都重要。

这位为病人忙碌了大半辈子的医务工作者,以一己之力,诠释着生命的禅宗哲理:在吃苦的年龄,选择奋发努力;在享受安逸的年龄,依然发光发热;在带给他人健康时,也成就了自己的快意人生!

五朵金花

　　20世纪70年代末，观阵中学有一群青春靓丽的女生，在重男轻女的大背景下，她们克服重重困难，顽强地读完了初中，有的还上了高中，虽然学习成绩优异，最后却因种种原因中断学业，承担起生活的重负，让人遗憾。如今，40多年过去了，她们去了哪里？生活得怎样？带着这个问题，我走访了其中的五名女生。

　　当冬日的晨阳冉冉升起时，我在戴家场镇水管站，见到了1978届高中毕业生杨文英。她个儿高挑，黑里透红的脸散发着光泽，说话行事带着一股风。

　　杨文英出生于1961年，娘家在观阵大队，3岁那年，母亲病逝。父亲再婚后，她与哥哥、妹妹跟随着年迈的爷爷奶奶一起生活。

　　她似一株随风摇曳的小草，在不幸的童年里，倔强成长。每天早起做饭、洗衣、喂猪，再背上书包上学，放学回家，田里忙活一阵，再回家做饭。生活虽艰难，但有疼爱她的奶奶。奶奶是旧时代的女子，思想却并不守旧。那几年，观阵大队不少女孩都背上了书包。奶奶说："别人家的孩子读得起书，我家的孙女也要读书。"

第六章 三千遍桃李

就这样，尽管家人饥寒各半，但她和妹妹都背上了书包。初中阶段，她是学校文艺宣传队的报幕员，能说会唱善舞的她，常参加文艺会演，这段经历，让她自豪，说起这些，脸上便出现一层高粱红。

生活如诗圣的茅屋，漏雨偏逢秋风。高二那年，奶奶忽然病逝，这对她是一个沉重的打击，没了物质与精神的依靠，求学变得更艰难。

当时，父亲继母种有10多亩地，哥哥结婚后单过，也种有更多地，恰逢嫂嫂病重，她不得不藏起青春的梦想，辍学给两家人帮忙。生活如一头负重的牛，让她眼里充满了悲伤与无奈。

农田里忙碌的日子，有风霜雨露，也有月华浸染。时光飞逝，转眼五年，她经人介绍结识了公社水管站的丈夫刘孝春，婚后，夫唱妇随，日子恩爱和谐，两人育有一子一女，大学毕业后，都有了自己的小家，两口子总算轻闲下来，正式开启幸福的晚年生活。

汪小凤是个寡言的人，我坐在她对面，只是问一句答一句。她1960年3月出生于观阵大队，家中兄弟姐妹5人，她排行老四。汪父思想较开明，常对人说："无论儿子还是女儿，多读点书总是好的。"尽管家境不富裕，但父母还是竭尽所能供他们5兄妹读书。她上小学时，机缘巧合，14岁的哥哥进入武汉粮校学习，这对她是一种鞭策与鼓舞，从此发愤苦读。

她天资聪颖，勤学好问。无论什么课，听一遍就懂了。在观阵中学读书5年，她成绩一直名列前茅。初三时，她时常拿着一道数学题，问完本班老师，又去问隔壁班的老师。为什么要问两次？多年后，汪小凤回答，同样的题，两位老师的解答方法不同，会给她不同的启示。她的话令我十分惊讶。

1978年读高二时，她被分到了大专备考班。但她担心考不上大学，惹人笑话，要求转到中专备考班。没料，中专班名额早已满了。她一气之下回了家，任老师们来家相劝，再也不肯读书，她为自己的任性付出了一生的代价。

回大队当了几年妇女主任，1983年，她与当年的"娃娃亲"陈美华喜结连理，随后，生下一子二女。平时，夫妻俩忙生意，照顾儿女，日子平凡顺遂，如今，年过六旬，儿女们都已成家，他们夫妻俩帮忙照顾6个孙子孙女，倒也平淡幸福。

"进了赌博场啊，争的争，嚷的嚷，有的摇骰子，有的押单双……"打开抖音App，搜索"烨烨奶奶"的账号，便看到这一则湖北大鼓的搞笑视频，这是刘培英自编自演并在家录制的，意在劝人莫赌博。刘培英出生于1961年，娘家婆家都在河坝，乍一看很文艺。尽管不再年轻，但面部没有丝毫皱纹，貌似岁月从来不曾在她身上驻足过。

在观阵中学读书时，她爱唱爱跳，下课唱，放学路上唱，有时，奶奶说她在睡梦里也在唱。初中时，她分在文艺班，常演《洪湖赤卫队》里的韩英，还到各个大队去表演。初二，因家境贫困而辍学。1978年，受本大队青年、也是观阵中学同学邵云高的影响，参加过中专考试补习班，因基础不好双双落榜。不过学没考上，却收获了爱情。1984年，她与邵云高结婚，婚后育两子。如今，长子已成家，经营着一家餐厅，次子在家经营网店。近些年，她与丈夫种有10多亩特种蔬菜藜蒿，这款蔬菜口感好，在市场上很是抢手，远销省内外各大商超和农贸市场，收入不错，在乡村振兴的大环境中，她们为藜蒿产品注册商标，自发成立了"坝上人家"合作社，和乡亲们一起致富。劳作之余，刘培英与一帮同龄人唱歌跳舞，日子舒心快乐。今天的她，虽然年龄长了，经历多了，可心态却依然如少女般纯粹、年轻。

郭定秀也是观阵大队人，生于1961年，家中有兄弟姐妹7人，她排行老六。父亲从峰口农机公司下放到观阵大队，家境尚可，又分外重视教育，故家中兄弟姐妹都读了不少书。初中时，她分到了文艺班，常与同学们一起到各个大队表演节目。她记忆最深的节目为对口句，与另一女生在台上表演时，把河坝大队那帮男女老少逗得笑出了眼泪。可惜，快乐的时光总是短暂。初三那年暑假，父亲病逝，一家人的生活陷入困境，自此，豆蔻年华的她告别读书生涯，回家种地挣工分。

1983年，郭定秀经人介绍与曹市公社农科所青年卜祖方结婚，婚后育有一子一女。如今，儿女各已成家。她在武汉市江汉区复兴村带孙子，丈夫却在深圳打工，为老年的幸福生活拼得一份保障。

白鱼大队人刘先翠出生于1963年，有兄弟姐妹5个，她是家中老二。在观阵中学读完初高中后，参加了1978年的高考。那年，她和众多考生一样，没有挤过独木桥，回到了农村，在河坝4队的知青点学起了赤脚医生。当年，白鱼大队与河坝大队赤脚医生人满为患，仅白鱼大队就有4名，即便学成也无就业出路，学了几个月后，她黯然回家，另辟蹊径，在本大队开了一家代销店，在方便乡邻的同时，为自己谋得一份生计。

1982年，她经人介绍与河坝大队唐良吉相识相知，两人婚后育有二子一女。目前，子女们都已成家立业，夫妻俩跟随孩子们定居武汉，享受着儿孙绕膝的生活。

五个人，五个家，五个人生故事。当年在观阵中学比较活跃的女生还有谢正安、别业忠、肖群玉、殷琼哲、杨末章、胡广秀、李其秀、张述英、刘万秀、郭启秀、汪凤秀、唐忠娇、王万英、胡琼兰、刘万琼……你们在哪里？现在还好吗？

这些女生曾是观阵中学最美的风景，惊艳过一些少年最柔软的心事；她们也曾有过童年的梦想、年少的青涩、如花的容颜。可一切都消失于似水流年中，只剩浮光掠影。

王万成｜我是石油人

2022年深秋，徐东街头，人群熙熙攘攘，阳光若隐若现地探出云层，金黄的梧桐叶似蝶一般翩翩飘落。

王万成迈着轻快的步子朝我走来，一条浅色围巾从领口处，妥帖地延伸到他身着的黑呢大衣内，恰到好处地点缀在胸前，使他保养得有型的身材略显翩翩之风。从穿着打扮可以看出，他在生活上是个一丝不苟的人。我在心里臆想，是否与他严谨、细致、认真的职业习惯有关？

我俩并肩朝一间咖啡馆走去，边走边谈。"石油犹如一个人的血液，没有它，心脏就停止跳动。工业没有石油，天上飞的、地上跑的、海上行的，都得瘫痪。我为石油人自豪。"他说。

1960年，王万成出生于沈庙大队。沈庙小学没办"戴帽初中"，因此他的初中高中都是在观阵中学度过的。每次提到母校，王万成脸上总是放着光，最难忘的还是开门办学的日子。他曾写过一篇6000多字的回忆文章《我的观阵，我的船》，把观阵中学开门办学那段时光写得活灵活现。1979年他从观阵中学毕业，考入华东石油学院，1983年8月被分配到中国石化武汉石油化工厂。几十年如一日的辛勤付出，让他从一名初出茅庐的新兵成长为石化行业的高级主管和高级工程师。

童年是催生梦想的泥土。小时候，家门口有一个石油勘察工作队，他时常跑去玩。慢慢地，石油这样一个让他感到新奇的行业，犹如一粒种子，逐渐在心底发芽。

热血青年，潮涌年代，一群人唱着《年轻的朋友来相会》，喊着"振兴中华"的口号，行走在大街上。当时，邓小平提出"科学技术是第一生产力"的著名论断，为科教事业的发展指明方向，同时，也坚定了他用科技实现人生价值的信念。那时，梦想开始长出一些枝枝蔓蔓。上大学时，他填报了当时最热门的专业——石油自动化。

四年的时光倏忽而过。毕业后，他在中国石化武汉石油化工厂做了一名普通技术员。初进车间，他发现厂里的机器设备常坏常修，每次请人来修，费用都不菲。经过仔细观察，他觉得这些故障在车间内完全可以解决。有人透露实情，此前的机器设备并不是修不好，而是有人故意为之，好多挣些修理费，并善意"提醒"他，睁一只眼闭一只眼算了，有钱大家一起赚。他听了，不为所动，依然坚持自己的原则，以致得罪厂里不少人；还有些设备商因为挣不到厂里的钱，也对他颇为不满，公然诋毁他，他没有屈服，让那些损公利私、大发"国家财"的人无路可走。

不久，王万成担任催化装置仪表专业技术员，工作职责是负责监测、指导催化装置把重油变成轻油的技术问题。走进催化车间，眼前的景象触痛他的每一根神经：机器设备老旧得如同苟延残喘的病患；手动的开关，时不时就会失灵；高温环境让人如同进入烤炉；出油率低下让人愁肠百结；而设备老化易引发安全事故的问题更不容小视。如何改变现状？一种神圣的使命感油然而生："我一定要改善这些问题！"在一年的时间里，他对催化装置仪表信号传输系统成功改造，又组织引进并实施了主风机组控制系统状态监测和紧急停车连锁控制。

藤蔓上的花终于要绽放了。1987年，他参与中国第一套重油催化裂化技术引进，新建了第一套重油催化裂化装置。作为仪表专业的主要负责人，他又带领团队对引进的主要和关键滑阀进行了重要改进，并对关键控制回路进行了改造，使重油催化装置技术在中国成功运行和推广，为中国石油深度加工做出了重要贡献。

20世纪90年代，中国计算机技术突飞猛进，仪表自动化领域DCS蓬勃发展。当时，全厂自动化设备均为气动仪表，不便于计算机控制。他到国外考察学习后，决定将全厂仪表改造为以计算机为核心的DCS控制系统，与日本厂家技术谈判，确定系统配置与技术方案，回国后又立即组织设计。三个月的精心施工和调试，使DCS在催化装置上成功运行，为催化装置安、稳、长、满、优运行提供了坚实的自动化设备基础。

百花绽放，满园芬芳。不懈的努力终于换来全厂各装置全部改造成DCS，生产调度、运销、财务通过DCS数据通信达到了实时、准确、快捷运营的效果。

对待自己的事业，王万成总结道："所有这世上的元素，如果你有机缘喜欢它，付出满腔热忱，它终归会成为你的一种人生。"石油，是他流淌着的血液，也是他的整个人生。

这个社会，不少人对金钱权力与地位表现出异乎寻常的热爱，王万成却淡泊名利，追求内心快乐的和声。那带着喧嚣的机器是快乐的歌唱，汩汩流出的石油是明灿灿的黄金。白天，他在车间与办公室之间往返穿梭；夜晚，在亮如白昼的灯下设计图纸或埋头读书。但凡国内外的石油人到公司参观，向他请教技术难题时，他必倾囊相授。他认为，世间最美好的事，不一定是得到，而是毫无保留地付出，那才是人生价值的全部体现。

他是一条不停向前奔泻的河流，永不知疲倦。尽管已经做到了高级主管的职位，但他依然每日到各个车间巡查生产运转情况，改良设备，解决工作中的难题。

在王万成等一代人的主导下，武汉石油化工厂经过几十年的发展，其加工能力从每年 200 万吨，到目前的 1000 万吨；从一个燃油型产业，发展成为集炼油化工为一体的综合型化工企业；产值从每年 5 亿到现在的每年 500 亿，职工人数从 6000 人减到 3000 人，减少了生产成本，大大提高了工作效率。这些成绩的取得，都是自动化技术发展的结果。

中国石化武汉石油化工厂位于青山区。这里有着"十里钢城"的美誉，由此前的一个石油化工厂逐步发展成以石油化工为核心、年产值过千亿的化工新城，当然离不开王万成等一批倾情奉献的石油人。每一滴石油里，都流淌着他们智慧的汗水与满腔热血，他们是现代科技的引领者。

图四　学子陈帮华

陈帮华 | 鹦鹉洲头弄潮儿

1962年,我与陈帮华同年出生于榨台大队,两家相距仅几户人家。少时共诵读,一别各西东,岁月匆匆,相见时他已事业大成,如日中天。

观阵中学是他永远的牵挂。读书期间,因聪慧、活跃、性格豪爽、语文成绩好,师生们都很喜欢他。多年后,每每回乡,他都要去母校看看,慰问老师,组织恩师外出旅游。2017年,他掏20万元现金贴补学校经费,组建观阵爱心助学协会,当之无愧成为协会会长。

陈帮华的企业总部位于芳草萋萋的武汉三镇之一汉阳钟家村。在其办公室,与我谈及当年"下海"的缘由,他的视线转向窗外,鹦鹉洲上花朵正艳,他缓缓而叙……

每个人都有难以言说的苦处,而陈帮华心里的痛则是他的大儿子。1979年,陈帮华从观阵中学考入武汉铁路桥梁学校,毕业后分配到铁道部大桥局(武汉)《桥梁建设报》当记者,这是一份令人羡慕而又体面的工作。没料,长子的诞生却让一家人愁肠百结。孩子患下罕见疾病，治愈率低。夫妻俩遍访名医，砸了无数"票子"。看着同龄孩子能跑、会跳，可自己的儿子还处于伏在背上的"婴儿期"，陈帮华如万箭穿心，做父亲的责任感让他不忍放弃，发誓无论花多少钱都要治好自己的儿子。可体制内的这点工资，砸在医院，连泡泡都不冒一个。

1992年，陈帮华以记者身份参加了汕头市改革开放10周年庆典，一个念头在他心中萌发：冲破体制束缚，搏击商海！

现实安稳，只会平庸；激流勇进，才能不凡。回汉后，他立即向报社递交了辞职报告。领导惊讶之余，还是很快理解并力挺他："你先出去闯一闯，闯得好，往前走，闯不好，就回来。"

适逢国内基础建设如火如荼，他以大桥局为依托，发挥自己所学之长，将工程技术人员的才智综合利用，以此为突破口创业。

1993年，在学友付志群的引荐下，他承接了大桥局第四工程处武汉公司的综合楼项目，继而又签约武汉妇女儿童活动中心与京九铁路武汉联络线钟家叉大桥两个工程，在工程建设领域迈出了坚实的一步。

第一个工程保质保量按时完工，在承接20层妇女儿童活动中心项目时，时任妇联主席对民营企业不太信任："妇联100年不做一间房子，怎么做一栋房子要请私人老板？"某副主席曾与陈帮华打过交道，深知他的人品，为他捍卫尊严说："做工程不认人，只认质量。"

甲方对施工方极为严苛，合同要求工程完结、验收合格后付70%资金，余款延后结算。也就是说，在整个施工过程中，陈帮华要全部先垫资。更让陈帮华哭笑不得的是，合同还要求他对妇女儿童事业给予支持，再优惠10%。面对好不容易得到的机遇，陈帮华不忍放弃，只好硬着头皮签了字。工程开始后，陈帮华赶进度，严把质量关。这一切都被两位主席看在眼里。10天后，妇联领导将陈帮华叫到办公室，给他40万元现金，缓解资金压力。工程完结后，对方不仅没有扣除10%，主要领导还一脸敬意地对他说："陈帮华，我认识了你，今后有什么困难我们帮你。"用诚信换来他人的信任，让陈帮华生出无限感慨，做生意就是做人品！

随后，他又接手福州长乐国际机场候机大楼的基础工程，以优质高效，一个接一个工程做，逐渐摆脱了生活的窘境。

在完成资本的原始积累后，陈帮华将眼光投放到更为开阔的领域。1995年，他加入汉阳区工商联，并担任副会长，不仅落实了汉阳工商联与民主党派综合办公楼地块的开发项目，还参与了汉阳区工商联互助会的组建与管理工作。通过互助会融资5亿元人民币，支持民营企业发展，初显了一位民营企业家"明月照大地"的博大情怀。

21世纪初，陈帮华乘着改革开放的春风，一路开拓进取，又创办了武汉华远实业股份有限公司，经营范围涉及工程施工、房地产开发、酒店管理、典当融资与旅游运输等产业，朝着自己心中描绘的蓝图延伸。

商海沉浮，几多凶险，那是一段阴暗的日子。1992年，国家对金融领域进行整顿，他所在的互助会被纳入整顿范畴，遭到取缔，随后，针对他的各种审查交替进行。陈帮华配合政府清收，个人承担欠收款5500万元。这是他下海经商后遇到的一次重创，刻骨铭心。

庆幸的是，陈帮华始终没有触碰国家的法律底线。他自豪地对我说："百花丛中过，片叶不沾身。"百花是挪用、贿赂、侵占金钱的诱惑，片叶是自己的觉悟与警醒。这与他坦诚为人、正直经商的人生信条是分不开的。

"大鹏一日同风起，扶摇直上九万里。"他将视野瞄向了中小型水电工程。2002年年底，他投资房县柳园铺与六里峡两个水电站的建设工程，政府的预算是4500万元，施工需求资金实际缺口很大。"开弓没有回头箭"，他将留给孩子的养命钱拿出来，又找银行融资1.1亿元，迅速开始动工。

人生有时如架在两座山之间的秋千，一忽儿荡向天空，一忽儿又跌入谷底。2005年8月2日下午4时，陈帮华与房县领导正在临时办公点商讨施工安全问题，忽然闻报：柳园铺水电站杨家河工段，5位民工对引水隧洞防洪坝进行加固时，上游突发山洪，将5人卷进隧洞中，生死不明！生命之重容不得他半点思考和犹豫，他急急赶赴现场，迅速组织营救。当夜，公安干警、消防官兵与当地群众230多人冒雨施救，无奈水太急，隧洞地形复杂，终未果。

事后，5具遗体被找到，他精神几近崩溃。这是一起人力不可抗拒的特大自然灾害，地方财政第一时间拨付200万现金，给陈帮华解难，但隧洞垮塌，装载机被毁，钢材被冲走，损失2000多万元。全是银行贷款呀！凌晨2点，他绝望地站在高高的山顶上，山下不远处就是他辛苦建造却毁于洪水的工程。他知道，往下纵身一跳，所有的愁苦都结束了。他闭上眼睛，正欲跳时，忽然想起什么，又从山顶慢慢走了下来。林清玄说："活着，或者死去，世界并不会有什么改变，情感也不会变得深刻，反而失去再创造再发展的生机……"他的神情突然变得无比坚毅。

那一年，生活总给他使绊子。为带动家乡人就业，老家不少村民都在他的电站上班。同年8月的一天，职工许安文20岁的儿子开着装载机下坡，因操作失误，致装载机翻倒，人被压在车内。虽经紧急送医，连夜施救，依然太晚，截肢后，因感染身亡。那些天，他夜夜无法成眠，每每想起，内心的伤口便汩汩流血。

好在阳光总算穿透乌云。陈帮华拿出手机，给我看他两个水电站的日发电量。他终于实现了自己的人生价值，也许，这就是对那段血泪日子的最好告慰。

路漫漫其修远兮，前进的脚步永不会停歇。2015年12月6日，他又建成了武汉艾派可光伏发电站。日发电量近2万度，方便了千家万户与不少企业，促进了当地经济的增长。

即使变富了，他依然保持初心，质朴如常，住普通小区，食家常便饭，白衬衣搭配西裤，掩饰不住举手投足间的高雅气质。茶几上摆放着书籍，在忙碌的工作之余，他会随手翻阅。他说，世间最重要的不是物质的富有，而是内心世界的丰盈。

人生如潮，总会有跌宕沉浮，起起落落。纵观陈帮华的大半生，低到尘埃，却能锦上添花；荡到谷底，又能跃上云端。真正的强者，不是没有眼泪的人，而是含着眼泪依然奔跑，只要拥有千锤百炼的坚韧，守着一个目标，坚持不懈地走下去，定能成就自己的价值。

别大鹏 | 新时代大禹

2011年9月16日以来,湖北境内连续三次强降水,汉江迎来20年一遇秋季洪水。

18日晚,伴随着电闪雷鸣,狂风大作,室外急骤如槌的雨,粗暴地敲打着玻璃窗。天气阴冷,犹如寒冬提前来临,湖北省水利水电规划勘测设计院总工程师别大鹏在武汉的家里,心里有些隐隐不安。

午夜,一阵急促的电话铃声将他吵醒。电话是湖北省防汛抗旱指挥部打来的:潜江兴隆水利枢纽围堰大堤发现严重崩岸险情,桩号0+80—0+180,请火速赶赴现场!

险情就是命令!他来不及理会妻子的叮嘱,急急地奔向夜色。车在暴雨中箭一般地飞驰,瀑布般的雨水顺着车窗流下,即便雨刮器不停滑动,如帘的雨雾依然令他看不清前方的道路。

从武汉到潜江,一个多小时就赶到了。夜色中,虽有灯光,但场面一片混乱。围堰崩塌长度已由10米迅速扩张到100米,堰堤脚已被水流冲刷掏空,水位持续上涨,崩塌范围还在扩展,情况极为危急。倘若溃堰，围堰内价值数亿的设备、材料及数万人民群众的生命财产安全将受到严重威胁，后果不堪设想。

别大鹏到达现场时，当地上百名群众与领导干部已经投入战斗中，石头与一袋袋土料投下去，瞬间就不见了踪影。有人站在汉江公路上拦截过路车辆，一辆辆车开过来，也加入了抢险队伍。路面泥泞难行，人来车往，乱成一片。

接到险情通知，原武警水电第二部队第七支队拾桥河项目部辖九中队全体官兵共80人，携带14台反铲挖掘机、4台推土机、20台自卸车等设备也迅速赶到了现场。水位仍在上涨，抛填的土石料刚筑好，就遭遇了塌方，看着面前忽然塌陷下去的一段堰身，抢险人员吓得面如土色。

别大鹏迅速打电话协调上游丹江口水库，控制下泄水量，降低了抢险难度，又以极快的速度确定抢险方案，对加固围堰提供技术支持。

全体官兵在寒风萧萧的围堰大堤上奋战60多个小时，实行两班倒不间断作业，直至9月20日，险情才得到有效控制。而这三天，别大鹏压根没合过眼，白天与夜晚都在巡查督导。

这样的险情，每年汛期都要发生几起，只要别大鹏到了现场，人们慌乱的心便镇定了下来，抢险工作变得井然有序。

2000年，别大鹏担任荆江大堤综合整治工程监利洪湖段主要负责人。要整治，先拆迁。洪湖长江外滩，环境恶劣，每到汛期，水漫上外滩，既给大堤带来安全隐患，又给居民造成了不必要的经济损失。

外滩23万平方米的房屋拆迁是个难题。有些居民祖祖辈辈生活在这里，想让他们迁走，很费一番周折。洪湖水泥厂是个"硬钉子"，工作人员反复上门做工作，企业负责人都百般阻挠，拖延水

图五　学子肖元良

泥厂搬迁。别大鹏"三顾茅庐",从设备老化需淘汰更新、洪水给厂里造成的经济损失及搬迁补偿等方面,对厂区经济利益的得失作了一番比较与分析。厂长认为有道理,很快便同意搬走。

仅仅一年多,别大鹏就完成了整个长江外滩的搬迁与整治,包括河道改造、公园绿化、堤身加高、堤面铺设混凝土与修水泥护坡等工作。

洪湖江滩公园就是那时开始修建的。每个夏日黄昏,我喜欢漫步其中。秀丽的景观树遍布江滩,羊肠小道九曲回廊,曲径通幽。各种娱乐健身设施齐全,许多市民在此游乐。荆江河段,类似的江滩公园还有很多。别大鹏用技术与智慧,为人们的生命财产安全筑牢屏障,还江河一片绿水青山,让无数人拥有幸福的家园。

2014年,别大鹏承担南水北调中线一期引江济汉工程的总指挥,从长江的荆江河段引水至汉江兴隆河段,补给汉江下游流量,改善了该河段的生态、灌溉供水和航运用水条件。

在沙洋与荆州交界处,他采用世界顶尖技术,建成了亚洲挡水最大、闸门最宽、能通航的拾桥河闸,对长江流域水资源的调控具有重要作用。该项工程的设计获得湖北省科技进步一等奖,湖北省设计一等奖。

别大鹏深耕水利水电领域近40年,主持、参与大中型水利水电项目百余项,承担完成国家重大水利项目30余项。近几年,获得国际咨询工程师联合会特别优胜奖、中国水利工程优质(大禹)奖等国际、省部级以上奖10余项,成果斐然。

2022年国庆节,在河坝村别大鹏的老家,我欣然与他见面喝茶。忆往昔峥嵘岁月,别大鹏说:"工作这么多年,我们已经把整个湖北省的水利电力资源开发完了……"

开发每一座水电站之前,他都要翻山越岭寻找水源。在人迹罕至、危险重重的大山里,他与同事每人怀揣两个馒头,一壶水,从早晨出发,一找就是一整天,遇灌木丛生、无路可走的地方,便拿出砍刀,削出一条路。靠着这股顽强、不怕吃苦的精神,他与同事们披荆斩棘,终在水利领域开辟出一片新天地。

别大鹏,1963年11月生于河坝大队,观阵中学毕业生,以优异的成绩考入武汉水利电力学院(今武汉大学水利水电学院)水利水电工程建筑系。现任湖北省水利水电规划勘测设计院总工程师,享受国务院政府津贴专家,是水利部"5151人才工程"部级人选,省水利专业技术拔尖人才。

他有3个姐姐,2个妹妹,是家中唯一的儿子,却没有恃宠而骄,学习反而特别刻苦。闲谈中,他讲述了自己的成长经历,谈到家乡对文化教育的重视,以及在母校观阵中学打下的数理化基础,心中无比感激。

20世纪70年代,一场特殊运动在全国搞得如火如荼,河坝小学与观阵中学回避各种运动,让别大鹏有了在教室好好学习的机会。恢复高考后,但凡有孩子考上大学,大队书记都要为他们送上蚊帐、暖水瓶、脸盆等生活用品,那种尊师重教的氛围是很难得的。加上父母也重视文化,对他要求严格,因此,他读书分外认真,学习成绩一直在河坝小学和观阵中学名列前茅。

考上大学填报专业时,班主任杨丕振老师说:"水利是国家的命脉,国家大开发正需要水利人才,毕业后前途无量。"他听从恩师的嘱托,选择了水利建筑系,几十年如一日地勤学苦干,终成为造福千家万户的水利工程专家。

在洪湖,一座座风格各异的桥梁,成为一道道亮丽的风景,它们大多由别大鹏设计。那是一种高贵的反哺。泱泱山河是他的大家,渺渺洪湖是他的小家。他是新时代的大禹,用知识与技能造福千家万户,也用一腔挚爱回馈父老乡亲。

第六章 三千遍桃李

图六 学子别大鹏在大型水利工程现场

肖元良 | 三十八年磨一剑

1985年洪湖县戴市建筑公司新招了一名年轻人。他眉目清秀，肤色白皙，眼里不经意流露出一股执着与精明，让人眼前一亮。

年轻人为白鱼大队人肖元良。他在观阵中学读书4年，老师们严谨执着的品格对他后来的人生之路影响深远。

上班第一天，肖元良就表现出与其他员工不同的举动。中午，所有人休息时，他却在办公室里捧着一本建筑学方面的书认真看。看得累了，便独自转悠到午间空无一人的建筑工地，看施工进程与质量。随后，连续一个月，他都拿着图纸，到施工现场，似周公营造洛邑都城，"计丈数，揣高卑，度厚薄……"并在小册子上记下存在的问题。他常常是顶着雾中的第一缕晨曦而来，又踏着降临的暮色而归。

他发现工程负责人仗着自己是项目所在地大队干部的亲戚，在砌体工程中，偷工减料，致墙体灰缝砂浆饱满度不足，竖缝内无砂浆；而在混凝土工程时，缺棱掉角，调口变形，甚至出现裂缝等严重问题。

他把这些问题向领导反馈后，得到了及时整改，于是，工程负责人丢了饭碗，肖元良也得罪了不少人。

肖元良凭着初生牛犊不怕虎的闯劲与过硬的专业知识，脱颖而出，很快走上戴市建筑工程公司经理的岗位。1998年，他大刀阔斧地推行改革：改固定工资制为绩效考核制，多劳多得；砸掉很多人的"铁椅子"，搞竞争上岗；夺了一些"老资格"的权，换上积极肯干的年轻人。有人急得跳脚，有人开口骂娘，有人指着他鼻子威胁，更多的人却是笑着点头赞赏。这一系列的神操作，使得这家乡镇企业不到一年时间，便成为同行业里的佼佼者。

龙归大海，鹰飞苍穹。拥有了严谨的管理制度，掌握了规范的运营模式，他不再满足于现状。2000年，他走出戴市，来到了更广阔的天地——武汉，缔造他心中的梦想。2003年，他被聘请到视博昌海建设工程有限公司任副总经理，工作7年后，又被聘任为武汉新宇建设集团有限公司副总经理。这些年，他学到了更先进的管理模式与营销方法，觉得可以独自飞翔了。

2011年6月，他在武汉新洲区自立门户，担任中宏建筑工程有限公司董事长，2012年变更名称为中宏建设集团公司。该公司注册资金1.3亿元，员工1642人，在全国先后成立了多家分公司与多个项目部，承包合同每年突破20亿元，年生产总值8亿多元，税收近千万元，多个项目荣获湖北省及武汉市"楚天杯""黄鹤楼杯"等奖项，被武汉市授予"安全生产先进单位""AAA级信用企业""A级纳税人"。

企业的发展扶摇直上，一切都做得风生水起。忽然，老家的一个电话，让他有了回乡的渴望。那是2017年，洪湖市委主要领导在电话里热情邀请道："回乡发展吧，家乡建设正需要你！"还有什么比家乡的事更重要的？之后，他以极快的速度迁回洪湖，很快便创建了湖北文泉建设工程有限公司，企业注册资金1.18亿元。

截至2022年，文泉建设已向国家纳税2亿元，占洪湖34家建筑企业税收的 80%，其生产总值在荆州建筑行业排行榜为前5名，获"湖北省纳税先进企业"和"重合同守信用单位"等荣誉称号。自己也赢得了诸多社会职务与光环：慈善大使、人大代表、五一劳动奖章获得者、武汉市洪湖商会会长、楚商联合会副会长等。

　　蝉鸣一夏，蛰伏了好几个四季；昙花一现，却等待了整个白昼。所有的收获都是默默耕耘的成果。商海如同没有硝烟的战场，没有肯"磨"的精神，要想立于不败之地，绝非易事。

　　"磨"知识能力的提升，是他企业长盛不衰的秘诀。夜深人静时，花甲之年的他，卸下一天的疲惫，戴着一副老花镜，打开电脑，开始了孜孜不倦地学习。他对妻子说："活到老，要学到老。"并要求妻子也多学习。开会时，他对员工们说："学习是把别人的知识能力、思维方法转化为你自己的私有财产，用极小的成本，换取别人几十年、数百年或数千年的经验，这难道不划算吗？"他积累财富的成本论得到了员工们的认可，从此，全员上下掀起了学习热。

　　"磨"人才的培养，是他企业的生命力。"呼吸不到思想活跃的空气，不接触日新月异的潮流，企业就会变成一潭死水。"他不仅广纳贤才，平时也更注重对人才的培养。他说："贤才不常有，但我可以将专业人才变成贤才。"他也是如此做的，花高价请讲师培训，派员工出去学习，将他们打造成知识技术更精湛的"大牛"。

　　"磨"质量是打入市场的重要手段，也是企业发展的源头活水。公司刚成立时，为了拓展生存空间，那时的他到处寻找市场，碰壁、受冷遇，成了家常便饭。有一段时间，公司业务部经理到某房地产商家里去了几次，打了数次电话，对方要么不接，要么推说很忙。听了经理的工作汇报，肖元良告诉他："你把他晾在一边吧！"经理照办，几年后，那位房地产商居然主动找上门来了，并且，还是赔着笑脸来的。只因为，在东湖高新开发区，他见识过旭辉地产开发的千山凌云项目，那 8 幢 60 多层高耸入云的建筑大楼宏伟气派，一问承建单位，正是文泉建设，便迫不及待地找来了。如今，文泉建设与金地集团、碧桂园、当代集团、海伦堡地产、鄂旅投、美好置业等一大批国内知名房企都有战略合作。

"磨"精神与文化延伸，是企业回报社会的使命，也是企业发展的意义。他带领洪湖先富起来的企业家们积极回报家乡，成立了洪商观阵教育基金会，个人为母校捐款 80 万元。2016 年 6 月 24 日，代表武汉市洪湖商会与泰国湖北商会签署了友好商会协议书，促进中泰、洪泰经贸交流；多年来，还先后资助家乡抗洪抢险、脱贫攻坚、乡村振兴总额达 2000 多万元。

肖元良始终坚持着"为改善人民的居住环境而奋斗"的崇高理想，兢兢业业做好每一个项目，以追求自我发展、回报社会、创建企业品牌为己任，38 年磨一剑，把剑磨得无人能敌。展望未来，他说希望将事业做得更大，更强！

图七 学子王向坤在企业样品间

王向坤 | 星光下的赶路人

2004年春节临近，白鱼村在外打工的人们陆陆续续返乡。忽然，一辆豪华小车驶入村子，一帮孩子好奇地围上去，追着车跑。也难怪，在闭塞贫穷的白鱼村，孩子们很少见到龟壳状的小车。

车在白鱼三组王会计家门口停下来，一位西装革履的年轻人，手持烟盒般大小的移动电话，走出车门，向立在门口的王会计夫妇叫了一声"大爷（爸）、姆妈（妈）"。这位年轻人就是王向坤。

不少村民走上前来，围着王向坤的新车看，一脸羡慕。在当年的乡村，买得起车与手提电话的人稀少。因此，王向坤回村，在白鱼村掀起小小的波澜。

王向坤，出生于1972年，家中兄妹6人，他最小。观阵中学是他成长的摇篮。中学毕业后，他来到武汉，很快在服装行业打下一壁江山，成为白鱼村最先在武汉买房、买车的人。

当年开着豪车满街跑的年轻人大抵有两类：一类为官家纨绔子弟；另一类为含着金钥匙出生的富二代。一位农民子弟为何也能开上豪车风光无限？这还得从1993年说起。

那年年底，和许多高考失利的年轻人一样，王向坤走出内心的沮丧与茫然，来到武汉寻梦。在叔叔王万舫的关照下，他成为江汉大学的一名保安。日复一日坚守着那扇冰冷的校门，重复着同样的开关动作，他才意识到，这并不是自己想要的生活。叔叔王万舫建议的一句话"去参加成人高考吧"，让他醍醐灌顶。是呀，只有提升自己，学到更多的知识与本领，才能实现自己的人生价值。就这样，他重新拿起书本，并成为一名大学生。

大学毕业后，他来到东湖开发区世城集团职业服装研究所，从事营销工作。家庭的拮据，父母的辛劳，自我价值的认同，让他对财富有如鱼水般的渴求。

1996年夏，武汉中心百货大楼商场即将开市。王向坤得知消息后，急忙骑着自行车赶往目的地。刚进大厅，他还没来得及擦把脸上的汗，就找人询问负责工作服定制的人是谁、商品是否已经上柜等问题。有人指着一扇紧闭着的办公室门告诉他，找现场管理部杨总。他喜不自禁地大踏步过去，随后，敲开了那扇门。当一屋人的视线朝他投射过来时，他才发觉自己的到来有些不合时宜。所有人正在开会，坐在首要位置的一位美女，从上而下地审视他，眉心也拧成了一个"川"字，冷冰冰地问："你找谁？"

估计她就是杨总了。王向坤为自己的鲁莽感到羞愧，犹豫一会儿，对成功的渴求，还是让他鼓足勇气展开已经训练无数遍的营销词。原以为会被毫不留情地拒绝，谁料，杨总的眉毛慢慢舒展开来，面容也变得和缓了些说："在外等一会儿吧！"

门被重新关上了。这一等就是两个小时，当倦意一阵阵地袭来时，杨总总算出来了。那一次，他谈成了160万元的业务，由此获得世城集团1.6万元的现金奖励。

那是他入职东湖开发区世城集团职业服装研究所任营销员的

第一个年头。1.6万元对于月基本工资才区区几百元的他来说，几乎算一笔巨款。人生的第一桶金，让他看到服装营销业的美好前景。

此后的道路，被理想与信念照耀着，他充满力量。无数个日子，他骑着自行车，在烈日下的大街小巷穿梭着给人发传单；拿着电话黄页，一遍遍拨打；在风霜雨雪里逐位拜访客户；为谈成一笔业务，赶火车，转汽车，一天一夜顾不上吃喝。不管多苦多累，那张圆乎乎的脸上，始终挂着灿烂的笑容，貌似生活本该如此。他把路途的奔波劳累，当作一次又一次的愉悦旅行，只因为，心中有梦，眼里有光。

怎样的工作态度，就有怎样的人生。作家周国平说："如果整个人类只梦见黄金而从不梦见天堂，则即使梦想成真，也只是生活在铺满金子的地狱里而已。"连续3年的奔波忙碌，让他由一名普通营销人员，做到业务经理的职位，同时，也积累了人脉与资源。

1999年，公司面临股份制改革，他与3名同事合资创办金世纪服饰有限公司。创业经验的不断积累，让他不再满足眼前的现状。2000年，他撤出资金，独自在浙江南浔创办永旺地板厂。厂子规模虽不大，但本分、守信的高贵品质，为他创下可喜的财富。

原以为理想会一路开花，不料，现实中猝不及防的狂风暴雨却将它击打得枝折花落。2003年，"非典"暴发，工厂遭遇瓶颈，远在武汉妻儿的安危，成了他寝食难安的牵挂。善解人意的妻子既要上班，又要照管襁褓中的小儿，那份苦累，自不必言。对爱妻，他忽然生出一股愧疚与歉意。瞬间，他做出一个大胆的决定：停办工厂，到妻儿身边去。

回到武汉后，他考察过许多项目，发现自己热爱的依然是服装行业。2004年，他注册亿佳职业服饰有限公司，兢兢业业一干就是19年。工厂由当年一个占地几百平方米的小厂房，逐步发展为3个大车间，总生产面积8000平方米，其地理位置分别在江汉区、汉阳区与武昌区。企业拥有国际领先的法国尼克CAD系统与先进的机器设备200多台，年生产力达30万套，是集开发、设计、生产和销售于一体的现代化企业，长期以来，既为工商、税务与城管等系统制作标志服，又承制酒店、商场、银行、企业等各类职业装与学校校服。

装饰考究的综合办公楼位于东西湖金银潭大道130号临空一号，路上车水马龙，热闹非凡。园区内却是别样一番景致，绿树亭亭如盖，芳草碧绿似茵，显得分外静谧美好，外面的喧嚣仿佛都被净化。我走进干净整洁的园区，在心里感叹，真乃桃源之地也！

除了吃苦耐劳的精神，成功之人还有一个巨大的人格魅力磁场。王向坤在家中最小，自然得到父母的恩宠与哥哥姐姐们的照顾。谈及大姐与二姐，他无限感慨地说："由于家庭经济困难，初高中阶段，一直是她们资助我的学业。"他的勤奋、踏实，让姐姐们相信，将来的他一定会大有出息。姐姐们的投资没有错，如今的他，在事业有成后，资助她们在武汉买房、买车，回馈了她们的爱。

世城集团老板赵军为武汉市人大代表。王向坤参加工作那年，赵军特别赏识他的工作能力与诚实可靠的人品，为他转武汉市城镇户口与人事关系，让他成为一名真正的武汉人，并有幸结识美丽大方的女装品牌服装设计师吴晶。吴晶是土生土长的武汉人，大学毕业后，在另一国企从事服装设计工作。作为同行，共同的语言催生了他们的爱情，并很快走进婚姻的殿堂，随后，又有了爱的结晶，一家人其乐融融。注册亿佳公司后，她自告奋勇地担任起设计师的工作，成为辅佐丈夫的得力臂膀。

一些老客户见王向坤诚信经商，服务品质高，主动找他合作。如咸宁海威公司，每年都会找王向坤定制职业装；武汉某电信营业厅原为世城集团的老客户,见王向坤为人谦和低调,于是放弃世城,携手亿佳;每年的生产旺季,会有近20家单位与其合作。

谈及自己的创业之路,王向坤满意地笑着说:"我算是幸运之人,得到许多人的帮助,家庭生活幸福美满,人际关系融洽和谐,事业也是一帆风顺。"他的话让我陷入了沉思,难道真是他幸运?

答案是否定的。有记者询问科比的成功之道,他幽默睿智地回答道:"你见过凌晨四点的洛杉矶吗?"当我们在深夜酣睡时,王向坤却在星光朗朗的大街上行色匆匆,只为去探望一位生病的客户;很多时候,他为了一个订单,在午夜的火车里展望人生。我想,只有诚信至上,怀抱梦想,在暗夜里依然努力赶路的人,才会被命运眷顾,这也是他的成功密码。

胡柏儒 | 乡村脊梁

观阵中学一直传颂着 79 级毕业生胡柏儒执政为民、廉洁奉公的动人故事。

2001 年 7 月的一天，晒得像非洲黑人的峰口镇党委书记胡柏儒，戴着草帽，穿着凉鞋，骑着他那辆锈迹斑驳的自行车，又下乡了。每遇沟、桥或民垸，他必停下，四下里打量一番，随后，掏出随身带着的一个笔记本，在上面记录下什么。有时，他也会走到田间地头或农户家里，了解生产情况与村干部作风，并做好记录。带着问题走村串户，是胡柏儒的习惯。

峰口镇，素有"小汉口"美称，曾是中共沔阳县委、县政府所在地。这个历史古镇与农业大镇，是洪湖市交通枢纽中心，也是通往荆州、武汉、岳阳等地的交通要道。2001 年以前，峰口镇工农业经济萧条，百姓生活艰难，农业税高、农商合同款难收、农民抛荒弃田严重，正如原监利县棋盘乡党委书记李昌平描述的那样："农民真苦，农村真穷，农业真危险！"全镇工业与社会体系也处于一片混乱之中。企业倒闭，工人工资无着落；工程成了烂尾，包工头跑路；教师工资发不出来，无心教学；学生家长负担过重，集体上街游行；企事业单位人员过剩，躺着拿工资的人多；党员干部思想作风涣散，吃拿卡要，公款吃喝形成常态，上届领导留下一屁股债。那时，受命于危难之际的胡柏儒上任不到两年，积年沉淀下来的问题已忙得焦头烂额，又恰逢白庙与峰口两镇合并，合同款欠收高达千万元。每天被一大堆"扯皮拉筋"的事困扰着，愁得他寝食难安。他是为民请命之人，百姓的苦也成了他的苦。早晨一起床，他就会被诉冤者紧抱着大腿，不答应解决问题不撒手，被要债者围追堵截，甚至威逼要挟。每天都被各种纷繁芜杂的争端、吵闹与哭诉充斥着，头脑变得乱糟糟。但这一切没有让胡柏儒退缩，他理清头绪，目光变得更加坚毅。他决心用自己那并不强壮的七尺之躯力挽狂澜。他在笔记本上密密麻麻记满了亟待解决的问题，某村负债50多万元，某村村干部吃喝风严重，某学校宿舍危楼需重建……事情一桩桩、一件件都在他心里有了底。

18世纪的沙皇彼得大帝说："给我20年，还你一个奇迹般的俄罗斯。"300多年前，彼得靠着那股狠劲与铁腕政策确实做到了。胡柏儒没有说这些，但一个决定已在心里形成。

如果把眼前的工作比喻成一场艰苦卓绝的战争，那么胡柏儒要做的就是如何打出具有震慑力的第一枪，向人宣示他的正义、强硬政策与铁的手腕。

"上梁不正下梁歪。"他把党员领导干部作风建设，作为首要工作来抓。

2001年，正值两镇合并之初，各种纠纷与矛盾重重，需要解决的问题几火车皮也拉不完。镇机关的两班人马合并后，很难管理。有些同志平时自由散漫惯了，仗着资历老，对会议根本不重视,迟到早退成为开会常态。这不,会议时间已经过去 10 多分钟,一位支部书记才姗姗来迟。见会议室里坐满了人,便不声不响地从后门溜了进来,试图掩盖自己迟到的尴尬。

"出去!"一个带着几分威严的声音从台前发出来。这位工作了几十年的老支书,抬头看了一眼台前胡柏儒那张严肃冷峻的脸,低着头红了脸走了出去。此后,开会再也无人敢迟到早退。

对于那些在私底下讲小话不认真听讲的干部,胡柏儒会突然点他回答问题:"陈主任,我刚才说了哪些内容?"主任回答不上来,一时间面部臊成了猪肝色。

这一招很见效,从那以后,会场鸦雀无声,没人敢不认真对待了。

任何时候,腐败都是党员干部的"毒瘤","毒瘤"不除,给全镇人民带来的影响与损失将是无穷无尽。为了铲除"毒瘤",胡柏儒每天都会骑着自行车往基层跑。有时,为了得到他想要的信息,路过农户家时,从小在农村长大的他还会帮着捆把子,将捆好的把子再摆整好。他通过走访调查得知,某些村干部的吃喝开支每年高达 10 多万元,严重者到发廊买月票消费。为了刹住这股歪风邪气,他一连撤职处分了 3 位支部书记,并规定每村每年的招待费不超过 8000 元。对于那些拒不认错的村支书,他到派出所查找案底。当确凿的证据摆放在眼前时,那位装作一脸无辜不停喊冤的书记不得不噤声低下头。

两镇合并,债务压得人喘不过气来。马克思曾说:"金钱不是万能的,但没有钱是万万不能的。"机关事业单位的运转需要资金,这些只能靠税收。而农民的合同款每年收不到 70%,导致统筹任务无法支付。有些村欠债高达几十万,有些"钉子户"不仅多年拒交合同款,还对上门收款的工作人员辱骂威胁,往届的镇领导对此一点办法也没有。

从来不信邪的胡柏儒出手了，他把那些"钉子户"悉数请来，办了一个思想政治宣讲班，让工作人员轮流做他们的工作，宣讲政策。历经三个月时间的攻心战，总算收上来几十万元，缓解了全镇的经济压力。

这些"钉子户"都是抗税多年的"老油条"，顺溜地交了税后，下面的群众无不拍手叫好，一些老领导们更是对胡柏儒的铁腕政策佩服得五体投地。

2003年，全国乡镇综合体制改革在洪湖市试点运行。精减机构，就要得罪人，这事谁都不愿干。刀架在脖子上胡柏儒都不怕，还怕得罪人？他大笔一挥，计生办原有的37人就削减成了11人，城建办减到10多人，又精减了财管所、经管站、派出所、水管站等"七站八所"的工作人员共几十人。"夺人饭碗，犹如杀人父母"，那仇恨是不共戴天啊，一时间怨声载道，叫爹骂娘之声不绝于耳。派出所三名临时工，因不满被减，情绪激动地坐在胡柏儒宿舍的沙发上大吵大闹。一整宿的时间，胡柏儒都是在安抚他们，做思想工作。对于临时工作人员，他后来找到了平衡的办法，即按照工龄，每年多发一个月的工资进行补偿。就这样，这场翻天覆地的机构改革总算摆平了。

企业转型也是一大难题。全镇30多家企业因经营不善奄奄一息，还有一些老企业已经倒闭。当时，在册职工有3000多名，下岗工人比比皆是，喊冤诉苦声，随处可闻。眼见"山重水复疑无路"，如何打造"柳暗花明又一村"的局面？胡柏儒愁白了头，终于想出了办法。他以开发门面、收门面租金的方式安置倒闭工厂职工，为工人买社保，安排好他们的退休生活。

"千里之行，始于足下。"为了走好眼前的路，让更多人走好路，他修好了棉花采购站至童岭那段每到下雨就泥泞不堪的路，又勒紧裤腰带，修了朱白公路、油田公路。

为方便百姓生活，他建了文化大市场；为资助白庙小学校园建设，他跑无数趟，找上级争取了 10 万元资金。在他任职的 5 年时间里，他还清了全部债务的 60%，为机关单位减负 60 多人。有一次，儿子问他："爸爸，您在镇里做了什么工作？"胡柏儒如实回答："我没有做什么，我只还债。"税费征缴是国家机制正常运行的保障，更是百姓生活条理化的幸福保障，也是一名共产党员与领导干部保障民生福祉的责任与担当。在国家未实行税费改革前，保障税收，也是保障国家利益的重要体现，其意义重大。

在峰口镇工作的这几年，胡柏儒全年无休，几乎每个周末都是在办公室度过的。镇里有两辆公车，但他很少用，每次下乡，不管多远，都骑着他那辆旧自行车，风尘仆仆地走村串乡。下了村，他也从未在村里吃过一餐招待饭。偶尔回一趟新堤的家，都是乘坐班车。有一次，工作太疲惫，坐在车内打瞌睡，衣服口袋被贼用刀片划开，钱包被盗走。为节省每一笔开支，在下属们眼中，他的吝啬与葛朗台有得一拼。两位总支书记陪他出差河南开封市融资，为了节省开支，三人竟然挤绿皮火车一路站回武汉；去市政府开会，为节省车辆过路费，到达滨湖收费站时，他打发司机掉头回去，自己再转公交到市政府。

他对自己的亲属更是冷面无情，从来不曾利用职务为他们提供任何便利。外甥小白想利用他职务上的便利在镇政府对面开一家餐馆，托他手下党办主任说情，他不仅严词拒绝，还称如果餐馆开业，主任将被处分。当然，他外甥的餐馆未能开成。寒冬腊月，他大姐请其帮忙讨要基金会的欠款，他不仅不理会，还把大姐晾在一边吹寒风，自己则专注地忙工作。

乡村工作经历的两千个日日夜夜，有人骂他"胡憨巴"，也有人赞他是新时代的焦裕禄。无论是骂者,还是赞者,提到他都是一脸敬意。

"居庙堂之高则忧其民,处江湖之远则忧其君。"在他近40年的工作生涯中,无论是基层工作,还是领导岗位,他始终把国家利益与为民众谋福祉结合起来。他一生勤政为民、两袖清风,把整颗心都献给了党与人民的事业。因为勤勉,最终他官至洪湖市市委常委、常务副市长。人不是钢铁之躯,他终于积劳成疾,先是中风,然后被心梗打倒。2019年最后一天,胡柏儒英年早逝,享年58岁。

苍天含泪,洪湖同悲。又是一个火辣辣的7月,我在胡柏儒曾经工作过的地方,寻找他昔日的身影。在一个个生动感人的故事里,我找到了,那是乡村的脊梁,一座永远的丰碑呀!

别敦荣 | 破茧高校课堂

2019年春夏之交,华中地区一所大学校园迎来了一位尊贵的客人。那天,教育学博士、厦门大学教育研究院院长别敦荣作为教育部高等教育教学评估专家,与随行的几人,走进了一位省级教学名师的课堂。

课堂上,名师严格按照教材内容组织教学,讲课逻辑清晰,解说寓庄于谐,表达情绪饱满,还运用了PPT课件,图文并茂,还不时点名学生站起来回答问题。除了几名同学心不在焉,无论怎么看,都算是一堂完美的课堂教学,让人无懈可击。在课后交流时,那位省级名师非常谦虚地请别教授对他的课提出改进建议。

当着几位校领导与随行人员的面,别敦荣提了个问题:"让学生自己去看您这节课的教学内容,他们可不可以看得懂?"名师脱口而答道:"完全可以。"别敦荣再问:"既然学生自己可以看懂,您这节课教学的意义何在?"名师显得有些尴尬,沉默了一会儿回答:"这个问题我没有想过。"

多年来,别敦荣走访了无数所本科院校,发现大部分课堂基本上都是一个模式，就是讲教学内容，教师把教学内容讲清楚，学生负责掌握，至于教材外的知识，虽然别有洞天，貌似与己无关。在知识大爆炸的网络信息年代，普及高等教育的今天，大部分高校课堂却仍然在从事着"填鸭式"的传统教学，这怎么行？

"天地革而四时成。"高校课堂教学模式该如何变革，这个问题让别敦荣孜孜以求。无数个深夜里的辗转反侧、大量教学实践论据材料的收集、无数藏书资料的查阅之后，他很快完成了"大学课堂革命的主要任务、重点、难点和突破口"课题研究，他把突破教材的中心地位、培养学生自主学习习惯作为主要任务与重难题来抓，并在高校开设讲座，掀起了课堂革命的狂波巨浪，一时间，听课者蜂集云涌，直呼过瘾！

改革之后的高校课堂，宛如轻风拂过、阳光照过，同学们自主学习的积极性增强了，课堂不再是大家学习的主要场所，图书馆、各种会所与论坛等，到处都有同学们自主学习的身影，课堂上的呵欠与无精打采都作别了西天的云彩；教师的上课，再也不是一个人的精彩表演，而是以启发、引导、激励的方式，让同学们自主探究。这样改下来，不少高校都收到了较传统教学更好的学习效果。

别敦荣，河坝人，他在观阵中学读书时，总有问不完的话题，至今被老师们津津乐道。1982年9月考入湖北大学外语系英国语言文学专业，1986年9月进入华中师范大学，师从著名教育管理学专家萧宗六教授，攻读教育学硕士学位。由英国语言文学跨界到教育管理学，风马牛不相及的两个专业，要想顺利拿到学位，需要比别人付出更多的汗水。学校图书馆与教育学相关的书籍，册册有他指尖的触痕；教育管理学的课堂，每节都有他专注的视线。

三年的时光，浅浅滑过，同时，也让他收获满满。硕士学习期间，他跟着萧教授去过北京、成都、南宁、重庆等地参加全国性学术研讨会。在一场场严谨火热的研讨会现场，他不仅了解了教育管理研究的前沿发展，还认识了全国不少教育研究的专家学者。会场上，专家们的讲话精彩纷呈，那浓厚的学术氛围，是他喜欢的。同时，萧教授也给了他最大的自主学习空间，不断鼓励，让他对教育研究产生了浓厚的兴趣。

一次，他参加了湖北荆州举办的职业中学管理研讨会。回来，他根据会议内容，有感而发，撰写了一篇职业中学办学定位的文章，寄给了《教育与职业》编辑部。令他惊喜的是，不久竟然收到了用稿通知。这让他得意，更给了他研究和写作动力。

而真正赋予他改革课堂的动能，还要从1989年7月说起。那时，他入职了教育部中南地区教育管理干部培训中心（中南班），负责英语与高等教育管理的教学。英语是他本科所学，曾面向湖北大学本科生教授过，当然得心应手，但高等教育管理课，因为初涉，便有相识不相亲的陌生感。他还了解到，中南班是一个高校管理干部培训中心，这不仅意味着他的工作跨界了，于他而言，还是一种严峻的挑战。

那年暑假，别敦荣没有回家，而是在宿舍精心准备着高等教育管理的教学内容。寂静的校园，热浪在宿舍里涌动着，他一边写，一边查阅大量相关书籍与文献资料，让每个论点都能找到出处。整个假期，他都以这样的姿势匍匐着。即便如此努力，他的课还是以失败告终。只因为，教学内容晦涩枯燥，备课准备不充分，所讲授的内容有照本宣科之嫌，与实际问题脱节。这事给了他深刻教训。此后的他，认真调查，针对学校现实问题，不断充实教学内容，并提前备好课，学员再没有抱怨过。

时间匆匆而过，别敦荣从1989年与干训结缘到目前，已有

30多年了。高校干训有时相当于一个学术交流论坛，学员们畅所欲言，在与高校干部们的交流沟通中，他了解到高校办学中的不少实际问题，而学员们的期待又往往成了他研究的主题，故他的教学、论文或讲座都与现实需要解决的问题紧密相关，也非常接地气，换用学员们的说法是"能解渴"，因此，他的每场讲座或报告会，都是爆满。

当学校领导和老师们对他表示感谢时，别敦荣非常谦虚地说："是中南班的学员们让我找到了学术研究的意义，并明白什么样的学术和学问才是受欢迎的。"

中南班成就了他的学术风格，他的讲座充满了魅力，他的学术论文让人耳目一新，他利用这种风格，贴近实际地改革高校课堂教学，收到了不错的效果。

多年来，别敦荣一直主持国家级、省部级多项课题研究，曾经受邀为数百所大学作学术报告，远赴法国、挪威、美国等10多个国家和港澳台地区讲学，出版了《世界一流大学教育理念》《高等教育管理探微》等30多部著作，是学术前沿阵地的佼佼者。

"骊宫高处入青云"，真正成就别敦荣的，不是天分，也不是运气，而是从实际出发，打破陈规，高屋建瓴，把教育管理做到极致。

唐敦武 | 有书相伴的人生韵味长

2022年仲夏的一天，借荆州作协参会之机，我如约见到了久未谋面的唐敦武。虽时隔多年，年近花甲的他给我的印象仍然是精神饱满，儒雅倜傥。"腹有诗书气自华"，每次蹚到这位学兄，我都会由衷地发出一声感叹。是的，唐敦武从小酷爱诗书，喜欢写作，也正是这一份爱好，让他拥有了一副异于常人的精神面貌，拥有了一个相对丰满充实的趣味人生。

1962年，唐敦武出生于河坝大队一个普通农家，距离观阵中学很近，兄弟姐妹6人，他在三兄弟中排行老二。在邻里乡亲之间，唐敦武从小就有"书迷"之称，一天到晚书不离手，连走路、吃饭、上茅厕都不放过。由于平时爱读书，学习成绩也好，因此格外得到父母的眷顾与包容。唐敦武看书时，大字不识一个的母亲，常对嫉妒唐敦武干农活较少的兄弟们说："老二有书情分，应可读出去，让他多花点时间读书。"当然，母亲也会鼓励其他子女多读书，她常说："人从书里乖，心从玉上德。"母亲对读书的重视与支持，成了唐敦武更爱阅读的动力。

第六章 三千遍桃李

上小学时，他是个书不离手的放牛郎。即便是长大后，他放牛时的窘事，仍是兄弟姐妹们相聚时的笑谈。那时每天放学后，放牛便成了小敦武的专职农活。一次他在一条水草丰茂的小河边放牛。按惯例一手拿书，一脚踏上牛角，倏地一下就坐在了牛背上。牛吃草，他看书，好不悠闲惬意。一本无头无尾的书他看得津津有味，书中的神奇故事，紧紧攫住了他的心。不知不觉间，牛走到了坡下，坡下的水草多嫩绿呀！牛太激动了，牛身一晃荡，唐敦武便连人带书滚入了水中。还好，河水并不深。他在河里呛了几口水，抱着书，爬上了岸。回家时，一身水淋淋的惨状，惹得兄弟姐妹们笑弯了腰。不过他也没有吸取教训，这样的窘事后来隔三岔五地要发生一次。

上初中后，他的求知欲越发强烈。由于课外读物奇缺，他迷恋上了看报。亲戚家墙壁上糊的报纸，他从墙的这头，看到墙的那头。报纸贴倒了，就弯腰倒过头看。其姐在公社供销社上班后，门市部那间堆满废旧报纸的仓库就成了唐敦武的精神乐园。每个周末，在小伙伴们撒欢"野"的时候，他总能待在那间屋里静静地读报。那些旧报纸在没有包装盐或白砂糖等副食品前，都被他用视线一遍遍"梳理"过。那时，文学的种子已在他心中萌芽，当作家的梦想时常在脑海里冲撞。他把报纸文学副刊上的美文一篇篇剪下来，做成了六大本厚重的剪报，经常翻阅。

知识如浩瀚的大海，对一个求知若渴的少年来说，仅读报纸是远远不够的。为此，课余捡垃圾换钱买书，成了他解决读书"饥渴症"的另一个渠道。很长一段时间，一些农户的灰塘里时常留下他翻捡的身影。一片龟壳可从废品站换取2分钱，一双破胶鞋底能换取3分钱，积攒几角钱，便能到镇上的书店换回一本书。

有时，也找同学借书。书主担心弄丢了，通常是今晚才借到，明早就追着讨要了。为了能在第二天早晨及时归还,唐敦武便不得不点着油灯,通宵达旦地读完。那时他无可选择地阅读了大量带"文化大革命"色彩的小说,虽然小说的内容比较苍白,但也学到了很多写作的技巧。

观阵中学语文老师杨人标是他写作路上的导师与引路人。杨老师订了不少文学期刊,其中就包括《上海文学》《人民文学》等杂志。每逢杂志到了,杨老师必定第一时间喊唐敦武到他宿舍去看,有时,还会对杂志上部分文章进行讲评。那段时间,唐敦武既读贾平凹、刘心武、蒋子龙等当红作家的作品,也读了大量中外经典名著。在杨老师的悉心指导下,唐敦武的作文水平进步很快。记得整个高中阶段,学校每次作文竞赛,他都是无人撼动的第一名。1976年春,戴市公社五所中学作文大联赛,他亦获得第二名的好成绩。他期待自己能成为用一管笔写尽天下文章的作家。高一时,他还被推荐为戴市文化站的业余通讯员,每个"小公社"一个,要求每月向公社广播站投一篇反映农村时事的新闻稿件,这使他的写作能力得到极大锻炼。

大学时期,他踊跃参加一些文学团体与诗社的活动,经常向校刊、文学阵地与杂志投稿,并往往有较高的命中率。

参加工作后,他先是在原荆州地区商业局下属公司任统计员。两年后,原荆州地区商业局办公室物色"笔杆子",文笔好的他顺理成章被选中。他一边努力做好工作,一边阅读与写作。在这段时间里,他结合工作实际写下大量新闻作品,发表在众多媒体上。1989年,一篇反映国营商业改革的长篇通讯被《人民日报》等6家报刊转载,并获评当年度湖北省好新闻一等奖。

后来,根据工作需要,唐敦武先后调任荆州沙市区多个乡镇、街道主要领导,石首市委常委、政法委书记、公安局长,荆州市住房和城乡建设委员会副主任等，由于公务繁忙，他已无暇创作文学、新闻类作品，但10多年孜孜不倦追求"文学梦"打下的文字基础，为他后期的领导工作仍然带来了丰厚的"回馈"。

创新是唐敦武在每一个领导工作岗位上的鲜明"标签"。他因为爱读书，爱思考，所以思维活跃，视野开阔，在每一个岗位都有大量创新的工作思路和做法。对这些做法他往往又能利用自己的文字功底，亲自归纳提炼总结，亲自动笔成稿，形成有理有据的经验材料，在各类会议上介绍，被省市政府或部门推广，最终获得领导对工作的认可，使其得以在更高一点的舞台上施展抱负。回顾一生的职场生涯，唐敦武不无感慨地说，自己虽然谈不上有什么大的成就，但每一个重要的人生转折，每一项工作业绩的被肯定，确实都与自己写作能力的提升息息相关。可以说是热爱读书热爱写作赐予了他一个相对丰满充实的人生。

退居二线后，唐敦武依然爱看书，他看书的范围似乎更广，政治、经济、天文、地理、宗教、历史等都有涉猎。

他常教育自己的儿子说："读书就是读许许多多的人生。多读书，就是让许多人的经验成就你的人生。"

展望退休后的生活，他依然一脸憧憬。他说，他很向往东晋大隐士陶渊明"采菊东篱下，悠然见南山"的怡然自得，亦很艳羡美国作家梭罗在瓦尔登湖畔边隐居边写作的生活。他也有意找一方净土过一段晚年的隐居生活，边游历边读书边写作，他认为那是世上最美好最惬意的事情。他说他要在书香陪伴中慢慢老去。唯有书相伴的人生，才会多姿多彩，韵味无穷。

唐良雄的逆袭之路

1991年6月的一天,一位蹲在洪湖市化肥厂食堂门口吃午饭的年轻人,被广播里传出的一首歌《我的未来不是梦》吸引,那是电台《吉祥鸟》的点歌节目,一位女孩给远在南方打工的男友表达祝福与思念。音乐轻缓流淌,原来,南方还有这样一个精彩的世界,年轻人便向往起了远方。

他叫唐良雄,1969年出生于河坝大队,在观阵中学读书期间,他是最困苦最励志的那一个。由于家里特别穷,在他3岁时,生产队仓库的棉花被盗,队里便怀疑是他父亲偷了,把其父亲抓到公社审问,毒打,父亲受不了冤屈,回家差点上吊自尽。虽然事后大队查出了真正偷窃之人,但此事对唐良雄幼小的心灵伤害很大。

1990年6月,他来到洪湖化肥厂煤球车间当工人。每天一身煤灰,在40摄氏度高温下,简单重复的高强度劳动,让他看不到希望。他觉得生命似西西弗斯推石,变成了一种消耗。

他决定去南方闯荡。当天下午,他辞了工作,简单收拾了一下,带着几本书与行李,一路挤汽车,扒火车,历经一天一夜,才

第六章 三千遍桃李

到达广州。到流花车站广场，毒辣的阳光已将柏油路面烤得绵软如糖。潮来潮往的人，如流动的河，一拨拨来，一拨拨去，他犹如河流漩涡里的树叶，飘飘忽忽，没有方向。

"拱北，拱北"，广播里传来催促上车的声音，顿时，背着破旧行李的人流，拼命朝着一辆大巴车疯跑。唐良雄被裹挟在这股人流里，也跟着上了车。车内闹哄哄，难闻的汗馊味飘散着。汽车载着他的满身疲惫与青春梦想驶向远方。

唐良雄躲过了查边防证的武警战士，终于到达珠海拱北，他当时根本不知道进入经济特区还需要边境通行证。他找不到工作，白天如流浪汉一般，游荡在街头；夜晚，只能宿于无人的海滩，有时，还要提防治安联防队来巡查。因为没钱，饥饿无处不在地揪扯着他的脏腑。

没有比谋生更重要的事了。1993年年初，在朋友的帮助下，他终于谋得东莞寮步一家台资电子厂做人事主管的差事。可好景不长，因为管理上的事，得罪了人。一天深夜，在厂区门口，他的后脑勺被人狠狠砍了一刀，鲜血流了一地，被紧急送往医院抢救，缝了17针，还算幸运，他捡回了一条命。改革开放初期，珠三角一带治安不太好，类似这种情况时有发生，更残酷的是，那位台商老板竟然将他解雇了，这件事带给唐良雄永生难忘的打击。

时隔20年，事业有成的唐良雄游走台湾，他曾一度想去探访当年那位姓洪的新竹台商，最后因具体地址不详而未能如愿。

唐良雄说，他找那位老板，不是为了报复他，而是想用自己的经历告诉他，创业当老板，不是为了欺压员工，而是为了让他们活得更好，让他们拥有更精彩的人生。

一个有理想、有追求的年轻人，是不会甘于被命运摆弄的。他乐观地把那段苦难日子，视作一只蝴蝶在蚕蛹里的向死而生。

图八 学子唐良雄

1994年至1999年，唐良雄在各个电子厂不断跳槽，丰富自己的技术与经验，积累人脉。

历经5年的辛苦打拼，终见成效。1999年12月，唐良雄在深圳宝安区西乡固戍村，注册成立深圳雄峰电子厂。开业那天，是个喜庆的日子，一台注塑机"哐哐哐"不间断地响着，一台端子机、一台脱皮机与六台焊线机发出的声响交织在一起，整个车间热闹异常。公司里共7名员工，在各自的岗位，正全神贯注地工作。那一晚，他喝了酒，平生第一次小醉，凌晨1点站在工厂楼顶遥望远方，踌躇满志。

为了成为一名合格的管理者，他每天不是在办公室忙碌，就是在外面跑订单。无数个凌晨，在应酬客户回厂途中，疲累得无法开车，索性将车停在国道旁，锁上车门睡觉，等到天亮才回工厂。通过不懈的努力，至2001年公司正式更名为深圳雄之峰电子有限公司，此时公司人员已有130人。虽然，他有时会为经费的问题东奔西跑，也为质量、安全问题愁得彻夜难眠，但他依然高兴，毕竟，希望的曙光就在前方。

当人生的船划过急流险滩，驶入平静的河流，原以为，从此会岁月安好，没料打击与意外接踵而至。2003年6月，先是一批产品严重的质量问题，引起整柜退货，随后一场车祸的致命打击与母亲的去世，让他痛不欲生。那天，他驾驶小货车到深圳宝安机场接一位中东客户，路途意外撞上了一辆摩托车，造成一死一重伤，随即身陷囹圄，经与对方家属协商，东拼西凑，赔付了70万元。那是他人生的至暗时光，每次想起，便痛彻心扉，好在他没迷失自己，那颗火热的心依然在腾腾燃烧，他相信自己还能东山再起。

他不甘于平庸，找准一切机会创业。进入21世纪后，从2004年开始，他的公司一个接着一个成立，南京三旭五金制品有限公司、武汉雷之神防雷技术有限公司、武汉晋东科技有限公司相继注册,并先后入股广东明家科技、湖北孝天养老股份、深圳华海通讯等上市公司。历经多年打拼,唐良雄以坚韧的毅力,终于闯出了一片天地。

唐良雄做企业不仅为自己和他人创造财富,更希望体现出它的社会价值。因此,从2010年开始,他把大量精力放在慈善事业上。在贵州,他踏着崎岖不平的山路,走访贫困山区的农户与中小学,帮助当地的特困学生从小学读到大学毕业;在武汉,他资助贫困大学生直至完成学业;他尽微薄之力资助家乡建设,如在村里安装第一条LED节能路灯等。2010年青海玉树地震,他资助在地震中受灾的父老乡亲,并支持观阵希望小学的建设发展。2020年元月,武汉新冠疫情暴发,洪湖处于前所未有的困境,他心系家乡,为洪湖的疫情保卫战竭尽所能,积极捐款捐物。

50岁那年,唐良雄为了给自己前半生一个交代,为了给奋斗的自己一个嘉奖,他亲自撰写编辑了两本书,以此作为送给自己独特的生日礼物,一本反映他人生奋斗历程的自传《草根路寻:从东莞村头走出来的人生》,另一本记录他这些年生活感悟的诗集《无痕诗语》,这两本书于2020年8月由中国书籍出版社同时出版发行。当时出版社的总编问他书的售价时,他笑着说:"此书只送不售。"总编说:"这是你做的最大的一件公益事业,因为你的经历和行动可以激励更多的年轻人不忘初心,奋发有为!"在随后一年的时间里,他带着他的书走进高校,奔向企业,行走于乡村,分别以不同的方式签赠给那些想看愿意看的年轻人,他真心地希望他们能从此书中吸收一些精神养料,用以加持他们更加美好的未来。"你帮助别人的同时,自己也能收获快乐。"他用行动回应了当年伤害他的那位台湾人。

在自传里，他计划下一个 50 年，继续写一本百年传奇：不写创造了多少财富，获得怎样的名声与地位，而是要书写一个中国草根平凡而又执着追求的人生故事。正如他对自己总结的那样：善于捕捉灵感，凡事追求尽善尽美，虽不能至，然一直在路上，对人生永远充满期待。

邹开银 | 难忘那身橄榄绿

　　邹开银，1960年生于观阵大队（今关圣庙村），1979年观阵中学高中毕业，同年11月底参军，分到乌鲁木齐陆军36111部5师。1980年7月参加军事院校招生考试，被郑州高射炮兵学校（后为陆军防空学院）录取。军校毕业后，分配至乌鲁木齐高炮陆军73师662团2营5连。1985年8月，任连长一职。1988年10月转业回到家乡洪湖，先后在农业银行戴市营业所与瞿家湾营业所工作。

　　军人神圣的使命，令世人羡慕敬仰，我也不例外。费尽周折找到邹开银的联系方式，迫不及待与其相见。那是2022年骄阳似火的8月。其时，他已退休两年，但精神矍铄，清瘦的身材，难掩昔日挺拔的英姿与一身浩然正气。

　　谈及自己难忘的军旅生涯，邹开银脸上写满自豪。1979年11月的一天，寒风凛冽，他穿上崭新的绿军装，被一群敲锣打鼓的父老乡亲簇拥着来到戴市公社。在一张张满含热泪的面孔里，他与10多名新兵告别父母的叮咛与嘱托，登上了一辆绿色敞篷大卡车。当晚,车到新堤,新兵们在文泉招待所住宿,第二天,改乘轮船到达武汉,从汉口火车站再乘坐一辆绿色的军用闷罐火车,一路向北。

闷罐车里,空间逼仄、幽暗,他看不到外面的景色,只知火车离城市的喧嚣越来越远,气温也变得越来越低。新兵们挤坐在一起,相互取暖。邹开银平生第一次坐火车,一切都是那样新奇,一闭眼,蓝天白云下的绿色军营向他召唤。

第7天上午,火车发出"呜"的一声嘶吼,喘着粗气慢慢停了下来。乌鲁木齐到了,邹开银跟着前面的人挤出车厢。一下火车,一片白茫茫的世界被蚀骨的寒气裹挟着拥抱而来。他睁不开眼,浑身透凉似水浇,不禁抱紧了双臂,心中暗笑,乌鲁木齐竟然以如此深刻而又纯净的方式迎接他。

还没来得及深呼一口冷彻心扉的空气,一件温暖厚重的皮大衣就披在他身上了,转头一看,一位来接站的老兵正给新兵们分发御寒棉衣,瞬间,一股暖流流向心窝。随即,他们跟随老兵上了一辆军用敞篷大卡车,卡车轮胎上装有防滑铁链,朝着一条两面都是高山的峡谷缓缓而行。

山中空旷,荒无人烟,除了卡车"嚓嚓嚓"的行进声,连只鸟儿都难见到,大山里到处都是冰雪的世界。卡车行进得很慢,如蜗牛爬,每前行一米都小心翼翼。2小时过去,终于抵达南山庙尔沟。离营房还很远,早已是锣鼓喧天,走近一看,老兵们敲锣打鼓正排队迎接他们,瞬间,所有人一路的严寒风霜都被这热情融化。

庙尔沟大山冬天的黑夜来得格外早,才下午4点,天色就暗下来了。吃过晚餐后,邹开银与7名新兵被安排进一间通铺休息。

第二天,邹开银被分到陆军36111部5师高炮营,当时整个陆军5师只有一门山西高炮,射程在3500米内。作为一名备受羡慕的炮兵，他分外骄傲，决定好好表现，争取建功立业。

班长名叫孙德荣，山东大汉，面容和善，对新兵们很友好。他不仅关心新兵们的生活，还在训练时，耐心地帮助新兵矫正动作与姿势，邹开银对这位班长印象深刻。

由一名普通老百姓，成长为军人，不经历无数次严格的操练，何以保家卫国？邹开银谈起训练时的趣事，让我忍俊不禁的同时，内心充满对军人崇高的敬仰。

队列训练时，班长孙德荣喊口令，操练新兵们向左、向右、向前、向后转和正步走。第一次练习，大家洋相百出：有的新兵分不清左右，经常转错方向；走正步时，有些兵手脚同向并行，似"木头人"走路；有新兵在向后转时，转了一个360度，发现方向不对，又匆匆转了回来；还有人因重心不稳摔了一跤，众人大笑。这时，班长不笑，却是和颜悦色地鼓励大家说，整齐的队列是军人形象与纪律严明的体现，大家刚从一名老百姓向军人转变，要严格要求自己，多训练，才能不出错。班长发现邹开银的正步走得好，便将他叫到队前，让他给新兵们作示范。邹开银一下子红了脸，在班长的鼓励下，他如民兵训练那样伸直左脚向正前方踢出，移重心，摆臂……这一系列动作，姿势标准，赢得了新兵们的阵阵掌声。班长拍拍他的肩膀，表扬了他，邹开银反倒不好意思起来。

每晚1小时的例会，班长让每位新兵都讲话。第一次发言，邹开银有些胆怯，班长鼓励他说："你就当我们都是你小时候的玩伴，平时怎么跟他们闲聊，今天就怎么说。"这一招果然奏效，邹开银的胆量大起来，他的发言得到了班长与新兵们的认同，令他信心大增。后来，他还常在例会上就训练中的事与人展开辩论，得胜时，一脸自豪。军旅生活充实而快乐！

幸运又遗憾的是邹开银半年后考上了军校。离开的那天，班长拉着他的手，送了一程又一程。5师让他成为一名真正的军人，他有些不舍。离开庙尔沟营地，他的泪水飞溅了那片热情的雪山峡谷。

毕业后，他决定再次回到乌鲁木齐，回到雪山，报效祖国。当时，他被分到山底下的陆军高炮73师，担任排长一职。由于平时带兵严谨，训练出色，他的职务很快被升迁为副连长、连长。

即便是在和平年代，军队平时严格的训练也丝毫不能松懈。作为高炮师，平时训练得更多的就是打靶。高炮打靶属于实弹演习，检验一个部队平时的训练水平，更检验各级指挥员的指挥能力与指战员协同、反应能力。高炮防空火力只在有效火力范围内有效，"敌人"的飞机轰炸时间很短，这就要求打靶快、准、狠。

那是一个晴朗的夏日，训练场地上，一门高射炮炮管正对着半空，一位新兵立在炮旁已经做好了发射的准备。忽听空中响声隆隆，一架飞机拖着长长的靶位在高空飞行，由远及近。靶距离高射炮500米时，就要及时开炮，否则，飞机掠过，就会错失打击机会。这最考验士兵们的应急反应能力与射击的精准度。轮到邹开银这个连时，他指挥的士兵打出了好成绩，自己也一连打中三个靶，众人拍手叫好；其他连队有士兵一次也没打中，还有人开炮射击时，竟然打在了飞机的前方。飞行员驾机飞行时，觉察到有弹光从飞机前一闪而过，霎时惊出了一身冷汗。这是一起训练事故，事后，相关人员都受到了处分，但邹开银却荣立三等功一次。

回望10年军营生活，邹开银面带笑容，炯炯有神的眼睛里，透出那片纯净雪山里的无数过往。时隔多年，那身着橄榄绿的日子成了他这辈子最值得回味的美好时光。

吴绪斌｜一位村干部的华丽转身

走过几十年村干部之路，他是如何栉风沐雨，成长为一名率先冲出贫穷桎梏的农民企业家的，不少同学非常好奇。

2022年6月12日，我与吴绪斌一席电话后，得知他目前定居重庆，虽已是霜染鬓发之年，却依然"不坠青云之志"，以"老骥伏枥"的苦干精神，正大力发展着他的事业，让我由衷地敬佩。

吴绪斌与观阵中学许多同学至今保持着密切联系，谈起优秀同学的名字如数家珍。1978年7月观阵中学毕业后，他回到家乡河坝大队担任财经主任，当上了村干部。吴绪斌常常坐在大队部认真翻看从前的账目，一坐就是一整天。有时候，浓眉大眼、面容敦厚的他眉头紧锁，将不当报销的账目一律剔出来，为村里节省了许多资金。社员们夸他为"红管家"。

吴绪斌因财经工作成绩突出，被推选为党支部书记。他上任后便要求担任妇女主任多年的妻子王艳桂退下来，有人提议让王艳桂刚刚中学毕业的妹妹继任，吴绪斌毫不犹豫地否决了。

20世纪80年代，河坝大队还很穷困，到处都是低洼地。每下一场雨，作物就会被淹，农民颗粒无收。为了保证村民的收入，必须将低洼田改造成高产田。

1984年冬，寒风尖厉得似刀子。刚上任没多久的吴绪斌带领村民们在低洼田里劳动。只见他挑着一担沉重的泥土，走在前面。低洼田的泥很深，也很黏稠，每走一步，穿着胶鞋的脚都要和稀泥搏斗一下，才能迈开第二步。他的鼻头上沁出了细微的汗粒，稀泥星星点点地糊了他的整条裤子。他带领群众，历经3年时间，与风雪严寒抗战，与炎热酷暑较劲，硬是将这片2000多亩的低湖田改造成了能种植高产棉花的丰收田。

1998年，担任13年支部书记的吴绪斌被组织上调到镇政府所辖办事处工作。在杨柳村包队期间，他经常下到田间地头，与当地群众同吃同劳动，化解村里的各种矛盾。又把在河坝的棉花种植经验带到杨柳，使杨柳村的棉花产量翻了一番，增加了村集体经济收入。

吴绪斌为官清正廉明、肯吃苦、有责任、有担当的高贵品质，被镇领导看在眼里。

2003年，戴家场镇办起了砖瓦厂。镇办企业作为集体经济的生力军，需要一位有组织能力、敢闯、敢拼，还有良好道德品质的能人来担当。吴绪斌成了领导们心中最合适的人选。初任厂长，面对崭新的制砖机器，吴绪斌犯了难，一个"门外汉"，如何管理好企业生产？更重要的是，厂里没有一个懂砖瓦生产的技术人才。镇领导给了他一幅宏伟蓝图，面对期望与梦想，他却不知该用怎样的画笔去描摹它，却又不得不服从这样的安排。

头脑灵活的吴绪斌很快就从如麻的杂乱中，理出了头绪。他四处奔波，终于打听到监利毛市镇与湖南岳阳各有一家砖瓦厂办得很红火，生产技术也过硬。他用尽各种方法，同人拉关系，先住在监利学习了两个月的生产管理，随后又以同样的方法到湖南岳阳去考察，学管理经验，还派了几个有文化、头脑聪慧的年轻人去学习生产技术。学成后归来，砖瓦厂也隆重地开工了，附近的村民们都参与进来劳动，生产能力很快达到年产1000多万块红砖，每年为镇财政创收50多万元。

后来，集体镇办砖瓦厂涉及环保问题，不得不停产。尝到了办企业甜头的吴绪斌"下海"了。2006年，他自办起彩瓦厂，专门生产质量上乘而又环保的水泥瓦。凭借已有的管理经验与技术，将瓦厂办得风生水起，并很快掘到了自己人生的第一桶金。

不久，乡村自建房申报逐渐严苛，水泥瓦的需求少了很多，瓦厂难以为继。那时，村民购买农药、化肥、种子要跑几十里路到洪湖市区，运回来也是难题，关键还缺乏农业技术指导，致粮食产量不高。吴绪斌瞄准商机，2010年，在家乡河坝村的路边建了一个农资公司。公司除经营农药、化肥、种子等优质农资产品外，也为农民提供先进的农业生产技术咨询服务，更解决了农民们运输的难题。遗憾的是农村经济不活，村民们赊账较多，导致吴绪斌资金链断裂，生意难以继续，不得不另谋出路。

一段时间，他靠给人打临工维持生计。但远大的理想与抱负时刻冲击着他的心扉，他不甘平庸而碌碌无为地活着，人过中年的他依然是一腔热血。

2018年，吴绪斌从洪湖来到重庆。他一边打工，一边寻找商机。由于人缘广，为人真诚，机遇很快来了。广东博士科技产业园是专做人才转化与成果转化的一家公司，他们打算进军重庆，而重庆恰好需要引进高端工业项目，头脑灵活的吴绪斌便做起了跟进服务的咨询工作，不久大获成功，他打了进军商界的第一场胜仗。随后，他又承接一些大小不等的项目，收获满满。

2019年，他利用生意场上的人脉，欲将山东青岛的深海星空旅游公司通过当地政府部门引进到重庆璧山区。深海星空是拥有10多亿资产的合资旅游公司。重庆璧山区文旅委非常认可这个项目，通过健康旅游项目部与吴绪斌接洽谈判，璧山区人民政府与深海星空正式签订了旅游投资协议，预计2023年完成基础建设项目。深海星空的引进将强力带动璧山区的旅游业，为整个重庆的发展带来新的活力。同时，吴绪斌也实现了由一个村干部到推动一方经济的企业家的华丽转身。

吴绪斌告诉我，刚开始转型工商业时，由于自己什么都不懂，遇到过很多困难，遭受了种种挫折。但他总是不言放弃，迎难而上。我想，吴绪斌的成功贵在有一股不怕吃苦、永不低头的倔劲。

万寿池 | 民师转"公"坎坷路

相较公办教师而言，民办教师待遇低，难以得到社会的认可，因此这个群体的每一个成员总是不遗余力付出一切，努力成为公办教师。观阵中学高中毕业生万寿池就是这样一位民办教师，他用20多年的青春在讲台默默耕耘，又倾尽家财，终于吃上了"公粮"。随后的人生也没有一帆风顺，而是再起波澜，所幸，命运并未与他死磕到底，而是给了他本该有的结局。

1962年8月，万寿池出生在沈庙大队五小队，尽管家中有7个兄弟姐妹，度日艰难，父母还是节衣缩食地送他读书。

寒来暑往，可爱的顽童很快变成了埋头苦读的青年。1979年，万寿池在临近高考前的两个月突患再生障碍性贫血住院，考试最终失利。痛苦迷惘袭来时，他不知该如何应对以后的人生。很快，他调整了心态，找到曹市街道的夏师傅学无线电修理。人本聪明，学得认真，他很快就师承艺出，自立门户了。一个帆布袋装上他所有的修理工具，往肩上一挎，走村串乡，开启了他无线电修理的职业生涯。

第六章 三千遍桃李

机遇到来时，往往令人猝不及防。1983年年底，沈庙小学缺民办教师。王万柏校长找到刚从外面给人修理收音机归来的他说："寿池呀，你是我们大队为数不多的观阵中学高中生，你愿意当代课老师吗？"这不正是自己向往的职业吗？万寿池放下工具包，不假思索地答应了。就这样，他成了一名代课老师，站在三尺讲台，用一支粉笔书写生活的全部与未来。

由于教学成绩斐然，1985年3月，他被正式录用为民办教师，工资是每月50元。尽管工资不高，万寿池还是心满意足。没有什么比从事自己喜欢的职业更开心的事了。他用心教书，把所有的知识都浇灌给那些亟待长大的"幼苗"，用细致的爱与关怀呵护他们的成长。

那时，他与杨柳大队的娃娃亲对象王桂兰已结为夫妻。家里分了几亩责任田，却无男劳力耕种。白天，万寿池忙着上课，批改作业，晚上回家，借着月色，犁田耙地。空旷的田野，一牛一人孤独劳作，除了他"呃、呃"的斥牛声，还有泥水撞击铁犁的"哗哗"水响，四周死一般的宁静。无尽的倦意袭来时，铁犁一滑，他扑倒在田里，直至脚趾头剧烈的疼痛，他才清醒过来，原来，脚趾头被锋利的犁尖割到了，所幸，伤得不深，只是流了点血，他撕下衣角绑紧，又继续劳动。月影西斜，他才身扛铁犁，一手牵牛，在人们的睡梦里，一瘸一拐地拖着沉重的脚步回家。第二天早晨，他吃过早饭把孩子带到学校，请人看护，自己上课，妻子则心无挂碍地去田里插秧。

万寿池在沈庙小学教了几年书后，又调到了卢墩小学。1986年与1988年，妻子先后为他生育了两个孩子。因违反计划生育政策，被罚款1000元，同时，也取消了他1990年"民转公"的考试资格。这让他十分沮丧，但他很快乐观起来，装作一副无所谓的态度。"希望本无所谓有，也无所谓无。"事已至此，何必折磨自己？此后，他依然心无旁骛、不计得失地投入自己喜爱的教学工作中。

　　终于熬到了1998年，校长告诉他，教育部门已取消了对他的处分，可以参加"民转公"考试了。万寿池欣喜若狂，赶紧备考。他清楚地记得，那次考试成绩张贴在教育局门前的公示窗里，他的数学考了满分，总分成绩第一名。他日日欣喜地盼着录用通知，不料，天意弄人，夏季，一场百年不遇的特大洪灾，致长江干堤多处溃口，全市一片忙乱，市教育局取消了当年的"民转公"。希望幻化为泡影的刹那，他流下了伤心的泪水。

　　正当万寿池对"转公"失去信心时，没料，好消息竟悄然而至。2002年，教育部门最后一次"民转公"考试，万寿池再获佳绩。当时，戴家场共录取了13人，录取名单在戴家场中心学校门前张榜公示之后，突然得知每人需要缴纳3万元的集资款，一颗颗欢欣雀跃的心很快沉重起来。

　　在每斤大米仅几角钱的年代，3万元可是个不小的数目，普通人家都难拿出这笔钱。为了能顺利"转公"，万寿池乘车找到在山西晋城卖建材的小舅子。得知情况，小舅子二话没说，立即从银行取出2万元的流转资金交给他；大姐夫与二姐夫听闻他的困境，也积极支持，各借了5000元给他。就这样，他凑足3万元，终成了一名公办教师。欣喜之余，他暗自长叹："行路难！行路难！多歧路，今安在？"这"民转公"的路比唐代诗人李白爬太行山时还要艰辛。那年，万寿池年届不惑。他暗暗发誓，要努力做好本职工作，不愧对公办教师的称号。

　　"民转公"收取费用的做法在群众中引起强烈反响。有人写信向时任湖北省委书记反映，领导立即作出批示，责令相关部门返还。最终，他们仅仅拿到了7000元退款，其余不了了之。

"月有阴晴圆缺，人有旦夕祸福。"也许是事出偶然，也许是命中注定了此劫。2021年7月15日，适逢暑假，万寿池旅居武汉儿子家，骑共享单车去武昌江滩公园，途中突遭不测。车祸发生的瞬间，他被撞飞10多米远，如一片树叶，飘落在肇事车前方的马路上。他当场昏迷，腿部血流如注，全身多处受伤。热心的路人帮忙打了120，经三个月的救治，总算捡回了一条命。每每与人谈及这次车祸，他都笑着说："大难不死，必有后福！"但愿他以后的日子云淡风轻、祥云常伴。

2022年8月，万寿池退休了，他在武汉一边帮儿子打理广告公司，一边安享晚年。纵观其坎坷的一生，令人唏嘘，在特定历史时期，一位违反计划生育政策的民办教师，在"民转公"的征途上苦苦跋涉，需要比常人付出更多的艰辛。不过，他仍然是幸运的，生活并没有亏待这位坚持不懈、向上向善的人！

田丹金 | 寸草春晖

田丹金 1958 年出生于郭刿大队，兄妹 6 人，初中就读于观阵中学。1975 年 7 月，从曹市中学高中毕业后，回家务农。1977 年参加高考，1978 年参加全省中专招考，1979 年在观阵中学任代课老师。

1977 年、1978 年连续两次考试失利，田丹金对跳出"农门"已不再抱任何幻想。虽然他如此渴望读书，但贫寒的家境，父母失望的眼神，如一记记耳光抽着他。他只有拼命帮父母干农活，才能减缓心里的痛苦。

1978 年 8 月的一天，田丹金正在田间拔杂草。忽然，本大队一位村民走过来，通知他去观阵中学一趟。都毕业了，还去学校干什么呢？田丹金带着满脑子的问号洗脚上岸，往学校方向走去。

这会儿，教导主任唐训友正在办公室里等着他。田丹金家里的困境，唐老师了如指掌，也深知他爱读书。为了帮助他，唐老师与学校商量了一个两全其美的办法，让田丹金一边教书，一边复习，以迎战 1979 年的中专考试。

唐老师让他准备一节初中数学课，当着所有老师的面，在课堂上试讲。走上讲台时，田丹金心里紧张得似揣了上百只兔子，连喘气都不均匀了。他面色通红地走下讲台，自认为试讲并不成功。可唐老师没说什么，只是吩咐他回去等候。

他忐忑不安地回了家，几天后，唐老师打发李祖新老师接他到学校。就这样，田丹金成了一名代课老师，教学之余，进行中专招考复习。为解决他的生活难题，学校每月还给他发26元工资。

"末路逢知己，腹饥飞来食。"在你正需要时，恰好有人送来了寒冬里的一盆火。2022年9月的一天，与田丹金相约于戴家场镇一家小酒馆，与我谈及母校的恩情，田丹金脸上的笑容变得深厚，我心里也流荡着一股暖意。

没料，世事变幻无常。1979年，高考前的一个多月，国家取消中专考试，高考实行"一考多录"，录取顺序依次为大学、大专与中专。摆在田丹金面前的只有一条路可走，即参加高考。为了让他全力以赴地学习，王万谨校长在忙碌的工作之余，不仅承担了他所有的教学任务，还安排他到毕业班与我们坐在一起学习。

起初，同学们都没在意，还以为他是从外校转过来的学生。直至有一天，一位初中学生在遇见他时，恭恭敬敬地叫了一声田老师，我们才恍然大悟。

田丹金学习刻苦，遇到不懂的问题，便谦逊地同我们探讨，我们也从未把他当作老师，一起听课，一起做习题，课后常常探讨问题或闲聊，毕竟年龄相差无几，我们有许多共同语言。

高考成绩出来，老师们比他自己还着急，帮着查考分，担心退档，唐训滔老师甚至往返20多里路，到戴市区帮他多查出5分。就这样，他总算被洪湖师范录取了。

田丹金与我们同班共读的经历，成为温暖感人的故事。谈及初高中学习阶段那些关照过他的老师们，田丹金一脸温馨，感激敬仰之情溢于言表。

初中英语老师王学乐，上课时，独与他用英语交流，让他对自己那蹩脚的口语水平不再惭愧，并对英语课产生了浓厚的兴趣；班主任兼语文老师尹作汉，在郭剀与南林参加支农劳动时，把那个装毛主席语录的背包交给他背，让他深感自豪，走在哪儿都觉得趾高气扬；数学竞赛，他因粗心而失分，被杨德坤老师好一通批评，至今回味，那是甘甜的滋味；杨人标老师，和他一起打篮球，教他如何刻写钢板。

田丹金说，人生最幸运的事，便是遇见了一批好老师。鸦有反哺之义，羊知跪乳之恩，他决定用青春和热血，回报母校。

1981年，在师范毕业填报分配志愿时，余贤山老师问田丹金想去哪里工作，他毫不犹豫地说："我要回观阵中学任教！"

观阵中学是他成长的沃土，也是他血溶于水的第二母亲，他怎么能不想念呢？

就在那年8月，烈日炎炎之下，田丹金挑着一担行李，回到了观阵中学。

他仔细打量着熟悉的校园，这里的一草一木，都让他感到亲切，包括学校旁的农田里散发的泥土气息，都是如此清新，令他浑身的毛孔都是愉悦的。

刚开始，他担任数学老师兼班主任的工作。1984年中考，他所教的班级在全镇获得中考第一名的好成绩。工作之初，崭露头角，他得到了领导与同事们的充分信赖；1984年秋，他担任学校教导主任；同年11月25日，任副校长；1986年7月，调到镇教委任教研员；1988年8月，到官港中学任校长3年；1991年8月再回观阵中学担任校长。岗位的调动与职务的升迁，给了他更大的平台与施展空间。他大抓教学质量，改善教学条件，整顿学风，并获得了不少成绩。

1985年，学校教工篮球队获戴家场镇篮球赛第一名，他作为球队队长，训练场上的汗水，可谓涔涔如雨；1986年与1987年，学校中考成绩获全区第二名，有他对教学质量的严格把控；1991年秋，学校运动场在他的带领下搬迁改造，一场运动会在此承办，学校荣获田径运动会团体冠军，有他辛勤奔忙的身影；同年，开挖荷花池，打水井，解决师生吃水难的问题，有他无数个夜晚的辗转反侧；1993年，学校花费8万余元兴建厨房6间，改善师生的就餐环境与条件，有他无数日子的披星戴月；1994年中考成绩荣获全镇第一名，有他对教学质量的卓越追求。

　　母校似春天的阳光，温暖着世间万物。"谁言寸草心，报得三春晖。"孟郊的《游子吟》写尽了天下母子恩孝的故事，此时也写尽了田丹金用毕生精力回报观阵中学的炙热情怀，那是一棵小草对春日暖阳的深情！

叶朝阳 | 酉水河畔伉俪情

1984年腊月二十八，瑞雪飘飞，寒气袭人，可杨柳大队的一户人家却是热闹非凡，大红的"囍"字贴在房门上，一对新人在亲朋好友的祝福声中双双对拜，赢来了众人的喝彩声。随后，新郎与新娘深情款款地相互对视，从心底溢出的喜悦灿烂了红红的脸庞。

这对新人便是观阵中学79级毕业生叶朝阳与曹市女孩汪平玉。两人创下美好的爱情神话，幸福携手一生。白衣苍狗，悠悠岁月只在弹指一挥间，2022年6月24日，叶朝阳病逝，给爱妻留下无尽的思念。

叶朝阳家有6兄妹，他是长子，幼时家贫，学习勤奋，于1979年考入恩施师范专科学校物理系。

佛说，前世五百次的回眸，才能换来今生的一次擦肩。他们的缘分，也许要上亿次的回眸。两人是祖辈定下的娃娃亲，两小无猜的情谊，随着年龄的增长，变成了"晓看天色暮看云，行也思君，坐也思君"。

1982年夏，叶朝阳被分配到恩施州宣恩县第二中学教书。

这所学校在平均海拔 1000 余米的高罗镇，境内山峦起伏，草木繁茂。穷山恶水之地，拉长了相思，却阻隔不了飞书传情。

叶朝阳给身在家乡的汪平玉写信，描述恩施土家风情：一个寨子连着一个寨子，到处弥漫醉人的花香，错落的吊脚楼，酉水河缓缓流过……读了信，汪平玉的心便飞越千山万水，到了与情人在一起的世外桃源。

1985 年农历正月十一，新婚不到半月的小夫妻，抱着对新生活的向往，踏上了去恩施的路途。

恩施之路，比蜀道还难。汽车在崎岖的盘山公路上一圈圈绕上去，又一圈圈绕下来，如入九天，又如下地狱，心却飘在了半空。一个急刹车，车轮紧贴着悬崖，往下看云海翻腾，好险！众人都吓出一身冷汗，汪平玉忽然后悔来这个鬼地方了。长途汽车走了 11 个小时，终于到达宣恩县城，再转短途汽车，到达高罗区（今高罗镇）时，已是夜幕降临。

深夜，两人一身疲惫地躺在学校宿舍，早已没了耳鬓厮磨的情趣。山风袭来时，又很是寒冷，夫妻俩相拥一床薄被，倒也觉得暖意绵绵。

山里条件差，买菜要走大半天的山路，翻山越岭，坎坷难行，再加上语言不通，汪平玉很不习惯。有了大女儿后，汪平玉的生活更是不便了。尽管叶朝阳下班后，会无微不至地照顾她们母女，她还是吵着要回洪湖，她担心山区贫瘠的土地与落后的教育，会影响到女儿的前途与命运。可叶朝阳不想回，大山里的孩子太需要老师了。他希望孩子们能够通过知识改变命运，走出贫困的大山。

丈夫对大山的执着，对孩子们的深情，让汪平玉无可奈何。1996 年，恰逢湖北省重点中学来凤县一中招考教师，叶朝阳以第一名的成绩被录用。条件得到了改善,汪平玉不再吵着要回去,从此,一家人便在来凤县扎下根来。

居住在县城,尽管生活条件略有了改善,可依然很穷。有一年暑假,两人回洪湖看望父母女儿。叶朝阳一合计,除开给父母女儿买礼品的钱,手中仅剩2元。叶朝阳和妻子商量:"我们在路上就吃馒头吧?"女人不在意穷,更在意一粥一饭粗粝现实生活的踏实。汪平玉知道丈夫孝顺父母,疼女儿,宁愿自己受苦,也不会亏待他们。于是,整整一天,两人靠一个馒头,打发了肠胃。

"牵手情深暖,与之共流年。"汪平玉心中的好丈夫,更是一位严慈相济的好老师。叶朝阳在学校一直担任高三班主任,对学生要求严格,但凡学生不遵守纪律,他都会严厉教导,对犯错的男生,他甚至还会责打手板,以示告诫。当学生无钱吃饭时,他又会在宿舍挂起吊锅,邀请他们同吃。学生考上大学,他必定送上脸盆或热水瓶,以示庆贺。学生们对他既敬又爱,对学习自然不敢懈怠。

一位名叫周誉聪的男生,因家庭贫困,好几天没来上学了。叶朝阳翻山越岭,从早晨走到太阳落山,才到达周誉聪家里,好一番劝说,他的父母才让他继续上学。后来,周誉聪考上大学,经商,成了大老板。每年春节,他必带着礼物去看望叶老师。

丈夫的每一次家访,都让汪平玉担心不已,学生们都住在大山深处,路远地偏,走访一名学生,不仅要翻越大半个山头,更多时候,还要在山中留宿。有时,为了抄近道,叶朝阳会从山腰上"哧溜"一声滑下来。

每次看见丈夫被尖利的石头或树枝挂得伤痕累累而归,汪平玉都心痛不已。这时,有昔日大学同学来劝说叶朝阳从政。可他一口拒绝:"从政有什么好,我就喜欢教书!"同学走后,汪平玉责怪他长了一个"花岗岩"脑壳。他也不辩驳,只笑。

叶朝阳兴趣广泛，琴棋书画样样在行，尤喜胡琴和唱歌。小女儿出生后，为了改变家里的困境，他自学起了摄影，平时接些业务，贴补生活。他又利用学物理的优势，时常帮寨子里的人免费修理电视机与收音机。

在他的指导下，汪平玉也学起了摄影，在县城开办了一家照相馆，夫妻俩相扶相携地生活，一家人的日子渐渐好起来。随后，两个女儿也大了，相继考上了理想的大学，有了好工作，嫁得好人家，生活的喜色渐多。

2021年9月，叶朝阳退休了，劳苦一生，本该到了享受生活的年龄，不料，却患上了恶性胆管癌。

一直是妻子主心骨的他，忽然变得胆小，一遍遍询问病情，"懦弱"到总想从妻子这里得到安慰。怕拖累妻子，强装硬汉不肯吃药；担心妻子难过，疼痛时，用棉被捂住面孔，不让妻子看到自己因痛而扭曲的面容。

在他去世前10天，6月14日是汪平玉的生日，他拖着病体，还特意为爱妻做了一碗加鸡蛋的长寿面。

汪平玉每与人谈到丈夫38年来对自己无微不至的照顾与呵护时，便泣不成声。

2022年正月，病中的叶朝阳依然对未来充满了信心，他用四言打油诗回忆在母校观阵中学的苦读岁月，总结自己的一生，向往着携妻漫步山川湖海的幸福时光。不料，短暂几月，竟让一个如此挚爱生活的人，带着对生命的眷恋，在爱人的怀抱中不舍离去，享年61岁。从此，一个有趣的灵魂永远伫立于湘鄂渝交界的酉水河边歌唱，而那个与汪平玉说着今生天长地久的人，让她独自在秋色里徘徊……

汪静玉的花季雨季

汪静玉是关圣庙人，年龄比我小一轮。14岁开始发表文学作品，有中篇小说《爱是绿叶》获首界中国校园文学特等奖，20多首诗在全国获奖，先后就读于武汉大学中文系和武大新闻学院研究生院。1997年入职湖北省作家协会《长江文艺》编辑部。2009年9月赴美留学，现定居美国加州，专事文化传播和剧本写作。著有诗集《青春的馈赠》《未名湖》，小说集《爱是绿叶》《邂逅天堂的后窗》《戒指》，长篇报告文学《经典课堂的营造者》。出版长篇小说《天堂眼》《夏天里最后一朵玫瑰》。《天堂眼》是中国第一部后现代长篇小说，在全国引起较大的反响。《夏天里最后一朵玫瑰》被北京金泽太和国际文化交流有限公司买断影视权。她的小说笔触深沉，透着现代都市生活的森凉，文风时而冷静，时而荒诞幽默，直抵内心。我的老家榨台与关圣庙相邻，本就和汪氏有些老亲关系，因此联系上她并不费劲。先是电话沟通，然后网络联系。2021年11月30日，我收到她一封email，实录如下：

1987年我上观阵中学时，完全懵懂无知，也没树立什么远大

第六章 三千遍桃李

理想和志向,就按部就班地上学、上课,贪玩、喜欢读课外书、爱幻想成了我那时的全部,考中专和重点高中完全不在我的考虑范围之内,比起班上那些天资聪颖又勤奋刻苦的学生,我实在自愧不如。但我那时的人缘特好,纯净的友谊超越了同一班级,全校很多志趣相投的女孩子都会聚集在一起玩,而我家那栋刚刚建成的二层楼的"洋房"就成了我们聚会的场所。我的母亲很好客,烧得一手好菜,她再忙再累,也会想办法烧几个新鲜菜接待我的同学,这让我颇感骄傲。

初二下学期,也许是青春期的叛逆与萌动,我突然不想读书了,当即卷了铺盖和书本回家,母亲也没怎么劝我,父亲只是叹息。那些天我辍学在家无事可干,也没想好将来要干什么,偶尔翻翻我之前买的《儿童文学》《少年文艺》,还有我堂兄汪进州送我的金庸武侠小说。在这档期,我试着写了一篇武侠小说《红衣女侠》,此小说从未发表,只是练笔好玩而已。后来即兴写了一篇散文诗《青春》,这篇处女作发表于《儿童文学》,当我拿到人生中的第一笔稿费时,我兴奋无比。后来此文被多家报刊杂志转载,在青少年文学界引起了一些反响,《青春》帮我敲开了文学的大门,从此我跟文学结下了不解之缘。

至今仍在想,如果不是这群好姐妹,按我这贪玩的个性,我的人生将往何处?我在家待了近三个星期。其实我那时也很犹豫,想去学校,又没那个动力,也拉不下面子。在家,也是无所事事,荒废青春。那天傍晚,我最好的朋友郭冰莹、付敏带领众多姐妹突然降临我家,她们收拾好了我的行李和课本,不由分说把我拽进了观阵中学的大门。我永远记得这改变我人生命运的一幕,我们质朴的友谊,就是从那个阶段建立的。那样的友谊,再也没有遇到过……很可惜有几个走散了,偶尔听到她们的一点零星消息,我总是饶有兴致，打破砂锅问到底，问到最后往往就没了下文，时光像风刮过，当春风拂过她们美丽的面颊时，我仍然能听到她们银铃般的笑声。

　　重新回到学校后，我万分珍惜这重拾的机会，开始认真埋头学习，重新审视"知识改变命运"这一亘古不变的名言。但无论我怎么努力，跟年级那几个佼佼者相比，还是相差甚远。文科名列前茅，但理科永远只是中等，特别让我头疼的数学几度让我萌生辍学的念头。我一上数学课，脑袋就抑制不住地幻想、游走。有时候，其他的课亦是如此。有一次上政治课早自习，当时的老师是陈友发，我入神地写着小说，陈老师站我身后很久，我却浑然不知。他拿起我写的本子，站在那里看了一会儿，然后对我说："可以借我看看吗？"我忐忑不安地点点头。两天后，陈老师将本子还给我，作了一些点评，有一句我仍然记忆犹新：文采很好，可塑之才！陈老师的评语给了我莫大的鼓舞，但残酷的现实是：中考和未来的高考是不会因你文采好而让你到达理想彼岸的……

　　1989年从观阵中学毕业后，我成了很幸运的那一个，伴随着幸运，我也付出了无数个不眠之夜。读高中时，因家庭经济拮据，我读书遇到了前所未有的阻力，好几次差点读不下去，高中几任班主任说服学校，因文采好，学费被免，加上发表的作品获得的稿费，外婆做小生意为我辛苦攒下的钱，姑姑和堂兄汪进州经常给我送饭菜，妹妹将她上班还没捂热的工资给我，我磕磕绊绊地读完高中。在此期间出书两本，终被保送武汉大学。

　　一晃30多年过去了，好多童年的记忆也逐渐淡忘，留在我记忆深处的仍是那些在家乡教书育人的老师，没有他们的辛苦付出，也就不会有我们的今天。在那个纯真的年代，同学谊、师生情让我感觉观阵中学就是我另一个温暖的家。学习之余，我们呼吸着新鲜的空气，完全没有其他的负担和压力。

每次回国回乡探亲，我都会绕路到故校走一圈。学校建筑已焕然一新，跟我们那个时代已不可同日而语。但我仍然能清晰地找到我过去的记忆，那里有我的青春，我的花季与雨季，我的汗水，我跑步的身影；那些年，亲爱的老师们与我们一起赛跑，他们领着我们一群还没长大的孩子，一会儿徜徉在知识的海洋里，一会儿在操场上热情狂奔。我仍然记得我们老师在课堂上孜孜不倦的背影，他们生动而智慧的讲课声，他们在课堂上挥汗如雨，课下又细心呵护，他们是老师，是父母，也是朋友。那是一种无私奉献的精神，这种精神一直流传至今，直到永远……

阅读汪静玉的文字，犹如春风拂面，优美的文字质朴而清新。她在观阵中学读书时，那段澄澈明净的时光，事关青春、理想与未来，也是她梦想的根、流水的源。远在遥远的异国他乡，她只能在梦里一次次寻根溯源，才能让倦了的灵魂得以休憩。静玉校友，多保重！

高祥文 | 水乡柳叶刀

2022年秋日的一天,一位年近七旬的老者被人用轮椅推着,出现在洪湖中医医院骨科病房,他紧紧握住高祥文医生的手说:"我终于找到你了!"

高祥文仔细端详,忽然,一脸笑意地调侃道:"李恒义,你还活着?"

老者一脸苦笑。

高祥文打量老者的双腿,问他身后的儿子:"你爸的腿?"

其子将刚拍摄的X光片与医院检查单,递给高祥文。

高祥文仔细看了一遍,皱着眉,交还道:"又骨折了,还小便失禁,要不尽快开刀吧?"

李恒义是曹市镇施港人。1994年的春天,时年38岁的包工头李恒义,从施工现场高处摔下来,腰部粉碎性骨折,送到人民医院抢救,虽保住了一条命,但神经功能受损,住院一个月,大小便失禁,下半身无知觉,妻子含泪忍悲,他的面容也是愁云惨淡。

那时,高祥文还在峰口镇的洪湖市第二人民医院工作。听人说他医术精湛，李恒义便要求转院到峰口。入院检查后，高祥文深知问题的严重性。讨论治疗方案时，考虑到风险性，院长与好几名医生都不赞同手术。高祥文一脸严肃地说："只有开刀，病人才能坐起来，否则，只能烂死在床上！"

高祥文权威而科学的论断，镇住了所有人，治疗方案定下来了。回到病房，见李恒义脸色蜡黄，身体虚弱，他又叮嘱家属："先调养一个星期，再开刀！"

二医院设备太差，为慎重起见，高祥文给他武汉的老师打电话交换意见，确定了手术方案，采购了手术所需的材料，因当时医疗耗材稀缺，又在峰口大修厂量身定做了两块钢板。

一周后，顺利手术，术后的效果也很好，没多久，李恒义就能坐起来，甚至还能下地走路。他脸上有了笑容，逢高医生必笑着打招呼，彼此熟络了，两人还会如老友般相互打趣。

时隔28年，当初的中青年，变成了今天两鬓斑白的老者。时光抚平了刀口，但抹不去老者的感激之情。尽管两人容颜已变，但依然很快认出了对方。这次，老者在家里不小心摔倒，造成第二次骨折，他托人打听，才知道高医生调到了中医院，便让儿子推着他，寻到了这里，于是，便有了故事开头的那一幕。

高祥文1963年生于白鱼大队。在母校观阵中学读完初中和部分高中，1979年下学期因观阵中学撤销办高中，他转入洪湖二中，1980年考入武汉医师学校，1982年分配至武汉市肿瘤医院工作。省城的繁华，不敌家乡一寸土。秉承为家乡服务的理念，他要求回洪湖，当年，分配到洪湖第二人民医院。家乡医疗条件的简陋，远超他的想象，医院无200mA大型X光机等基本设备。他联系同学，找到湖北省卫生厅装备处，购进设备，筹建医院放射科，并于1991年成功组建洪湖二医院骨伤科。1994年年底，因工作需要，调入洪湖市中医医院骨伤科，这一干就是28年。他把每位患者都当作自己的亲人，以贴心的服务、精湛的医术，赢得了他人的好评。2001年，他被任命为洪湖中医院副主任医师，骨科主任；2012年创建省级重点专科，被评为"省级重点专科学术带头人"；2018年，市政府授予他"洪湖好医生"荣誉称号。

高祥文对待每一台手术，都分外严谨。参加工作的这些年里，他动过数千台手术，手术成功率达99%以上。他常对自己手下的医护人员说："所有病人都是你们的乡亲，在治疗时，不要给他们留下遗憾。"这样的遗憾，会让患者或家属痛苦一生，因此，他分外注重科室职工的敬业态度。

高祥文不仅帮人治病，还帮患者解决家庭难题，对病人，亲如眷属。1996年的一天，中医院住院部门口，一个中年女子与两个10多岁的儿子，正在伤心哭泣，担架上躺着一个浑身是血的男子。院长正在劝说两位村干部，要求他们将病人转到武汉大医院。

躺在担架上的男子为洪湖滨湖街道付湾村（今属滨湖街道）人熊大群。那天下雨，房子漏水，熊大群爬到房顶捡瓦。没料，瓦面湿滑，他从屋顶摔落。经医院检查为脊骨损伤，时刻面临着生命危险。担心到武汉颠簸的路途会加重病情，病人妻子不同意转院。见到高医生，两位村干部如遇救星，纷纷说情。

据村干部介绍，病人是村里的特困户，家里一贫如洗，两个风烛残年的父母，两个正在上学的儿子，妻子四处打零工，还要照料一家老小，每天只睡4小时。听到这儿，高祥文眼睛湿润了。挽救熊大群，就是救这一大家子人。他连夜设计手术方案。很快，熊大群的手术时间便安排好了。

熊大群手术后，尿道经常堵塞。为了帮他打通尿道，很多时候，高祥文都会拿一根导管对着吹。当尿道通了时，会有一股臊热的尿液,射向高祥文,弄得满头满脸与衣服上都是,但高祥文从不嫌脏,擦拭一番,继续工作。半年后,熊大群已能下床走路。

高祥文又资助他两个儿子上学,跟村领导沟通后,让其租种30亩耕地,通过各种渠道给熊大群一家捐款捐物。

熊大群一家人的生活慢慢变好了。两个儿子长大后,相继成家,又有了孙子,高祥文与他两家也如亲戚般经常走动。

经高祥文治疗的患者无数,谈及他,所有人无不露出一脸敬仰之情。没有手术的时候,高祥文会经常下乡,探访那些病人的恢复情况。谈及他与那些病患的深情厚谊,他说:"治病救人,如同栽树,要经常维护。"他对病人的关心与爱,让彼此建立起深厚的医患关系。

生活中的高祥文是乐观的,每天都保持一脸开心的笑容。他平时忙碌,陪伴妻子邓红的时间较少,妻子偶有怨言。有段时间,为了让丈夫多陪伴自己,高祥文一回家,邓红便嚷着身上这儿疼那儿疼,高祥文一边帮她按摩,一边逗她笑:"在医院里,我每天也是面对成天喊这儿疼那儿疼的人,却忽视了我的家人,惭愧呀!"那会儿,邓红理解了丈夫的不易,也学会了调节自己的情绪。

"夫医者,非仁爱之士,不可托也;非聪明理达,不可任也;非廉洁纯良,不可信也。"高祥文用精湛的医术、崇高的医德、亲和的人格魅力服务患者,让人重拾希望,他是幸福的使者,让尘世开出无数幽香之花。

别业才 | 闪光的足迹

也许你会感到好奇,一个出身于贫民家庭的年轻人,是如何走上国有保险企业领导岗位,又是怎样把业务做到了金字塔顶端的。

河坝人别业才1962年出生。在观阵中学读完初中和高中,给师生们留下勤勉上进的深刻印象。1985年进入洪湖县戴市区保险站做业务员。不到两年时间,他以贴心的服务、傲人的业绩,成为荆州地区保险行业的佼佼者。1987年,因乡镇业绩排全荆州第一,他由普通业务员晋升为戴市保险站站长;荆州保险公司为此奖励戴市吉普车一辆,并拨专款修建一栋四层保险大楼,这类奖励史无前例。此后,他的职位也随着奔忙的脚步,不断上升。1993年始,他先后被提拔为洪湖公司副经理、经理,荆门公司、荆州公司副总经理;2011年4月,调省公司任业务部总经理,后擢升省公司业务总监,分管服务互动部、重大客户服务部、电子销售部与数字化渠道部四个部门的工作,业务越做越大。他用闪光的足迹,成就了完美的人生。

世间万物均遵循一个守恒的原理,有多少成功的喜悦,背后就有多少辛酸的泪水。别业才说:"20世纪80年代是一段终生难忘的日子。刚跨入保险行业,我到处说好话,却又四处碰壁,不仅没办成一笔业务,反而遭来冷眼相待,恶言伤人。在别人眼里,我似诈人钱财的骗子,走在哪里都不受人待见。好在这一切我都挺过来了。"

别业才勤于思索,很快找到了自己陷入困境的原因,那就是人们不了解保险,需要加大宣传力度。

他三番五次登门找戴市区委、区公所一班人,向他们讲解保险工作的意义和作用,并传递外地保险在社会上取得的效益。区委与区公所领导终于统一了思想,以发放文件、播放幻灯片、办墙报、刷写标语等形式在整个区乡进行宣传。而他自己也通过广播、电影、组织宣传队、利用年节茶话会、座谈会等多种形式向群众普及保险知识。

他以一种坚韧的精神,攻克了保险业的坚冰,人们由最初的不了解保险,到主动积极投保,保险融入了民心。局面一旦打开,工作就变得容易多了。他在各村开展业务,栉风沐雨,与村民同吃同住,不分日夜地奔波忙碌,累并快乐着。只因为整个戴市都知道,有个"别保险"热心服务又细致。

有一次,他办完乡村业务,因劳累过度,晕倒在地。过路的人发现后,将他及时送到医院。第二天,花园村的村书记得到消息,带着全村干部来医院看望他。在住院的日子里,来探望的人络绎不绝,他才知道,自己的工作已经深入人心,欣慰之情写满面庞。

在别业才眼里,保险的作用不仅是扶危济困,更体现在它的温情暖意。1989年5月的一天,戴市下起了瓢泼大雨,雨下得很急,不一会儿的工夫,街道便积了齐脚踝深的水,水往低洼处四处流淌,流进临街地势低的塑料鞋厂仓库。短暂的时间内,装有

700万双布鞋的三个仓库淹水达到二尺多深。制鞋厂厂长陈绪栋忧心如焚，发动厂内员工集体抢搬鞋子。雨仍在下，在路面砸出了一朵朵的浪花，外面的水在往里灌，仓库的水越来越多。倘若这些布面的鞋子打湿后，不仅影响销售，还容易腐烂，造成更大的损失。

在大家都搬得精疲力竭时，忽然，从外面闯进来一位打着赤脚、卷着裤腿的年轻男子，他进来就与员工们一起奋战。抱起一摞半人高的鞋子往转运车内放，又将湿鞋与干鞋分成两批。为了尽快搬完，他通常手中抱一摞，两腋还分夹几双，以风一般的速度进进出出。

3小时过去，仓库内的鞋子悉数搬完。这时，雨已经停了，男子找来一根树枝，把堵塞着的下水道疏通，随后，带着一身的泥浆与汗水离去。几名员工面面相觑，有人指着男子远去的高大背影，小声问道："那么卖力！他是谁啊？"所有人都摇摇头。

第二天，这位年轻男子又来了，他找到陈厂长，查看与核对了厂里损失的金额后，拿出3000元递过去说："这是保险公司赔付给厂里的。"陈厂长才知道，男子是保险公司业务员别业才，昨天他与员工们一起帮着厂里抢搬鞋子，挽回了7000多元的损失，今天又送来这么多钱。他一时不知该说什么好，只是激动地紧握住别业才的手说："谢谢你，你们保险公司送来的哪是钱，是一颗火热的心啊！"

别业才秉承清风明月之心，牢牢把握处理赔案的原则，坚决按条款办事，从不利用职务之便，干损公利己的事情。

1990年7月，百桥渔场养殖户贺某的鱼池因缺氧而翻塘，造成7000多斤鱼死亡。事发后，贺某才购买了财产险，企图蒙混诈取保额。他带着礼品与一名乡干部来到别业才家，要求给予赔款。

别业才当场拒收了他的礼品,又经过几天的反复调查,查出贺某妄图欺诈的行为,他不仅严词拒绝了贺某的索赔要求,还严肃批评了他。

贺某受到教育,惭愧地说:"原以为你会给乡干部一个面子的,没想到你铁面无私。"

类似这样的案例每年都会发生好几起,别业才从不为利所惑。

而对那些确属责任范围内的赔案,他却积极、主动、快速地去处理,真正做到了"急人之所急,需人之所需"。

市塑料制鞋厂职工周某,生小孩大出血而死亡,她家里非常困难,就连安葬费都是找人借来的。别业才得知这个消息,深感痛惜之余,忽然想到制鞋厂的职工都参加了人身保险,这次事故属于保险责任范围。他赶到周家,告知周某丈夫,后又将2000元的赔付款交到他手中,那位正在悲痛中的男子竟感动得泣不成声。

望着一脸感激的男子,别业才忽然觉得自己正在从事的是一项无上光荣的事业,他更加深爱这份工作。

唯有把自己的爱与他人的幸福紧密联系到一起,职场之路才会越走越宽。别业才践行着这样一个真理,以除天下之忧为己乐,以救天下之祸为己福,用奋斗的青春,奔忙的脚步,最终成就了自己,幸福了千家万户。

谭先荣 |24 小时待命的医务科长

5月，雨后的空气特别清新，窗外草木的芳香与飘荡至客厅的饭菜香融合在一起，令整个家显得格外温馨。临近午餐的时间，谭先荣与我相邻而坐于一张方桌前，一边闲聊，一边看其妻朱美娇女士在厨房里忙碌。其妻系着围裙的背影，既有知性女子之美，又有家庭主妇的温良贤淑。

高大、朴实、热情、精干，是谭先荣留给他人的印记。2022年退休前，谭先荣是洪湖市人民医院知名的外科专家。

谭先荣出生于沈庙大队，家中兄弟姐妹6人，一家人常年缺吃少穿。即便如此，母亲依然咬牙支持谭先荣读书。

在观阵中学读书期间，谭先荣是我高中毕业班的班长。他不计较个人得失、为大家热心服务的许多往事，至今传为佳话。1979年，谭先荣考上了宜昌医学高等专科学校，3年的扎实学习，为从医之路奠定了基础。1982年9月，响应为家乡服务的号召，他被分配到了曹市卫生院。由于他勤学肯钻，手术也做得好，很快成为曹市乃至洪湖小有名气的外科医生，并担任副院长一职。

第六章　三千遍桃李

20年后，技术精湛的他，又被调到黄家口卫生院当院长，随后，再调到洪湖市第二医院担任副院长一职。2005年9月调入洪湖市人民医院，任外科医生、医务科长等职。这一路走来虽是一帆风顺，没有跌宕起伏与波澜壮阔，却在平凡中恪守着勤勉、不怕苦累的工作职责。

谈及自己在人民医院从事医务科长的这些年，谭先荣说，必须24小时在岗。因此，无论是夜深人静的午夜，还是睡意朦胧的凌晨，但凡听到电话铃声，他都会弹簧般跃起，边走边穿衣，飞快奔向病房。

这不，他还没跑到病房，就已听到哭声震天，伴随着争吵声、怒吼声与谩骂声传到耳膜。他来到近前。原来，是一个60多岁的男病人，动完前列腺癌的手术后，刚出院一天。晚上病人在家准备洗澡时，忽然倒地，儿女们将其送至医院抢救，因抢救无效而死亡。病人的猝死，让儿女们一时接受不了，他们坚持认定是医院手术的问题，在医院里大吵大闹，并对医护人员进行推搡与辱骂，不少医护都躲得远远的。谭先荣走到近前，先了解情况，随后，拿着病检结果，与暴怒着、随时都欲出手打人的病人儿子进行沟通。当了解到父亲患有心脏疾病时，病人的儿子态度慢慢缓和下来，并愿意接受谭先荣的调解。当办完这一切，家属们将尸体拉走时，谭先荣才松了一口气。看看天色，已是夜幕降临。谭先荣摸着饥肠辘辘的肚皮，才知道自己已有一天没吃饭了。这类棘手的事情，处理一次，就让人虚脱得几近崩溃，几宿睡不着觉，更别说在医疗水平低、医患关系紧张的年代常有发生了。我想，没有强大的内心、持久的毅力、足够冷静的情绪与贴心的服务，是无法做好这份工作的。

有一名患有子宫肌瘤的妇女，出院一周后，突发心源性猝死,死者家属来到医院闹事,并讨要说法。尽管医务人员已向其家属解释了猝死的原因,死者家属就是不听,将尸体停放在医院大厅,让所有人都看不了病,医院乱成了一锅粥。不仅如此,死者家属还大声喊话,扬言要医院领导出面和他们谈,否则,他们就一直闹下去。很明显,他们无非是想找医院弄几个钱。遇上这类事,谭先荣没有慌张,而是先报告卫生局,随后,又向辖区街道办汇报此事,共同开会探讨圆满解决突发事件的办法。

见病人家里实在困难,医院决定给予一定的丧葬费,以息事宁人,可病人家属却得寸进尺,见有政府领导出面,更是有恃无恐,漫天要价,提出了高额补偿金。就这样,谭先荣与几名政府工作人员经过了几天几夜的轮回协调,终于与病人家属的意见达成一致。

每次有医患纠纷需要调解,最紧张的还是谭先荣的妻子朱美娇。她担心丈夫受到伤害,常常整宿睡不着。那些冲动的家属,在伤心愤怒的情况下,极有可能干出丧失理智的事情。有个教建集团的小伙子病危,送到医院后,抢救无效死亡。一时间,愤怒的家属们将整个四楼围了个水泄不通。他们不听从任何人的调解,挥舞着拳头,叫嚣着,要让参与救治的医生去陪葬,见人就打,见物就砸,医生护士们都逃得不见踪影。在那样的情况下,去和家属沟通,纯属对着一群暴怒的狮子讲道理。这时候,谭先荣会冷静处理,先留点时间,让家属们发泄一通,直至他们冷静后,愿意沟通解决问题,再用温情感化对方,这样就容易协商多了。

谈及医务管理工作的苦处与难题,谭先荣竹筒倒豆子,可讲一箩筐,但苦乐总是相伴而生,在尝尽无数的辛酸与苦辣后,总会有甘甜随后而至,正如眼前这桌丰盛的饭菜,那是辛苦操劳后的幸福享受。

第六章 三千遍桃李

一名华中科技大学毕业的高知产妇，从武汉回到洪湖老家待产，就在回家没几天，因突患肺栓塞而入院抢救。入院时，产妇已经陷入昏迷状态，生命体征极不平稳，命悬一线。谭先荣组织了全院的医护人员进行抢救。大家轮番上阵进行胸外按压，历经一天一夜，总算将产妇抢救了过来。随后，谭先荣又拿着产妇的检验报告单，到武汉心血管内科、麻醉科进行评估。

在产妇出院的那天，家属给医院送来了一面锦旗。这份荣誉，既是对医院的认可，更是对医职人员的感激，从家属手中接下锦旗时，谭先荣无比自豪，自己没有辱没"白衣天使"这份神圣的职业。

2007年后，随着医保的普及，政府对医疗的重视与加大财政投入，医疗事故越来越少，医护人员也越来越受到社会的尊重与认可。谭先荣告诉我，再苦再累，他也从没后悔过从事医务行业。

医者，仁心。危急时刻，奋不顾身。非常时期，冲锋在前，忘我担当。我想，非常人可为之。

第七章
希望之路向何方

打开崭新的一页,学校发生了翻天覆地的变化。新教学楼、综合楼、校史馆、爱心助学协会、洪商观阵教育基金会,它是无数爱心的汇聚,更是观阵学子炽烈的情怀,但面临日益减少的学生,也有前路漫漫的迷茫,有识之士从心灵深处在呼唤……

校史馆

沿观阵希望小学办公楼楼梯拾级而上，抵达四楼，"校史馆"三个烫金大字差点与我撞个满怀。

校史馆包括"三馆一廊"，它是一部厚重的历史长卷，记载着观阵中学从拆庙建校蓬勃发展到观阵希望小学这30多年的历史，它是光彩夺目的宝藏，彰显了观阵师生精诚团结、不懈进取的精神。

往左拐，校长文化长廊里，20多任校长的风采尽收眼底。向左入东面一室，文字馆与感恩馆各占其位。玻璃展柜内，集结着办校30多年的重要文字资料、奖状与证书等。受空间所限，"感恩馆"匾额只能隐于横梁上，有人参观，遥控器一按，一幅幅生动的感恩图片，从墙头翩然飘落而下。回身，经楼道口向右入西面一室，为实物馆。所有物件，都布满岁月的印痕。

谈到校史馆，我们不能忘记这样一群人。2014年的一天，雷志洪的母亲不幸病逝，这是一个悲伤的日子，却也给了多年未见的师生们重逢叙旧的机会。那天，自发到南林村吊唁雷母的老教师与老同学有一大批。

师生相见，分外亲切，嘘寒问暖，谈天说地，聊事业与生活，但有一事，牵扯着众多师生的心。此前，早有同学到近处的观阵希望小学去逛了一圈，校园变化很大，观阵中学昔日的影子留存无几，眼前的小学也面临着发展难题，这让他们忧心忡忡。

吃饭间，老教师宋文鹏与唐训友重提了久存于心的想法——办校史馆。该提议得到了所有人的呼应，以陈帮华为首的学子们都表示赞同，大家纷纷发表建设性意见。

就这样，一场吊唁活动促发了校史馆的萌芽与新生，大家似乎忘了此行的目的。就连为雷志洪招呼客人的二弟雷志卫也压抑了失去亲人的悲伤，凑过来积极出谋划策。雷志卫说："要先筹一笔钱，维持学校的发展，才能开始筹建校史馆。"

一语中的，学校日常运转资金尚且艰难，哪有资金办校史馆？大家一致认为，成立爱心协会、组织捐款才是根本途径。

这群思想积极、热心关注母校教育的同学，有在武汉发展事业的陈帮华、王万成、别大鹏、别业忠、董俊等人，也有洪湖本地的一些同学。深圳的雷志洪与雷志卫兄弟俩办完母亲的丧事后，随即参与策划，陈帮华自告奋勇领衔协会筹建，并敲定初步方案。校长陈安鹤负责策划、组织筹款，施祖鹏负责搜集整理撰写文字资料，退休老教师唐训友协调各项工作。

一切安排妥当，随后几月，经过陈帮华、陈安鹤与唐训友等人的辛苦奔波，2014年10月18日，校史馆筹建会在初冬的观阵希望小学会议室召开。

要将观阵人30多年筚路蓝缕的奋斗历程，浓缩到两间不足30平方米的房子里，谈何容易？

此事牵动着不少人的心。那天，来参会的人很多，整个会议室都坐满了，有戴家场镇人民政府领导李启云一行，戴家场镇中心

图九 原观阵中学校史馆一偶

学校领导柳助华、肖中华、原观阵中学9名老教师，还有观阵希望小学全体班子成员。所有人一脸兴奋，对办校史馆的热情很高。

陈安鹤校长在会上介绍了筹款数额、筹款渠道、校史馆建设方案，宣讲拟成立观阵爱心助学协会筹备委员会等事项。随后，宋文鹏拿着一份手写的8页稿纸，谈了建校史馆的个人设想。稿纸上如群蚁排衙，倾注了这位退休老师的一腔心血。

校史馆到底怎么建？顾绍山同学建议，先到武汉考察一番再说。2014年10月26日，唐训友、宋文鹏、雷志学、施祖鹏与陈安鹤五名筹委会成员，在顾绍山的带领下，先参观了光谷第三小学的校史馆与农耕馆，随后，又走进华中科技大学附中的校史馆。这是一群虔诚的学习者，每一个板块，他们都拍照，有老教师还带了放大镜，逐字逐句放大看。回来的路上，大家对建馆问题各抒己见，很是热闹。没过几天，经唐训友与陈安鹤策划，校史馆的设计方案就新鲜出炉了。

时间之手飞快地滑过年轮，转瞬便到了2015年寒霜降临的日子，陈安鹤连续召开两次筹建会后，对后期信息资料的搜集进行分工安排。

时隔30多年，昔日学子遍布五湖四海，想要找到他们，如大海寻针，异常艰难。尤其是观阵中学首届高中毕业生，许多学子连姓名都记不清楚了。校友刘烈农拿出珍藏了40多年的首届高中毕业照，可惜岁月早已让照片模糊一片，辨不出谁是谁，未免有些遗憾。

信息时代，网络冲击着人们的生活，也给人带来了便捷。校友黄孝中、卢魏、杨人斌、田龙学与别业忠等人建立了一个"情感观阵高中"的班级QQ群，让先前入群的1977届校友呼朋唤友，共同回忆，再由黄孝中整理名册。刘烈龙为使名册准确无误，每天种田之余，骑上自行车，在狭窄的田埂上，百里走单骑。他冒严寒，顶酷暑，风雨无阻，寻访了原曹市区观阵公社 8 个大队。"众人拾柴火焰高。"历时一年半，观阵中学首届 43 名毕业生名册的实录终于完成。

首战告捷，大家对后期的搜集工作更有信心了。依葫芦画瓢，胡明胜同学又主持建立了"观阵中学同学联系"QQ 群，让毕业于不同届别的校友进群。陈安鹤组织广大教师走进农户，收集相关信息，召开观阵中学原任老教师联谊会，确认实录工作。多种举措，终于将资料收集齐全。随后，请人设计图片，由未来广告公司最后制作。

在众人合力之下，2017 年 4 月 4 日，承载着众人心血与希望的校史馆，终于在观阵希望小学迎来了它隆重的落成典礼。洪湖市教育、工商与文化界上百名乡贤参加，它浓墨重彩昨天之辉煌，着力渲染今日之壮观，造福桑梓，启迪后学，意义无穷，是"观中精神"的浓缩。

爱心助学协会

2017年4月4日，校史馆建成暨戴家场镇观阵爱心助学协会成立大会在观阵希望小学召开。那天，恰逢清明节，没有如烟的丝雨，却是阳光明媚，春意暖暖。

早晨8点，我踏着朝阳，呼吸着清新的空气，随同一群认识或不认识的人走进校门。首先映入眼帘的是一片霞光般的红，缎制的红条幅，如天女的舞绸，从前面办公楼的楼顶倾泻楼下，上面是合并后五个行政村与各机关单位的贺词，正中两挂条幅是一副大气磅礴的对联，为老校长樊友金所作："校史馆展览辉煌训一代元良智大才识广固基安邦彪炳千古；爱协会放飞希望圆两个梦想志鸿文武强壮业兴华万世远扬。"多么恢宏的场景！我跟随人流，一脸欣喜地走进校园北面食堂旁边的大会议室。

在宽敞明亮的大会议室，早已坐满社会各界爱心人士，每个人的脸上都闪动着光彩，心中荡漾着豪情。

上午9点，在所有人的期待中，会议正式拉开帷幕。这是心灵的召唤，这是俊秀的际会。所有人对学校的前景都怀抱着满腔热情。早在2016年3月爱心助学协会第三次筹委会召开时，老校长樊友金就率先捐出2000元。樊友金的老伴儿身患重病，住在医院，每天都要花费大笔的钱。这2000元，对仅靠退休工资生活的樊友金而言，并不是一笔小数目。樊友金的举动，感动了所有人，也为随后的爱心助学捐款按下了开始键。

会议在肖元良鼓舞人心的演讲中进入捐款环节，他率先捐了10万元。这是一场爱心大比拼，又是一场接力赛，陈帮华以自己企业的名义捐20万元。接下来，雷志洪20万、雷志卫10万、谭伟10万、郑文妨3万、唐良雄3万、陈远斌3万、汪水堂2万、董俊2万、熊帮金2万、唐从义2万……这是一群用爱心抒写观阵灿烂春天的成功人士，爱心助学协会的账户上，数字在不停地叠加，每个人都激情洋溢。

这边老教师团也铆足了劲，唐训友3000元、宋文鹏1000元、杨德坤1000元……每个人的心里都藏着一团火，热辣辣的情直往外奔涌。

观阵希望小学本校教职工群情振奋，有单身老师拿出自己节省了几个月的生活费，也有已婚老师捐出准备给孩子买生日礼物的钱。门卫周丕谟的老伴儿身患绝症，卧床不起，多年治病，花光了家里的积蓄。得知学校成立爱心助学协会，周丕谟一大早就从床垫下摸出儿女们孝敬给他的零花钱，来到会场，捐出了200元。田仁荣老师，爱人身患肠癌，全家人仅靠着他那点微薄的薪水，他竟然捐出1000元，真不知他是如何省下来的。他们捐的何止是钱？那是对一段过往历史的深情珍重，那是对学校未来发展的一片赤诚祝福！

还有观阵片区五个合并行政村、戴家场镇人民政府、戴家场镇中心学校、戴家场镇中心幼儿园等诸多社会力量也纷纷解囊，你

1000元，他3000元，我5000元……一沓沓的红色钞票摞成一堆堆，那分明是为学校发展添加上去的一块块红砖！

弗罗姆说："人并非为了获取而快乐，因为给予本身就是无与伦比的快乐。"是的，今天慷慨解囊的人们和单位，他们因为"给予着"而"快乐着"，有了他们的给予，每一位贫寒学子将能安心地坐在课堂，每一个困境老师将不再有后顾之忧，学校的发展将蒸蒸日上……

温暖的阳光，透过会议室的窗棂照射进来，流淌在每个人的心里。人们似乎看见学校快速发展的明天。

捐款活动结束后，陈帮华会长在台上发表感言，表达对各位捐款者的感激之情、对学校发展的厚望。作为主导者，他为了协会的成立，在汉洪两地来回奔波，四处寻找意向捐资人，可谓殚精竭虑。最后，大家参观校史馆，徜徉在一片旧时光里流连忘返。

此次会议，赢得社会各界的赞誉。会前会后，以戴家场籍为主体的企业家、社会各界爱心人士150余人，捐赠爱心款共计1146800元。这不仅仅是一个数字，更是爱心汇聚而成的海洋。

实物馆

实物馆在四楼西面一室，里面的每一个物件，都有一段不平凡的经历，它们来自时光深处，是艰苦岁月中自强精神的见证，也是一个时代的缩影，体现着教育的变革与社会的进步。

2022年10月，我随着观阵希望小学副校长唐敦文走进实物馆时，里面陈列的展品让我目不暇接。

墙面上的乐器是教师音乐课和文艺活动的道具。一把旧京胡，是40多年前宋文鹏老师常用到的。

宋文鹏是文艺宣传队的主要力量。在台上拉京胡伴奏的是他，在样板戏《杜鹃山》中，饰演温其久的人也是他，而且在这两种角色中，他能淡定从容地做到切换自如。前一秒钟，他端坐台上一角，聚精会神地拉京胡伴奏，下一秒，他已迅速地投入自己的角色里，在下一刻，又怀抱京胡坐在舞台一隅。如今，这把京胡早已满布岁月的尘迹，处于一角，无声倾诉着当年主人的英姿飒爽、斗志昂扬。

墙头上这支竹笛，让一首《草原之夜》，在昔日观阵中学的夜

第七章 希望之路向何方

空婉转,忽又穿越时光,传入我的耳膜。如今,竹笛仍在,可吹笛人雷志学老师却落寞地坐在轮椅上,病容让他再也难寻往日风采。不免让人伤感。

一盏马灯,老式汽灯和两盏煤油灯是1978年秋季以前,观阵中学师生上晚自习用的照明灯。

刚开始用的是煤油灯,两人一盏。一到晚自习,全班几十盏油灯,散发着浓重刺鼻的油烟味,有人不停地咳嗽。为了置换新鲜的空气,保证学生体质,每天清晨,时任校长王万谨都要带领师生们跑操。

马灯是一种可以手提的煤油灯,铁筒架,下端有一油皿,螺丝盖,全封闭,上端有两个铁盖,中间是一只玻璃罩,因外形似马鞍而得名。同学们上晚自习用它照明,刮风下雨都吹不灭,是风雨交加的夜晚最合适的灯具。

汽灯的外形与马灯相近,上部为灯顶,顶下有石棉网纱罩,中间比马灯多了一个气压室,下部为灯座,里面盛满煤油。

每天晚自习之前,值日班干部就提前开好汽灯。先安装好石棉网,再用活动手柄往气压室打气,达到一定气压,点亮石棉网纱罩,打开气压开关,让煤油从一组小孔中压出,喷成雾状液滴,化为蒸气,跟空气均匀混合后燃烧,使之发出炽热光亮。

一个教室里,通常有两盏汽灯,光线不明,但大家依然认真埋头学习,汽灯发出均匀绵长的嘶嘶声响,和着笔尖在纸上画动的沙沙声,还有翻动书页的声音,似春蚕咀嚼桑叶,又似大海奔涌的潮汐,细碎而美好。

馆中间木柜上,一台浅绿色漆皮的发电机静卧着,诉说着久远的沧桑。1978年秋,学校买了一台5000瓦的发电机,用木船运到南林河,再由王万谨、唐训友、唐训滔和田丹金等老师,轮换抬到学校。自此，同学们上晚自习便有了日光灯。

一台黑不溜秋的老式油印机，老迈安详地躺在柜子里。昔日的它是多么忙碌，一卷卷油印的资料与考卷，从里面推印出来，分发到每位同学的手中。在缺乏资料的年代，它无疑是助力同学们考出好成绩的帮手。

唐训滔老师那时候教物理课。为了指导学生，他自费订阅好几种杂志，精选编辑高中物理复习题。

"刻钢板，油印，分发，学生做，批改，个别辅导，集中讲解，每个步骤不敢有丝毫懈怠。"唐老师告诉我，"彭家环老师钢板字刻写清晰、规范、快捷，她经常帮我刻蜡纸，宋文鹏老师不怕脏、不怕累，帮我推油印机。"

为了扩大同学们的知识面，语文老师杨人标总是挑选一些优秀作文，让田丹金刻写出来，供同学们学习。杨人标离学校近，经常回去。田丹金刻写累了，晚上就在杨老师寝室休息。

那时候，一张蜡纸刻下来，手头酸软好半天；一套练习题印下来，满身都是油墨，没人叫一声苦。只为了同学们都能考出好成绩。

馆内西面墙是农耕文化的简述，它显示了乡村学校的办学特色，展示的是艰苦奋斗的精神。草帽、蓑衣、砖盒、扁担，带我走进当年开门办学的火热生活：师生板砖烧窑、割谷晒场……一帧帧劳动的场面，如老照片般，在我脑海里一遍遍回放。有老师一边挑砖，一边用毛巾擦汗，也有老师脱下能拧出汗水的衣服，那红肿的肩膀与学生们被砖块磨出水泡的手指，成了许多人难忘的记忆。为了尽快完成任务，师生们争先恐后地搬，汗如流水，却无人叫苦叫累，只因有积极向上的团队精神在鼓舞着他们。

还有犁耙秒磙、水车、铁锹等农具，都是农耕文明的标配，也是开门办学时,师生自力更生的工具。

一张锈迹斑驳的铁犁立于馆内西面一角。人力拉犁是师生们在野猫湖里劳作时常见的景象。在农忙季节,生产队的牛很难借到。这时,老师们就在田里充当牛的角色,拽着犁头上的绳子使劲向前奔,学生扶犁,一步步向前走。在这里,老师们"俯首甘为孺子牛"的精神有了最形象的体现。这种高强度的体力活,坚持半小时,拉犁的老师已是上气不接下气。这时,学生们会自告奋勇地拉犁,老师扶犁。学生们上场,人多力量大的优势尽显。8名同学齐上阵,不大一会儿,一道道沟壑,鳞次栉比地铺陈在广袤的田畴,老师扶着犁在后紧追慢赶,尽管气喘吁吁,仍然春风满面。

镰刀挂在西面墙上,静默无声,扁担与箩筐则立在角落,似乎在等待一场稻谷满仓的秋收盛景。还有篾筛、筲箕与木桶、石磨、风车等,它们曾经见证过师生辛勤的汗水,传唱过丰收的歌谣,如今成了激励师生不忘艰苦奋斗的力量。

实物馆内的物品很多,内容丰富,是20世纪的人们劳动与生活的缩影,随着时代的进步,几乎已全部退出历史舞台。

走出实物馆时,唐敦文对我说,他每学期都会带领学生们进馆参观。希望这积淀着时光与人们智慧的老物件,对学生们的未来人生能有所启发。

文字馆

文字馆在四楼楼梯东侧，它犹如一部缤纷而厚重的历史画卷，记录了学校30多年传道授业之旅，是一届又一届观阵人接力奋斗的见证。

2022年的一天，我想寻些时光碎片，一大早就去了观阵希望学校文字馆。玻璃展柜内，所有文字资料都泛着淡黄的颜色，看得出已有些年头了。施祖鹏回忆搜集这些资料的不易说："当时分配的任务重，工作烦琐，但老教师们热情高，打电话、发QQ、聊微信，忙得不亦乐乎……"

从他的讲述里，我了解到，搜集文字资料的活，基本都是老教师们在做。有些老教师身体好，腿脚快，跑得勤，在观阵片区，走村入户，走访在观阵中学任教过的老师与昔日学子。为了弄清一名学子的个人信息，唐训友在一条乡村路上，连续走了三个晚上的夜路，才终于见到那名学子本人。为了方便联系，宋文鹏与阳金成开始向人学习使用微信与QQ。

那是一段不寻常的时光，每个人都为筹委会布置下来的任务不辞劳苦地奔波，只因心中怀揣着同一个梦想——建文字馆。玻璃柜内，一册字迹工整的教学手稿牵住我的视线。我拿出来翻看，全册字体为蝇头小楷，内容详尽，泛黄的纸张页页都写得翔实。看得出，这本手稿的作者是一位教学严谨细致的教师。施祖鹏告诉我："这是老师也是校友宋仁甫的备课本，20世纪80年代，他教初中毕业班时写的。"我咂舌不止。《庄子》曰："真者，精诚之至也。"在教学求知方面，师者如此引领，学生焉能不优？

柜台一角端端正正地躺着一本美术教案。这是美术教师吴绪华的。20世纪80年代，他在观阵中学教美术课，认真写下这本教案后，他一直珍藏着，得知学校建文字馆，便主动献了出来。这本教案佐证了观中教育发展的全面性。

1979年毕业的雷志洪同学是著名水处理专家，获国务院特殊津贴，为国家、社会做出了巨大贡献。他回老家南林村时，也毫不保留地将自己多年的发明专利和获奖文件献给文字馆。这些科研成果，有力地证实着观中的教学成果，加深了人们对昔日观中教育的认知。

墙上挂着的三面锦旗，因校舍改建，已找不到原物，所幸老教师宋文鹏少年时学过缝纫。他买来玛瑙红布料，凭借记忆，在家里那台闲置多年的老式缝纫机上飞针走线。很难想象，这位曾经拿惯粉笔的白发老者，是怎样弯腰驼背地伏在缝纫机前，乜着老花眼穿针走线的。历时三天，在缝纫机那蜂鸣般的低吟浅唱中，将昔日的荣耀一面面栩栩如生地展现在眼前。

校友唐敦宇捐送给文字馆饭菜票，把我带到了昔日的观中饭堂。那里有胡桂如师傅系着围裙烧柴煮饭的身影，也有同学们抬着饭架，走过泥泞路面的小心翼翼。那醉人的饭香，飘散在校园里，伴着豆瓣酱、咸菜与萝卜干，同学们把岁月的清苦一扫而光，变成勤学奋发的力量。

馆中央的沙盘更是吸睛，它分为两部分：一部分勾画了观中旧貌，力图重现它的原迹，有两排低矮的教室，简陋的泥巴操场、校园前面的小溪、葱绿树林；另一部分描画20年后的观阵希望小学，高大的教学楼，漂亮的教师宿舍，红绿相间的塑胶操场，篮球场，绿树的点缀，那是探求知识的人间天堂。

谈及这个沙盘，要感谢老教师雷志学与宋文鹏。别忘了雷志学是有名的美术教师。在这里，他的专业特长有了用武之地。他画出了观阵中学的原貌与希望小学未来图景，并拿着图片，和宋文鹏抵达武汉。他们在汉口街头到处打听能够做沙盘的地方，寻遍了好几条街，心中还是茫然。有人告诉他们："房地产开发商经常做沙盘，你们去问问。"于是，他俩兴高采烈地找到一处新开发楼盘，售楼部经理的一句话，让他们的心情如坐过山车般跌宕起伏。经理先是说："我这儿只售楼，不做沙盘。"正当他俩一脸失望，准备离去时，经理补加一句话燃起了他们心中的希望："不过，我可以告诉你们做沙盘的地方……"经过指点，他俩千恩万谢着出门，很快，寻访到做沙盘的门店，并出色地完成任务。

沙盘还原了观阵中学最原始的校貌，满足了观中学子最深切的怀念，同时也勾勒出观阵希望小学未来20年的蓝图。

文字馆分为三个板块：辉煌的昨天、腾飞的今天与精彩的明天。文字资料由老师们共同搜集，它的整理与撰写，都由施祖鹏完成。几十万字，包括每一个数据，都要求真实无误。为了保证史料的真实性、翔实性、教育性，施祖鹏一边撰写，一边核实、考证资料，工作量大，任务也紧。他不以为苦，反以为乐，经常工作到深夜。他常说："将老师们的辛勤付出与广大校友的热情关怀，以这样的形式呈现，再重温观中的光辉岁月，是一件非常有意义的事情。"

这是"辉煌的昨天"板块。有全县"高考第一名"的锦旗；有1978年与1979年考上大学与中专的高考生名单；还有先进教师工作证、学生准考证、高中毕业证、教师备课本、学生作业本与各种获奖证书……它是观中精神的集中体现。这一切，正如施祖鹏在校史馆后记中所写："历史在这里汇聚，但不会在这里止步。历史在这里定格，但不会在这里驻足。愿少年厚积薄发……愿师者继往开来……"这也是一位观中学子对学校未来发展的期望。

在"腾飞的今天"里，有知名校友的风采照片与个人简介。陈帮华，一位名下有7家企业的成功人士，又是情系母校的爱心企业家；唐良智，公务繁忙，却一直关注母校的变化与发展；肖元良，一位追求卓越品质，富有观阵情怀的商会会长。还有别大鹏、张际标、周振荣等众多优秀学子，展柜里的奖杯、著作、获奖证书被他们一一捧回，光耀他们自家的门楣。

"长江后浪推前浪，世上新人追旧人。"在这个板块里，观阵希望小学取得的成绩一目了然：教育宣传工作先进单位、学校全面工作竞赛优胜单位、非毕业班年级统考优胜单位、湖北省校园文化建设先进单位……每一块奖牌都由新观阵人的汗水凝聚而成，它是学校发展的明天、希望与未来。

在"精彩的明天"板块，有对未来的规划。新建一幢能容纳1000人的教学楼，扩大运动场，建造幼儿园、多功能综合实验楼、食堂楼、宿舍楼与实验基地。那七幅规划图，正在一幅幅变成现实……

感恩文化

感恩文化是观阵希望小学德育工作的亮点，也是2014年8月，陈安鹤回到母校任职后，大力实施的教育方案。

"感恩馆"匾额在文字馆内一面墙的横梁上，它不占空间，只需轻轻按动电钮，一幅感恩父母或教师恩情的画面，从上面款款落下，再按电钮，它便自动退回去，落下另一幅画。不停按电钮，便如播放幻灯片，变化不同的画面，极富趣味性和可观赏性，富有生动活泼的教育意义。老师们会经常带领学生上楼认真学习。

学校修建感恩馆的思想之源，要追溯到一场场回馈老教师团的国内外旅游。

2011年国庆节，以陈帮华为首的同学们，集体邀请9位老教师到新加坡、马来西亚与泰国等地旅游，以回馈师恩。

学子们事业有成，又出资盛情相邀，9位老教师自然高兴，结伴飞到国外，开开心心地玩了半月之久。随后，又有杨仁兵、涂阳生与胡广进等学子相继出资，安排了好几次国内游。老教师们在观看了世界美景之后，又奔赴祖国的大好河山，那份舒心与畅快，无与伦比。

老教师宋文鹏向我谈起此事，至今仍然兴奋不已。他高兴的不仅是饱览名山大川，而且体会到了教师的职业幸福感。这幸福，缘于学子们的感恩之情。

学子们对当年老师的感恩之情，触动着新任校长陈安鹤：感恩教育是建树现代公民价值观的重要内容，是孩子们热爱家乡、建设祖国的精神源泉，接受感恩教育是他们健康成长的必修课。再没有比感恩教育更重要的事情了。

陈安鹤每每与我交谈建感恩馆的意义时，他如是说："在党和政府的帮助下，学校几经变迁、扩建，才有了现在的面貌，这恩情师生们不能忘。还有，学生更应牢记父母之恩与教师悉心的栽培……"陈安鹤的话让我深受启发。感恩是一个民族的魂，缺少感恩之心的社会，人际该是怎样的冷漠，社会该是怎样的不堪？

在观阵希望小学，感恩文化无所不在。幽静的林荫树下，各种内容的感恩展板，一溜儿排在道路的两旁，如列队受阅的士兵。我在观看时，也有两名小学生拿着乒乓球拍，停在展板前，看得津津有味。此刻，他们大抵是想去打乒乓球的，却被施了魔法般，定在那里，挪不开步子。

展板的内容丰富多彩：有孔子论孝的语录；有毛泽东吊唁母亲写下的《祭母文》；有朱德参加革命后，写信寄钱给母亲的故事；还有河南草药小兄弟的故事……圣贤名言、历史掌故生动感人，富有形象性和感召力。

既在培植知恩于心，又在引领感恩于行。学校开展以"报恩、向善、宽容、励志"为主题的感恩教育系列活动，以举办主题班会、自办黑板报、感恩手语舞表演赛、行鞠躬礼等形式，极大丰富了感恩活动。

每日清晨，学校的运动场上，400名师生排着整齐的队伍，神情肃穆地做手语操，齐唱《感恩的心》，歌声飞扬在校园上空。那宏大的场景，感染了围墙外面无数的路人。是呀，这辈子，我们要感激的人太多了，父母、兄弟姐妹、老师、同学……有人说，感恩是生命里的遇见，遇见又是一场修行。不知要修行多少年，才换来今生一场相遇。

同学们深受启发，默默行动起来。李梦玲小朋友，主动给劳累了一天的妈妈递上一杯茶，并道声："妈妈，你辛苦了！"郭爱文同学每天早起，为老师义务打扫寝室；别池宝同学为邻居老爷爷捶背，老人逢人就夸，这孩子懂事。

教师周转房墙壁上，是壁绘"二十四孝"图。墙壁在说话，老师在讲解，孩子们对我国的传统孝文化，有了更深的了解。

"百善孝为先"，每个孩子都懂得了，父母之恩，比山高，比海深。有同学为父母做饭，送父母一句问候语，陪他们锻炼，教他们上网，给他们拍照等。这种持之以恒的学思践悟，让他们明白，知恩感恩行孝尽孝，传承着一个民族几千年的传统美德。受到孩子们的影响，年轻的父母们也意识到孝敬父母、尊敬老人的重要性，他们的行为是孩子的一面镜子。于是，尊老爱幼成为整个观阵人的社会新风尚。

"滴水之恩当涌泉相报"，为了让学生们懂得这个道理，学校将进校门的池塘，命名为"滴水池"。学校的生物园，用一首清新淡雅的小诗来描述，"落红不是无情物，化作春泥更护花"。以感恩为主题的诗情画意，流淌在校园的一草一木。

感恩文化的渗透，不仅教会了学生学会爱，怎样爱，也促进了人们家庭责任感与社会使命感的形成，是一场"润物细无声"的全民参与的文化盛宴！

洪商观阵教育基金会

戴家场镇观阵爱心助学协会成立后，以观阵师生为主体的爱心款达到100多万元，除去建校史馆的40多万元，还剩余70万元。虽然远远超过了筹委会的预期，但想要改善办学条件、稳定师资队伍、资助贫困学生等是远远不够的。唐训友、陈安鹤等筹委会成员经与武汉洪湖商会协商，向上级领导请示，决定以武汉洪湖商会为依托，成立洪湖市洪商观阵教育基金会，让更多的洪湖爱心人士参与进来，扩大捐资助学的范围。

首先遇到一个难题，注册洪商观阵教育基金会起点为200万元，眼下还有130万元的资金缺口无法解决。

在筹委会成员的斡旋下，湖北美好公益基金会率先捐赠100万元。为了解决剩余的资金难题，2018年9月14日，武汉洪湖商会会长肖元良在武汉组织了一场名为"金秋助学全国报刊社长总编辑书法公益捐赠展"活动。《经济日报》原社长、总编辑武春河等人向展会捐赠160幅书画作品，其中60幅作品被义拍。武汉洪湖商会20名企业家争相竞价，出资100多万元。除去办书画展的费用，义拍所得30万元，全被捐赠给洪商观阵教育基金会，就这样，注册难题解决了。

三天后，洪商观阵教育基金会第一次理事会在武汉召开，会议选举叶伟等11名理事，叶伟任理事长，肖元良、陈帮华为副理事长。由5名监事组成的监事会选举宋文忠为监事长，聘任唐训友为秘书长。自此，洪商观阵基金会在历经一番波折后，总算瓜熟蒂落。

金秋十月，硕果飘香。2018年10月6日，一场以"爱心飞翔 梦想远航"为主题的洪商观阵教育基金会成立大会，正在观阵希望小学厨房旁边的大会议室里隆重举行。

会场人头攒动，气氛热烈，它是200多人的爱心大汇聚。继戴家场镇爱心助学协会募捐活动后，又一轮火热的募捐活动开始了。肖元良19万元、叶伟10万元、董时明10万元、曾伏羊5万元、唐从义3万元、张联雄2万元、陈远斌2万元、周华1.6万元、吴晓明1.5万元……王向坤不仅捐款2万元，还捐赠了300套价值共5万元的校服，就连辖区各行政村、私立幼儿园与附近的村民也献出一份爱心，甚至还有一名中学生，省下平时的零花钱，捐出300元。朵朵浪花汇聚成爱的海洋，洪商观阵教育基金会的成立，为观阵希望小学的发展奠定了美好的明天。

为发展壮大基金会，随后半年，理事会并未停下继续奔忙的脚步。在他们的努力下，2019年5月31日，武汉洪湖商会30多名爱心企业家相约走进观阵希望小学。在捐赠仪式上，湖北教育出版社捐赠书籍价值2万元、华中科技大学出版社捐赠书籍价值15万元、电化教育电子音像出版社捐赠多媒体设备价值4万元。武汉洪湖商会拓普电力、盛天网络等爱心企业向洪商观阵教育基金会捐资150万元，使该基金总额增至350万元，为洪商观阵基金会注入了更多的活力。

洪商观阵基金会的成立也离不开政府的关心与支持。在此期间，洪湖市民政局、教育局与戴家场镇人民政府主要领导曾多次到学校指导基金会的创建工作。

　　在成立基金会的日子里，每个人都不是一个独立的个体，他们相互协作，共同奋斗。武汉洪湖商会秘书处多次往返汉洪两地，为基金会的筹建作指导。以叶伟为首的理事会更是挑起重担，四处奔波，给洪湖与武汉等地的企业家们发倡仪，打电话，与意向出资人见面，签署出资承诺书，积极组织大型捐款活动……车跑得冒烟，嘴磨破了皮，大街小巷，泥泞路上，到处都有他们奔忙的身影。

　　百年大计，教育为本。洪商观阵教育基金会开辟了洪湖市农村教育爱心助学之先河，为洪湖市乡村教育"爱心帮扶，助学济困"拉开了序幕。

　　奖励优秀教师与学生，是基金会扶持的内容之一。2021年1月18日，正值寒风凛凛的日子，观阵希望小学简陋的会议室里，却是温暖如春。站在颁奖台上的青年教师肖谦，手捧着话筒，面向台下所有人，道出了心中的肺腑之言："衷心感谢基金会的资助，我将立志乡村，潜心教研，在乡村教育的岗位上继续发光发热，实现自我价值。"平时，这位每一堂课都事先认真打磨的女子，获得了洪湖市小学数学课堂教学比武一等奖，洪商观阵教育基金会奖励她5000元现金，台上的她因神情激动，不觉红了脸。与她一起同获基金会奖励的还有本校教师鲁玉洁、杜扬帆与优秀学生刘诗乐等人。在基金会的倡导下，学校教育质量得到了显著的提升。

　　据第一届理事会会长叶伟介绍，基金会每年利息在10万元至20万元间，特别优秀的教师每学年可以获得7000元的奖励。基金会财务郭后涛统计，仅2018到2019学年度，就发放学生奖学金1000元，教师奖金4.3万元。

扶贫济困是基金会的重点内容之一。每年寒暑假，理事会秘书处人员与观阵希望小学领导组成调查组，深入观阵各行政村，逐村调查贫困学生的情况，并建立档案。唐训友常骑一辆自行车，行走在坎坷不平的乡村路上。他走进贫困学生汪某的家里，紧紧拉住他的手，亲切地问他有什么愿望需要提供帮助。汪某的父母均患有智障，他读书依靠伯父伯母支持。汪某虽没说话，但唐训友却在笔记本上，牢牢地记下了他。

榨台村一位姓涂的孩子，属于精准扶贫户，父母离异，父亲找不到工作，家里的收入仅靠年迈的爷爷奶奶种地；一位谭姓学生，母亲患有精神病离家出走，父亲外出寻找时，遇车祸身亡，如今依靠伯父照顾；白鱼村一位王姓学生，父亲为智障，母亲是聋哑人，一家人生活艰难。每年，他们都能得到基金会帮扶的1000元钱。

在爱之花开放的地方，生命才能欣欣向荣。教师的困难常让陈安鹤牵肠挂肚。他走进田仁荣家里，得知其爱人患肠癌，手术后，每天需要打针吃药维持治疗，他把这些情况，郑重地记在随身带的笔记本上；陈安志的妻子上街买菜时摔倒骨折，令本不宽裕的家庭雪上加霜，陈安鹤买着礼品去看望时，顺便也给了他们基金会的爱心款。

每年，基金会都会遵照理事会的决议，认真扎实开展爱心助学公益活动。仅2019年，基金会就资助贫困师生共24人次，发放资助金15000元，把各界爱心人士的温暖，送给每一位需要帮助的师生。

基金会也为优秀学子撑起一片绿荫，让梦想扬帆启航。2019年，关圣庙村3组杨谦由武汉大学研究生考取了中国人民大学博士。当时，陈安鹤作为基金会秘书长，赴武汉奖励给他2000元。

2020年，陈帮富当上校长后，每年的秋季开学前，他都要搜集服务区内考取重点高中和大学的孩子的信息，核定奖学金后，并代表洪商观阵教育基金会，亲自送上家门。那年暑假，河坝村学生张宁考取了荆州中学，新校长陈帮富到他家寻不到人，一路打听，总算在河坝村的医务室找到，并送上 500 元的奖金。

  时间飞逝，眨眼五年，洪商观阵教育基金会第一届理事会完成了他的光荣使命，2022 年 10 月 4 日，在洪湖文泉建设有限公司会议室迎来了换届选举。会议投票选举王向坤为第二届理事会理事长，宋文忠为监事长，陈安鹤当选为秘书长。会上，新任理事长王向坤对基金会的发展壮大，作了更长远的规划。

未来发展规划

　　随着物质生活水平的提高，人们对教学条件也提出更高的要求。为了改善教育环境，学校决定增加音乐室、美术室、图书室与多媒体等功能室。而且，为接续观中精神，学校有复办初中的意愿，这就需要增加教室。从2018年起，兴建一幢新教学楼，打造一个"环境优雅、设施一流、质量优良、管理先进"的最美乡村学校，就成了学校近五年的规划发展目标。

　　四年的光阴转瞬即逝，学校的今天是怎样的现状，未来发展规划又是怎样的？2022年9月的一天，当我带着这些问题，再次来到观阵希望小学时，新教学楼已经拔地而起，现在已经投入使用。

　　新教学楼在操场的北面，背倚青翠林木与茫茫田野。学校郭后涛老师陪我到三楼一处临窗的桌前小坐片刻，徐徐清风从窗外吹进来，秋日的余热瞬间便被涤荡全无。

　　刚修好的教学楼，楼前还没来得及植绿，但草坪的区域已经划定，石砌的矮栏已经修好，等待铺设草坪。我们从楼上下来时，几名学生小跑着一晃而过，扬起几许尘土。

除了离得近的河坝村与南林村，学校四面都是田野，有点似陶公悠然南山下的桃花源，但学校的教育并不封闭落后。新上任的谢守功校长谈起这些情况时，信心十足地说："为了让农村的孩子享有城里孩子同等教育的权利，我们规划搭建'空中课堂'。"所谓的"空中课堂"，也就是网络课堂平台。是啊，网络信息发达，使用起来又便捷灵活，乡村的孩子更容易学懂。我能想象到，孩子们端坐在"空中课堂"接受新知识时，眼眸里流露出的欣喜。

食堂旁边有间简陋的大会议室，发黄的墙体，斑痕累累的旧桌椅，早已与时代格格不入。学校打算将其建设成一间能容纳500人的报告厅，以适应大型活动、学校各类会议和多媒体教学之用。我想，在那间报告厅里，应该会有颁奖礼典、大型家长会、全校师生会，也有成功学子回母校后，激励人生的演讲会。

教室里，铁制的桌椅锈迹斑驳，似浸润了百年时光，一坐上去就会咯吱咯吱响，有的歪向一边，不堪重负的样子。见我的视线停留在上面，谢校长叹口气道："眼前的这400多套课桌凳，一部分还是原村小合并时的财产，年久难修。而学校规划购置的500套课桌椅还没着落，只能先将就着用。"

学校旁边是一所幼儿园。为了满足辖区内村民子女就近上学，2017年，时任校长陈安鹤争取洪湖市教育体育局拨款45万元，修建了这样一栋幼儿教学用房。但目前，一切教学配套设施已经老旧，有些还涉及安全隐患，已经无法使用。因此，学校把教学配套设施与幼儿活动器材，也纳入近五年的建设规划。

此时，天空中下起了雨，有隐隐约约的雷声自远处传过来，谢校长看了看天空，皱起了眉头。据相关部门测报，学校正处在雷区，却没有基本的防雷设施，师生的生命安全和学校的财产得不到保障。谢校长喃喃自语："近一年内还要建一座避雷塔！"

"木欣欣以向荣,泉涓涓而始流。"校园文化是一所学校持续发展的永恒动力,它能淬砺精神,温润心灵,砥砺奋进。走进学校阅览室,一摞摞的校刊《希望之星》,堆放在一角。校刊每学期一期,是师生们作文练笔的好地方,也成为校园文化生活的缩影;学校微信公众号"含羞草"每周都有更新,发布学校教育活动,深受在外打工的家长们称赞。谢校长打电话询问南林村一位家长时,对方说:"很满意,我们在外地,也能及时看到学校的信息,了解孩子的成长。"放下电话,谢校长十分高兴,他对我说,他还要将校刊与微信公众号的内容办得更加丰富多彩。

操场边上有一处光光的围墙,墙体因年久变得暗黄发黑。为了美化、绿化校园,学校规划建设"校园文化墙",让每一面墙壁都说话,传达做人做学问的真谛。

"还要绕围墙一周,建设一条绿化带。"谢校长带领我参观时,一边指点着,一边规划着他心中的宏伟蓝图。

在优化教师队伍方面,学校更注重师德与人品,引导教师用自己的人格魅力和学识,帮助学生健康成长。在校园里,我经常能看到这样的情景:老师用轻声柔语与学生谈话,即便是谈到最调皮的学生,老师们也是一脸笑容。那份爱,来自心底,闪在眼中。谢校长说,师德师风也是一种校园环境。这观点我认同。没有爱的环境与温暖的土壤,学生们学习起来哪有轻松可言?

同时,学校也以校际结对互助、跨区域教育教学联谊等方式,加强教师的业务培训。在学校里,老师们在办公室认真学习或者是相互探讨教学经验的身影随处可见。

学校立志把学生培养成"行为美、学习优、体魄健、兴趣广、能力强、素质全",能适应未来社会生存发展的红花少年。

谈到学生的未来发展,谢校长充满着无限的憧憬:"每名教师都应肩负起自己的责任与义务，关爱留守儿童，实施感恩教育、普法教育，搭建'空中课堂'，加强体育卫生教育，开展'爱心献社会'活动……"

走出校园大门时，我想，学校未来发展之路，注定是不凡而又艰辛的旅程。

大山靓女的梦想

谭琴英来自恩施利川大山深处,在观阵希望小学已经工作5年了。她教一年级数学课,是学校的中坚力量。

2022年国庆节,我走访观阵希望小学。谭琴英告诉我,她的女儿已经读二年级了,丈夫为了她,从老家的恩施大峡谷来到仙桃找了一份工作。

谭琴英家庭困难,公公肝硬化多年,每个月透析费已让家里不堪重负;自己的父亲几年前出了车祸,后半生只能以轮椅为伴,需要母亲常年照顾。她和丈夫每个月的工资,都要寄给家里。

国庆节期间,离校近的同事都回家了,唯有她和几名外地的年轻教师没有回家。

7岁的女儿没有伙伴陪着玩耍,我和谭琴英说话时,她就在母亲身前身后蹦蹦跳跳一个人玩。我笑着逗她:"你怎么不回家?"小女孩指向学校北面的教师周转房回答我:"我的家就在这里!"几年过去,她和谭琴英一样,早已把学校当成了她的家。

谭琴英说,女儿非常乖巧懂事。她上幼儿园时,谭琴英当班主任，平时事务较多，放学后，她每次都是最后一个去接女儿，但女儿从来不吵不闹。即便是上了小学，也从来没有让她操过心，这才让她有了更多的时间扑在教学上。

因为疫情，自开学后，谭琴英已有一个多月没到丈夫那儿去过了。仙桃与洪湖虽然相距不远，但疫情防控很严，为了师生们的安全，学校有严格规定，教师在假期或周末尽量不离开本市。

因此，每到节假日，她只能带着女儿留守校园。当然，同时留守校园的，还有外地的几名单身教师。周末，食堂工作人员不上班，她们便连饭也吃不上。有一段时间，为了解决学校单身老师周末吃饭问题，校长谢守功安排他们到后勤主任曹老师家里去吃饭。老师们大抵觉得有些拘谨，没有去。几位单身老师一商议，便买了厨具，在宿舍里轮流做饭。

学校离最近的集镇戴家场有10多里路，没有班车，老师们出行只能借助单车或电动车。几位外地教师中，只有一位老师有电动车，只有他到镇上去办事，老师们才有机会搭乘他的电动车，或托他从镇上捎带一点生活用品。谭琴英每次去集镇，都要提前一天跟那位有车的同事说好，若忘了提醒，让那位同事先走了，她就必须等到下一个周末。

今年夏天格外长，也格外热，连续两个月的高温，令整个校园似被一团火笼罩着，一切草木变得蔫耷耷的。尽管还只是上午9点，太阳便显露出它的威力了，光芒四射，到处都是明晃晃的。在外站立一会儿，肌肤火辣辣地疼。我提出想看看她宿舍，她不好意思地说，她所住的房间还没有装空调。想着去宿舍有点远，便择了一树荫处继续交谈。

副校长唐敦文在一旁说："此前周转房没钱装空调，有不少老师都在外自己租房住。不过，基金会的叶伟理事长正在联系安装了，估计近两天就有了。"

学校周转房总共两层，谭琴英住在二楼。房屋年久失修，下雨就漏水。一天夜里，下起了暴雨，女儿忽然坐起来，将她拍醒道："妈妈，我没有哭呀，我脸上怎么会有泪水？"谭琴英开灯一看，女儿睡的地方，已被雨水打湿了一片。她连忙找来盆接雨水，却发现宿舍到处都在漏雨。整整一宿，她和女儿都没有再睡，而是相互依偎着，听雨如泉水叮叮咚咚，与盆桶合奏着交响曲。

第二天一大早，她想去买防水油膏，找谢校长帮忙。谢校长到宿舍一看，不仅是房顶，就连墙壁也是四面渗水。这绝非买点防水油膏就能摆平的事，必须将房顶重新翻修，花费至少需要4万元。

如今，学校发展困难，哪有钱呢？无奈之下，他只能让谭琴英换了另一间漏雨没那么严重的房间。

谭琴英有张清秀的脸，微微隆起的腹部，看得出她已怀有几月身孕。她告诉我，自己一边教学，一边还要带女儿，班主任工作繁重，自从怀第二胎后，便显得格外吃力。但也没有办法，只能硬撑着，因为，学校师资力量短缺。

"学校条件差，有几位年轻老师都申请调走了，如郭进文、鲁玉洁等。"她一一列举着这些走了的教师，又补充道，"邓继红也请了半年产假，教学任务便全压在其他人身上了。"

丈夫和她每月的工资，原本就低，除了寄些回家里，还要供他们一家三口人的吃喝，已是吃紧。每月的妇检产检费，对她而言，更是一笔巨大的花费，女儿在长身体需要营养，自己也要营养，生活压力确实不小。

前年，日子难以为继时，学校领导为她争取到"中国教育发展基金会励耕计划"1万元的扶助，让她倍感温暖。

"我只有毫无保留地奉献，才能报答学校的恩情。"谭琴英说的这句话，让我动容。

谭琴英说，学校生活再苦，她和几位来自恩施的年轻老师从没想过离开。他们要将自己的整个青春岁月奉献给观阵希望小学。只因为，他们热爱着这所学校，爱着这里的每一个孩子。

谈到班上的孩子，谭琴英脸上漾起无限柔情。她班上一位智障儿童，11岁，个头比她还高，其母亲不让他读五年级，偏要将他放在谭琴英所教的一年级，只因，她信得过谭琴英。

这个孩子常趁老师上课时，从教室溜出去。因担心孩子的安全，谭琴英不得不在校园里四处寻找他。有几次，谭琴英在黑板上写字时，这个孩子突然蹿上讲台，使劲在她背部捶了两拳，她疼得眼泪都流出来了，可孩子却乐呵呵地笑。尽管如此，谭琴英从来没有呵斥过他，也从来没有不耐烦过，而是耐心教导他。

孩子有了进步，其母亲非常高兴，说了很多感谢的话。谭琴英才知道，母亲带着孩子去过不少学校，全都被拒，只在这里孩子才得到了关爱与成长。

谭琴英获得的荣誉很多。2019年10月，她参加全省新入职教师培训，荣获"优秀学员"称号；2020年9月，在省电教馆举办的全省教育信息化技术运用竞展中，她主讲的微课"祖先的摇篮"荣获荆州市二等奖与湖北省三等奖……这些荣誉令她幸福。

尽管学校条件差，日子苦，但谭琴英的脸上，始终荡漾着微笑，她相信，只要老师们全力以赴扑在教学上，学校的发展会好起来的。

敢问路在何方

　　始料未及的是，随着城镇一体化进程的加速，学校学生人数开始直线下降。

　　2022年国庆节，工会主席杨文善向我提供了一组数据：学生人数高峰期曾达到430人后，近年逐年下滑，到2019年360人，2020年300人，2021年270人，2022年220人。

　　从调查中，我了解到，2022年流失了50名小学生，而幼儿园人数相比上学期也减少了35人。

　　"现在，学校最大的难题就是学生转出严重，"政教主任别登国不无忧虑地说，"家长在大城市工作和生活，条件相对较好，城市也能接纳他们的子女，每年都有转出的——照这个发展趋势，要不了几年，这所学校就该停办了。"

　　别登国的话，在学校旁边的河坝村医务室郑清娥医生那里得到证实："我有两个亲戚的孩子都转出去了，关圣庙村三组的胡辰依、河坝村一组的邵子烨，上学期都在这里读书。"

　　郑清娥称，孩子们本学期都与他们的妈妈转到洪湖城区——他们都在城区买了房子，觉得城区的条件好些，全家人的户口也转去了。更有在深圳、武汉、长沙等各大城市工作的，家长们在城里购房，陆续把孩子转走，甚至户口也迁出了。每年都有一批，学生一年比一年少。

谈到学校目前的生源状况，副校长唐敦文一脸愁容："周边学校抢生源，也是学生流失的一个因素。"随后，他向我列举了戴家场镇、曹市镇与峰口镇的几所小学与幼儿园，这些学校在人口较为集中的集镇，教学条件优越，相比观阵希望小学偏僻的地理位置，家长更乐意将孩子送往那里。

"在本校读了几年的学生曹熙，就是被英才小学的老师走访时挖走的。"谈到几名被挖走的学生，唐副校长也是一脸无奈，他和谢校长也想了各种办法，却未能想出如何尽快扭转局面的办法。

此时挖掘机正在校园内隆隆作响，扬起的尘土，在四处飞散。那条已经损毁的校道，路面坑洼不平，下雨便积水。这次挖掘后，将重新铺路。旧教学楼的门牌也正在改造中，几名工人在进进出出，楼道内尘土飞扬，如硝烟弥漫的战场。新建的教学楼远远矗立在校园北面，学生们已放假回家，操场上看不到一个学生。

回望观阵希望小学发展的10多年，变化日新月异，学校已跨入了洪湖市"十星级文明学校"的先进行列，朝着"湖北省最美乡村学校"的目标迈进。可到了今天，学校的发展却如千山阻隔，困难重重。

唐副校长告诉我，根据辖区内适龄儿童人口增长的实际情况，学校虽然新建了一栋建筑面积为1800平方米的教学楼，但目前仍然存在着210万元的资金缺口，其中，包括建幼儿园时欠下的50万元施工费；建设"空中课堂"，需要配备200台电脑，还有远程教育的配套设施，都需要资金；教室课桌椅陈旧破败，购置

500套，预算资金需7万元；幼儿园游乐场、桌椅床铺等需要配置，学校无力解决40多万元的资金难题；还有教师周转房修缮，也成了亟须解决的问题。如今，教育局拨付的资金还没到位，学校规划目标难以实施。

困难有时如多米诺骨牌效应一样，会产生连锁效应。"鸟择高枝而栖，士择明主而仕"的道理，也往往适用于教师的生存法则。"学校条件差，留不住优秀人才，"在操场一角遇上了青年教师唐佳丽，她告诉我，"上学期已经走了两名优秀教师，有一名是请求调到武汉的丈夫身边去了，还有一名申请调回老家宜昌了……"

教师周转房旁边，就是学校饭堂。唐佳丽指着那个方向说："饭堂太小了，学生进餐，每到下雨就无法站队，排在室外的学生衣服被淋湿，家长不免生气。自那以后，学生们中午打饭都是分班错时，即便如此，下雨天也依然有学生淋湿衣服。"

唐佳丽向我讲述了体育教师唐政梁的故事。夏日雨天，有低年级男生的衣服被淋湿了，唐政梁将湿衣服拿到学校厨房，用烤箱烤干。有一智障男生，爬到单杠上站立，不肯下来。唐政梁不敢大声叫喊，更不敢走近，只能站在远处，轻言软语地劝说，见不管用，又从口袋掏出零食诱惑，才肯下来。

唐政梁是利川人，也是新来的年轻教师，他所教的班级曾在洪湖市体育竞赛田径项目中获得一等奖。

在学校里，我有幸见到了这位个子不高的年轻人，他热情开朗，不怕苦累，为学校的事跑上跑下，毫不计较回报。2022年的六一儿童节，由于疫情，家长们都不允许进入校园，他不仅自己买来无人机拍摄视频，还制作成网页，把链接发给家长们。

青年教师杨琴，业务能力强，关爱学生，她所带的班级，无一人转学。在全市教师表彰大会上，获得了"优秀班主任"与"双优百日攻击战"奖。那天很遗憾，我没能见到她。

谭琴英连年都是优秀班主任，而且师德考核和年度业绩考核，都是优秀，参加市里组织的教学比武，经常夺冠。

还有美术老师杜扬帆、数学老师肖谦与胡正霞等，教学能力都十分出色。

这些年轻教师热爱着观阵这片神奇的土地，以校为家，就连周末也很少出去，在业绩上你追我赶，生活上又团结互助。

唐副校长向我谈论这些优秀老师时，眼里放射着希望的光芒："如今，学生数逐年减少是事实，但是，办学条件、师资力量也在逐年提高。"

"希望市教育局打破区域界线，实现跨镇招生，将我校服务范围拓展到距离较近的曹市镇穴堤、马路、北河、武场等村，进一步优化招生格局。我们也要重新思考，从原来的圈子里跳出来，重谋发展之路。"他相信，有如此多优秀敬业的教师，还能迈不过困难的坎？

学校发展之路在何方？我想，观阵这片曾经滋养过党政要员、工商领袖、科研前锋、学界巨子的神奇土地，依然充满灵气，如今，只需要观阵人往前迈出一大步……

图十 1978年10月，洪湖县教育局给观阵中学颁发的锦旗

后 记
情怀如山

1979年，我从观阵中学毕业后，离开学校，离开了这片热恋的乡土。读完师范，教了4年书，阴差阳错做了一名公务员。多少次午夜梦回，我依然坐在母校的教室里。醒来时，神情恍然，原来，母校一直驻扎在内心深处，我对她的依恋，从来没有停止过。

我很想记叙点什么，关于母校的，那些光阴，几丛草木，一堵青砖老墙，还有一些人与事。无奈俗务繁杂，人也较懒怠，几次欲提笔，终又放下，便一拖再拖。

直至2021年年初，几位老同学呼吁，何不写一本校史，还原当年的校园生活？看着一张张被岁月打败的脸，我的心也生出几分苍凉。电影《人在江湖》有句经典台词："不信抬头看，苍天饶过谁。"任何人与事，终将抵不过岁月的流逝，是到了该留下些什么的时候了。既为怀念那些逝去的岁月，又为一份观阵情怀。

常常痛恨年华老去的同时，也庆幸自己到了退休的年龄，让我可以抽出更多时间来写这本书。

此书从酝酿到成稿历时3年,在不长也不短的时间里,我连续好几个月都在寻找它的定位,确定方向。

在外人看来,这是一所普通的乡村中学,教学设施简陋,老师们也只有初高中学历,并无奇特之处。但学生们年年都考得好,莫非真有人们所谣传的神灵眷顾?

只有在观阵中学就读过的学子才知道,真正的神灵乃观中精神!这种精神是乡村中学所独有的,在中国社会却又普遍存在。我要叙述的就是这样一种精神,乐于奉献,不怕苦累,团结奋进,不懈追求,感恩回报。这里面有建校的艰难,所有师生肩挑手扛,如燕子衔泥筑巢,终于建成了一个幸福的小窝——简陋的观阵中学;有开门办学时,师生们在艰苦岁月中的团结协作;高考时期,有学子拼尽全力的奋发努力,也有师生们的共同进步与彼此成就,为了给学生"一碗水",只有初高中学历的教师利用休息时间,逼着自己学,只为拥有"一桶水"的知识储备;20世纪80年代与90年代,它又是一个辉煌的时期,它是70年代观中精神的延续。本书还写了优秀教师的风采、学子们的精彩人生,更有校园日新月异的发展变化与学子们的感恩回馈。可以说,观阵中学的发展变迁史,也是一部爱的轮回,她向世人诠释着这样一个哲理:教育的付出终会收获教育的回报。

本书有较大篇幅记叙学子们踏入社会后的奋斗经历和成长故事,并且着重采写1977年、1978年与1979年连续三届的高考学子。1979年后,观阵中学停办高中。这3年,观阵中学如同蛟龙出海,腾空跃起,震惊洪湖。这期间,我在观阵中学就读,恰好是她搏击浪潮、积蓄力量、飞天而出的见证者,我有责任与使命去写好我所熟悉的一些人与事。这3年,从观中毕业的优秀学子有

后记　情怀如山

200多人，我只选取了20位各领域富有代表性的学子去写。他们或平凡或精彩的人生，都是观中精神的延伸与表现。我逐一走进他们的生活，去倾听了解他们，无奈我拙劣的笔触，写不尽他们的光辉品质，只能用一些笔墨去展现他们的风雨人生与阳光彩虹，从而抓住一鳞半爪的闪光片段。

本书在撰写的过程中，得到了许多老师、同学与文友的支持与鼓励，大家给我打气，为我的稿件挑错，尤其是陈帮华、郑双怡、王万成对此书某些章节提出了许多指导性意见和建议，让我十分感动。感谢彭霞老师不遗余力的帮助，协同采访，整理文稿，为本书问世立下了汗马功劳。

今天是虎年腊月二十四，南方的小年，洪湖下了一场雪，近处的窗台与瓦都覆盖了厚厚的一层，如儿子小时候爱吃的棉花糖，雪仍在飘飘洒洒地落着。室内，开着空调，暖意融融，让人觉察不到一场翩然若鸿的雪的寒意。我轻轻地搁下笔，顷刻之间，校园里的人与景在我脑海里逐渐清晰与灵动起来。我仿佛看见自己又走进了观阵中学，与一群老师同学在野猫湖里劳动，在教室里研习解题。那些青春的影子，排山倒海般，快速向我奔来……

2023年1月15日于洪湖新堤